北京文物与考古系列丛书

京沪高铁北京段与北京新少年宫

考古发掘报告集

- 京沪高铁北京段考古发掘报告
- 北京市新少年宫考古发掘报告
- 朝阳区中关村电子城西区F1望京综合酒店工程考古发掘报告
- 大兴区亦庄博兴七路（凉水河一街—泰河路）综合市政工程考古发掘报告
- 朝阳区新世纪商业中心明代驸马公主合葬墓考古发掘报告
- 门头沟区潭柘寺镇中心区B地块土地一级开发项目考古发掘报告

北京市文物研究所 编

上海古籍出版社

图书在版编目(CIP)数据

京沪高铁北京段与北京新少年宫:考古发掘报告集/北京市文物研究所编.—上海:上海古籍出版社,2014.11
(北京文物与考古系列丛书)
ISBN 978-7-5325-7341-7

Ⅰ.①京… Ⅱ.①北… Ⅲ.①考古发掘—发掘报告—汇编—北京市 Ⅳ.①K872.105

中国版本图书馆 CIP 数据核字(2014)第 159248 号

北京文物与考古系列丛书

京沪高铁北京段与北京新少年宫
——考古发掘报告集

北京市文物研究所 编

上海世纪出版股份有限公司
上 海 古 籍 出 版 社 出版

(上海瑞金二路 272 号 邮政编码 200020)

(1)网址:www.guji.com.cn
(2)E-mail:guji1@guji.com.cn
(3)易文网网址:www.ewen.co

上海世纪出版股份有限公司发行中心发行经销
上海丽佳制版印刷有限公司印刷
开本 787×1092 1/16 印张 8 插页 34 字数 184,000
2014 年 11 月第 1 版 2014 年 11 月第 1 次印刷
印数:1—1,300
ISBN 978-7-5325-7341-7
K·1902 定价:150.00 元

如有质量问题,请与承印公司联系

北京文物与考古系列丛书

主编：宋大川

内 容 简 介

本书为京沪高铁北京段、北京市新少年宫、朝阳区中关村电子城西区F1望京综合酒店工程、大兴区亦庄博兴七路（凉水河一街—泰河路）综合市政工程、朝阳区新世纪商业中心明代驸马公主合葬墓、门头沟区潭柘寺镇中心区B地块土地一级开发项目的考古发掘报告集。

在配合上述工程建设的考古发掘中，清理了汉、辽、金、明、清时期的墓葬、窑址等古代遗迹，出土了陶、瓷、铜等不同质地的文物，丰富和完善了北京地区的考古学资料。

本书可供从事考古、文物、历史等研究的学者及相关院校师生阅读和参考。

目 录

京沪高铁北京段考古发掘报告 …………………………………………………………（1）

北京市新少年宫考古发掘报告 …………………………………………………………（9）

　　附　墓葬登记表 ………………………………………………………………………（68）

　　　　铜钱标本统计表 …………………………………………………………………（74）

朝阳区中关村电子城西区F1望京综合酒店工程考古发掘报告 ………………………（76）

　　附　墓葬登记表 ………………………………………………………………………（94）

大兴区亦庄博兴七路（凉水河一街——泰河路）综合市政工程考古发掘报告 ………（95）

朝阳区新世纪商业中心明代驸马公主合葬墓考古发掘报告 …………………………（103）

　　附　公主与驸马墓志录文 ……………………………………………………………（110）

门头沟区潭柘寺镇中心区B地块土地一级开发项目考古发掘报告 …………………（113）

后记 ………………………………………………………………………………………（118）

插 图 目 录

京沪高铁北京段考古发掘报告

图一　京沪高铁Y1平、剖面图 ·· (2)

图二　M1平、剖面图 ·· (3)

图三　M1随葬瓷碗（一） ·· (4)

图四　M1随葬瓷碗（二） ·· (4)

图五　M1随葬陶罐 ··· (5)

图六　M1随葬陶釜 ··· (5)

图七　M1随葬铜钱 ··· (5)

图八　M2平、剖面图 ·· (6)

图九　M2随葬瓷碗 ··· (7)

图一〇　M2随葬陶盆 ·· (8)

北京市新少年宫考古发掘报告

图一一　北京市新少年宫发掘地点位置示意图 ·· (9)

图一二　发掘区位置示意图 ··· (10)

图一三　发掘区总平面图 ··· (11)

图一四　M1平、剖面图 ··· (12)

图一五　M2平、剖面图 ··· (13)

图一六　M3平、剖面图 ··· (15)

图一七　M4平、剖面图 ··· (16)

图一八　M5平、剖面图 ··· (17)

图一九　M4、M5随葬陶罐 ··· (18)

图二〇	M6平、剖面图	(19)
图二一	M6随葬粗瓷瓶	(20)
图二二	M7平、剖面图	(21)
图二三	M8平、剖面图	(22)
图二四	M7、M8随葬器物	(23)
图二五	M14平、剖面图	(23)
图二六	M15平、剖面图	(24)
图二七	M15随葬陶罐	(24)
图二八	M16平、剖面图	(25)
图二九	M16随葬铜钱	(25)
图三〇	M17平、剖面图	(26)
图三一	M18平、剖面图	(27)
图三二	M18随葬铜钱（一）	(28)
图三三	M18随葬铜钱（二）	(29)
图三四	M18随葬铜钱（三）	(30)
图三五	M19平、剖面图	(30)
图三六	M19随葬器物	(31)
图三七	M20平、剖面图	(32)
图三八	M20随葬器物	(33)
图三九	M21平、剖面图	(33)
图四〇	M21随葬器物	(34)
图四一	M22平、剖面图	(35)
图四二	M44平、剖面图	(36)
图四三	M45平、剖面图	(37)
图四四	M46平、剖面图	(38)
图四五	M46随葬器物	(38)
图四六	M47平、剖面图	(39)
图四七	M48平、剖面图	(39)

图四八	M49平、剖面图	(40)
图四九	M47、M49随葬器物	(41)
图五〇	M50平、剖面图	(41)
图五一	M51平、剖面图	(42)
图五二	M52平、剖面图	(43)
图五三	M51、M52随葬器物	(44)
图五四	M53平、剖面图	(44)
图五五	M54平、剖面图	(45)
图五六	M55平、剖面图	(46)
图五七	M55随葬器物	(47)
图五八	M9平、剖面图	(48)
图五九	M9随葬器物	(49)
图六〇	M10平、剖面图	(50)
图六一	M10随葬铜钱	(50)
图六二	M12平、剖面图	(51)
图六三	M12随葬器物	(51)
图六四	M13平、剖面图	(52)
图六五	M13随葬器物	(52)
图六六	M23平、剖面图	(53)
图六七	M24平、剖面图	(53)
图六八	M24随葬瓷罐	(54)
图六九	M25平、剖面图	(54)
图七〇	M25随葬铜钱	(55)
图七一	M26平、剖面图	(55)
图七二	M27平、剖面图	(56)
图七三	M26、M27随葬器物	(56)
图七四	M28平、剖面图	(57)
图七五	M29平、剖面图	(57)

图七六	M30平、剖面图	(57)
图七七	M31平、剖面图	(57)
图七八	M31随葬青花瓷罐	(58)
图七九	M32平、剖面图	(58)
图八〇	M33平、剖面图	(59)
图八一	M34平、剖面图	(59)
图八二	M35平、剖面图	(60)
图八三	M35随葬器物	(61)
图八四	M36平、剖面图	(61)
图八五	M36随葬釉陶罐	(62)
图八六	M37平、剖面图	(62)
图八七	M38平、剖面图	(63)
图八八	M39平、剖面图	(63)
图八九	M40平、剖面图	(64)
图九〇	M41平、剖面图	(64)
图九一	M41随葬粉彩瓷盒	(65)
图九二	M42平、剖面图	(65)
图九三	M43平、剖面图	(66)
图九四	M43随葬器物	(67)

朝阳区中关村电子城西区F1望京综合酒店工程考古发掘报告

图九五	中关村电子城西区F1望京综合酒店工程位置示意图	(76)
图九六	墓葬分布图	(77)
图九七	M1平、剖面图	(78)
图九八	M4平、剖面图	(79)
图九九	M5平、剖面图	(80)
图一〇〇	M5随葬器物（一）	(81)
图一〇一	M5随葬器物（二）	(82)

图一〇二	M1、M4 和 M5 随葬铜钱	(83)
图一〇三	M6 平、剖面图	(84)
图一〇四	M6 随葬器物	(85)
图一〇五	M6 随葬铜簪	(86)
图一〇六	M9 平、剖面图	(87)
图一〇七	M11 平、剖面图	(88)
图一〇八	M12 平、剖面图	(89)
图一〇九	M3 平、剖面图	(89)
图一一〇	M2 平、剖面图	(90)
图一一一	M7 平、剖面图	(91)
图一一二	M8 平、剖面图	(91)
图一一三	M10 平、剖面图	(91)
图一一四	M9、M11、M12、M10 和 M3 随葬器物	(92)
图一一五	M6、M9、M12 和 M10 随葬铜钱	(93)

大兴区亦庄博兴七路（凉水河一街——泰河路）综合市政工程考古发掘报告

图一一六	博兴七路发掘地点位置示意图	(95)
图一一七	墓葬分布图	(96)
图一一八	M1 平、剖面图	(96)
图一一九	M1 随葬陶壶	(97)
图一二〇	M2 平、剖面图	(98)
图一二一	M2、M3 和 M4 随葬器物	(99)
图一二二	M3 平、剖面图	(100)
图一二三	M4 平、剖面图	(101)
图一二四	M2、M4 和 M1 随葬铜钱	(102)

朝阳区新世纪商业中心明代驸马公主合葬墓考古发掘报告

| 图一二五 | 新世纪商业中心发掘地点位置示意图 | (103) |

图一二六　发掘区平面图 ……………………………………………………………（104）

图一二七　M1平、剖面图 …………………………………………………………（105）

图一二八　夯土1平、剖面图 ………………………………………………………（107）

图一二九　夯土2平、剖面图 ………………………………………………………（108）

门头沟区潭柘寺镇中心区B地块土地一级开发项目考古发掘报告

图一三〇　门头沟区潭柘寺镇中心区B地块发掘地点位置示意图 ………………（113）

图一三一　遗迹分布平面图 …………………………………………………………（114）

图一三二　Y1平、剖面图 ……………………………………………………………（114）

图一三三　Y2平、剖面图 ……………………………………………………………（115）

图一三四　Y3平、剖面图 ……………………………………………………………（116）

彩版目录

京沪高铁北京段考古发掘报告

彩版一　第一工区勘探现场
彩版二　第二工区勘探现场
彩版三　第三工区勘探现场
彩版四　京沪高铁北京段发掘地点示意图
彩版五　Y1
彩版六　Y1局部
彩版七　M1局部（一）
彩版八　M1局部（二）
彩版九　M1仿木结构砖雕（一）
彩版一〇　M1仿木结构砖雕（二）
彩版一一　M1随葬器物
彩版一二　M2发掘现场及墓室
彩版一三　M2墓壁仿木结构砖雕斗栱
彩版一四　M2仿木结构砖雕（一）
彩版一五　M2仿木结构砖雕（二）
彩版一六　M2棺床及局部
彩版一七　M2墓门及局部
彩版一八　M2随葬器物

北京市新少年宫考古发掘报告

彩版一九　北京市新少年宫发掘前、发掘时现场
彩版二〇　局部墓葬分布（一）
彩版二一　局部墓葬分布（二）
彩版二二　汉代墓葬（一）
彩版二三　汉代墓葬（二）
彩版二四　明代墓葬（一）
彩版二五　明代墓葬（二）
彩版二六　明代墓葬（三）
彩版二七　明代墓葬（四）
彩版二八　清代墓葬（一）
彩版二九　清代墓葬（二）
彩版三〇　清代墓葬（三）
彩版三一　明代墓葬随葬器物（一）
彩版三二　明代墓葬随葬器物（二）
彩版三三　清代墓葬随葬器物（一）
彩版三四　清代墓葬随葬器物（二）

朝阳区中关村电子城西区F1望京综合酒店工程考古发掘报告

彩版三五　F1望京综合酒店工程发掘现场、M1
彩版三六　M2、M3
彩版三七　M4、M5

彩版三八　M6、M8
彩版三九　M9、M10
彩版四〇　M11、M12
彩版四一　墓葬随葬器物（一）
彩版四二　墓葬随葬器物（二）
彩版四三　墓葬随葬器物（三）
彩版四四　墓葬随葬器物（四）
彩版四五　墓葬随葬器物（五）

大兴区亦庄博兴七路（凉水河一街——泰河路）综合市政工程考古发掘报告

彩版四六　博兴七路M1及随葬器物
彩版四七　M2、M3

彩版四八　墓葬随葬器物

朝阳区新世纪商业中心明代驸马公主合葬墓考古发掘报告

彩版四九　新世纪商业中心M1发掘现场
彩版五〇　墓志盖、夯土1
彩版五一　夯土2、夯土层堆积

门头沟区潭柘寺镇中心区B地块土地一级开发项目考古发掘报告

彩版五二　门头沟潭柘寺B地块Y1全景及烟室
彩版五三　Y2全景及烟室
彩版五四　Y3窑室及烟洞

图 版 目 录

图版一　德清公主墓志拓片
图版二　德清公主驸马墓志拓片

京沪高铁北京段考古发掘报告

一、前　言

京沪高速铁路是新中国成立以来，迄今为止一次性建设里程最长、投资最大、标准最高的高速铁路。其北京段自北京南站西端引出，向西南方向上跨右安门外大街，在玉泉营互通式立交附近跨菜户营南路、三环路后折向西南，与西黄线东侧并行向前，上跨四环路、丰双铁路、大李联络线、五环路，在黄村附近跨西黄左线、京山线后折向东南，上跨西黄右线、黄良支线、京开高速公路、六环路、京九右线、京九左线后与京山线并行向前，经魏善庄、安定后在K41+478处进入河北省廊坊市。

根据《中华人民共和国文物保护法》和《北京市实施〈中华人民共和国文物保护法〉办法》的有关规定，在京沪高速铁路股份有限公司建设总指挥部的全力配合下，在大兴区文物管理所的协助下，北京市文物局责成北京市文物研究所负责实施北京段的地下文物保护工作。

2008年10月，京沪高铁建设总指挥部、北京市文物研究所专门召开文物保护工作协调会，强调文物保护先行。

2008年10月至2010年7月，北京市文物研究所随着工程征地的进度同步进行考古勘探。京沪高铁北京段一共分为三个工区，三个工区的勘探面积分别为273 600、212 400、172 800平方米，勘探总面积为658 800平方米（彩版一、二、三）。

在勘探的过程中发现古代墓葬2座、窑址1座。在报请国家文物局批准后，北京市文物研究所对上述遗迹进行了发掘，执照号为考执字〔2009〕第193号，发掘总面积约100平方米（彩版四）。文物保护工作的完成，为京沪高铁的顺利施工创造了条件。

二、窑址与墓葬

（一）Y1

Y1位于大兴区李营村东北的第一工区K11+12米处。

窑址所在地点，地层堆积可分3层。

第①层，厚0.30米，灰褐色土，质地松软，含有较多植物根茎。

第②层，距地表深0.50米，厚0.30米，浅褐色土，土质较软，夹杂有红烧土颗粒、炭屑等。窑址开口于该层之下。

该窑坐西朝东，从东至西由操作间、火道、出灰道、火膛和窑室五部分组成（图一；彩版五）。

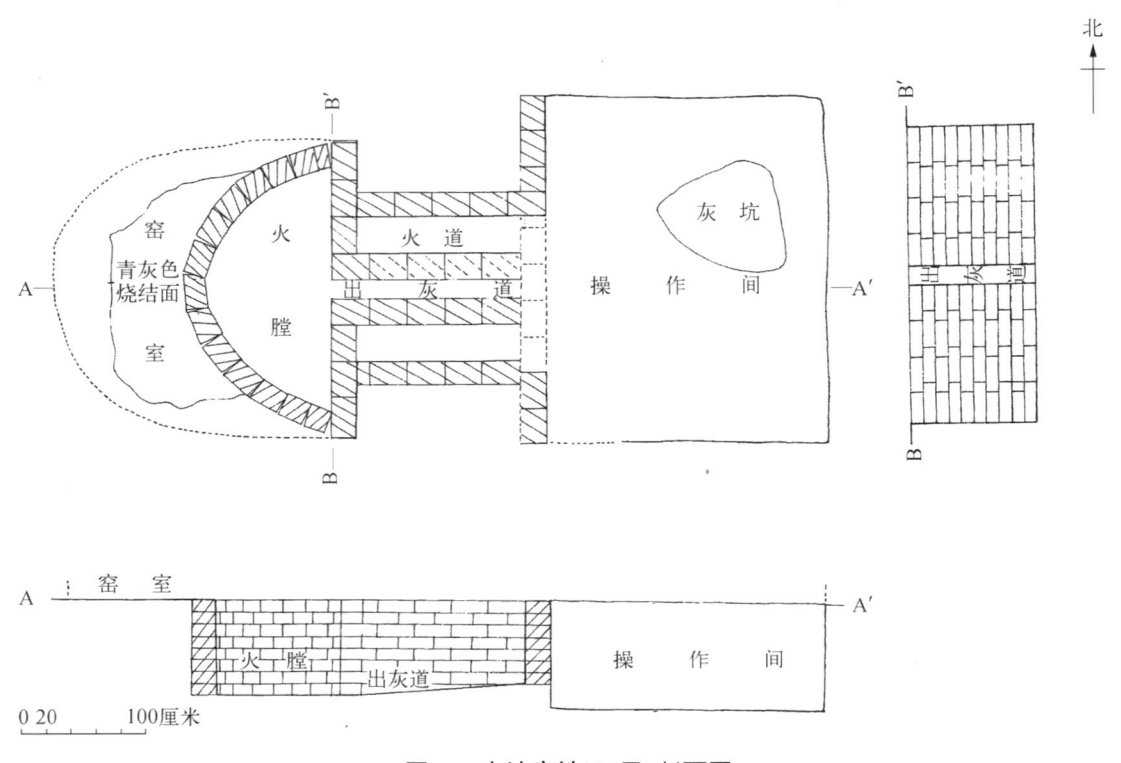

图一　京沪高铁Y1平、剖面图

操作间：位于窑室的东部，平面近长方形，南北长2.90、东西宽2.30、深0.90米。内填杂土，土质略松，含有较多的残砖块及碎瓦片，瓦片外素面，内饰布纹。

火道：位于操作间西侧，平面呈长方形，东西长1.70、南北宽1.20米。火道四周用条砖包砌，采用上下叠压垒砌的砌法，现存的残砖共8层，残高0.80米。用砖规格为0.30×0.20×0.10米。

出灰道：位于火道的下部，平面呈长条状，东西长1.50、南北宽0.16米。出灰道的底部为斜坡状，东高西低，西端比东端低0.10米。出灰道内存有较多的炭灰颗粒。

火膛：位于火道和窑室之间，平面呈半圆形（彩版六，1），内径约2.00、外径约2.40米。火膛周壁用条砖上下叠压错缝砌制而成。火膛深0.80米，平底，底部遗留有青灰色炭灰。用砖规格为0.30×0.20×0.10米。

窑室：位于窑的西部，因被破坏，形状不详（彩版六，2）。只有在紧接火膛处留有一层青灰色烧结面。该烧结面质地坚硬，厚度在0.05米左右。

根据陶窑的开口层位及形制推断，窑址的年代属明代。

（二）M1

M1位于大兴区安定镇伙达营村南第三工区K38+281米处，GPS数据为东经116°18′16″，北纬39°32′16″，高程25米。

该墓葬于2009年5月1日发掘。由于受条件限制，仅对墓室部分进行了清理（彩版七，1）。墓葬为坐北朝南，方向为188°。由墓门、墓室、棺床和墓道四部分组成（图二）。墓道因压在施工道路下未作发掘。

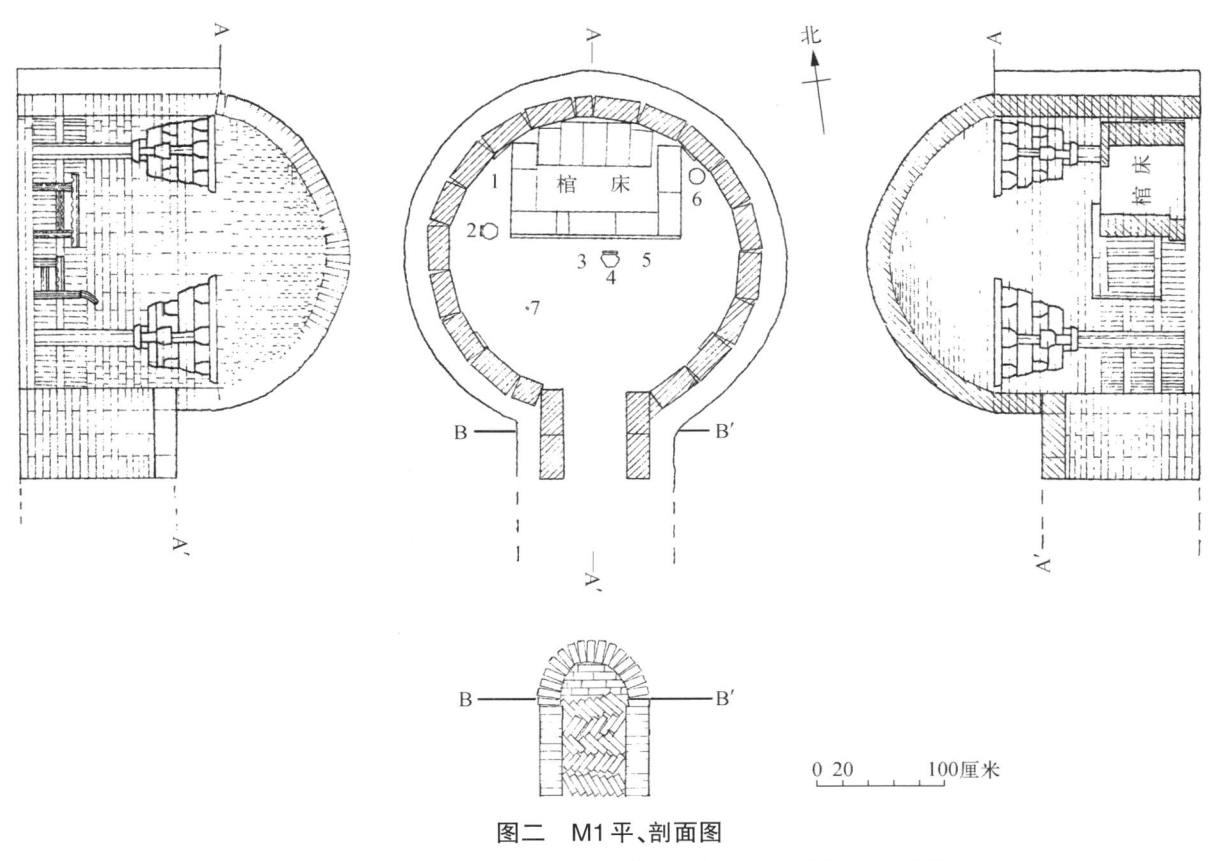

图二　M1平、剖面图

1.白瓷碗　2.灰陶罐　3.陶釜　4.灰陶罐　5.白瓷碗　6.白瓷碗　7.铜钱

墓门：位于墓室的正南部，其南部与墓道相连。墓门内通高1.08、东西宽0.5、进深0.72米。顶部用规格为0.36×0.18×0.06米的素面青砖砌成圆拱形，门内封门砖呈人字形（彩版七，2）。

墓室：位于墓门的北部，平面呈圆形。

墓壁用规格为0.36×0.18×0.06米的素面青砖平砌而成（彩版八，1）。

墓顶为穹窿顶（彩版八，2）。底部平面直径为2.30米，内壁至墓顶的总高度为2.40米，墓室上顶距地表2.80米。墓室内周壁饰有对称的四组砖雕斗栱（彩版九，1）。

在东壁的两组斗栱间饰有砖雕桌椅图案一组（彩版九，2），局部残存有白灰和红色颜料。桌子位于北端,桌高0.46、宽0.55米;右侧椅屈背,椅高0.52、宽0.28米。桌子下面带一花边托,腿距底部0.12米处有横枨,长0.38米,桌腿上有刻槽。

在西壁的两组斗栱间砌出一立面呈长方形的破子棂窗(彩版一〇,1),窗户南北宽0.70、高0.55、距室底0.18米。该窗由立颊、上串、破子棂组成。立颊对称分布在破子棂的两侧,高0.50、宽0.06米。立颊上承上串,上串长0.66、宽0.06米。破子棂6根,长0.50、宽0.06米。

棺床:位于墓室北半部。东西长1.34、南北宽0.62、高0.66米。棺床的东、南、西三面用规格为0.36×0.18×0.06米的青砖错缝平砌而成,共砌11层(彩版一〇,2),中间填黄色花土,土质很粘。棺床上有残碎烧骨渣。

随葬器物有白瓷碗、灰陶罐、铜钱等。

瓷碗3件。M1:1,敞口,尖圆唇,弧腹,矮圈足。外壁上部饰凹弦纹一道,通体施白釉。内底留有三个支点痕迹。口径12.7、底径3.9、高4.5厘米(图三;彩版一一,1)。

M1:5,敞口,斜沿,尖圆唇,斜腹微弧,矮圈足。腹上部及内壁施黄白色釉,腹下部及圈足未施釉。内底留有五个支点痕迹。轮制。口径20.8、底径8.6、高6.5厘米(图四,1;彩版一一,2)。

M1:6,敞口,尖圆唇,斜腹微弧,矮圈足。腹上部及内壁施黄白色釉,腹下部及圈足未施釉。内底留有五个支点痕迹。轮制。口径19.6、底径8.4、高4.8厘米(图四,2;彩版一一,3)。

陶罐2件。M1:2,泥质灰陶,敞口,圆唇外翻,短束领,圆肩,弧腹,平底内凹。轮制。口径9.4、

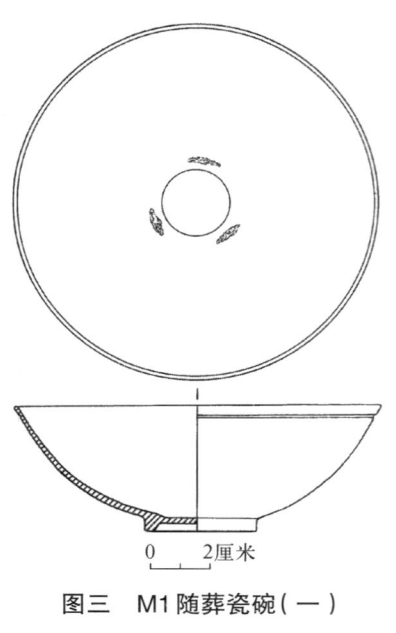

图三　M1随葬瓷碗(一)
M1:1

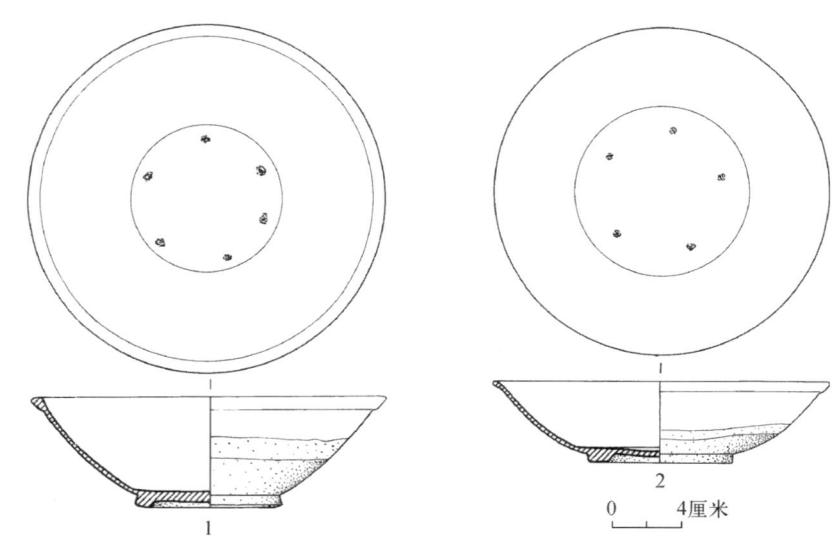

图四　M1随葬瓷碗(二)
1. M1:5　2. M1:6

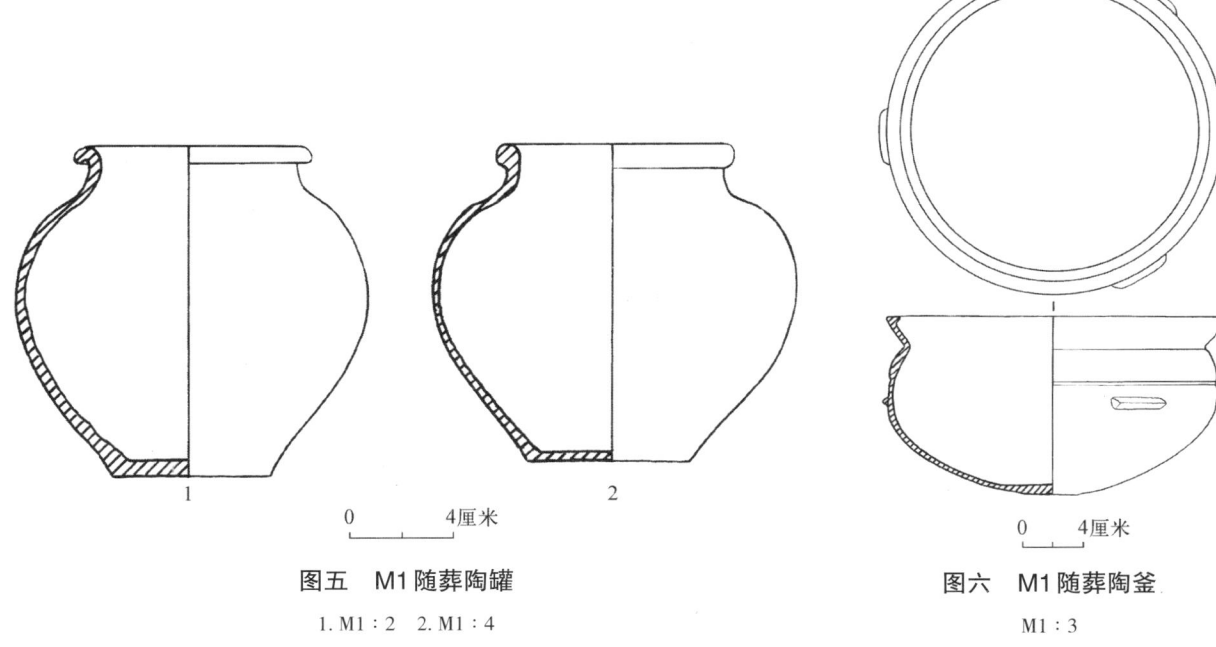

图五　M1随葬陶罐
1. M1:2　2. M1:4

图六　M1随葬陶釜
M1:3

底径6.2、腹径13.8、高13.2厘米（图五，1；彩版一一，4）。

M1:4，泥质灰陶，直口，平沿，厚圆唇，矮领，斜肩略圆折，圆鼓腹，平底。轮制。口径9.3、腹径14.2、底径6.4、高12.8厘米（图五，2；彩版一一，5）。

陶釜1件。M1:3，夹细砂灰陶，侈母口，平沿，尖唇，束颈，溜肩，上腹微弧，底部弧收，小平底。腹上部饰一周凸弦纹及附三个泥条状鋬手。手轮兼制。口径22.4、腹径21.8、底径3、高12厘米（图六；彩版一一，6）。

铜钱1枚。M1:7，嘉祐通宝，平钱，方穿，钱面文为"嘉祐通宝"四字，上下右左对读。钱径2.48、穿径0.68、郭厚0.12厘米（图七）。

据墓葬形制和随葬器物推断，其年代为金代。

图七　M1随葬铜钱
M1:7

（三）M2

M2位于大兴区安定镇伙达营村东南部，三工区K38+281米处，在M1东侧13米，方向150°。墓葬所在地层堆积可分为3层。

第①层，厚0.50米，黄褐色土，质地松软，含有较多植物根茎。

第②层，距地表2.30米，厚1.80米，浅褐色土，土质较软，夹杂砖块、红烧土颗粒等。

第③层，距地表3.90米，厚1.60米，黄褐色土，土质细腻、松软，含有较多的细沙。墓葬开口于该层下。

该墓于2009年5月5日被发掘，5月7日发掘工作结束（彩版一二，1）。由墓室、棺床、墓门、

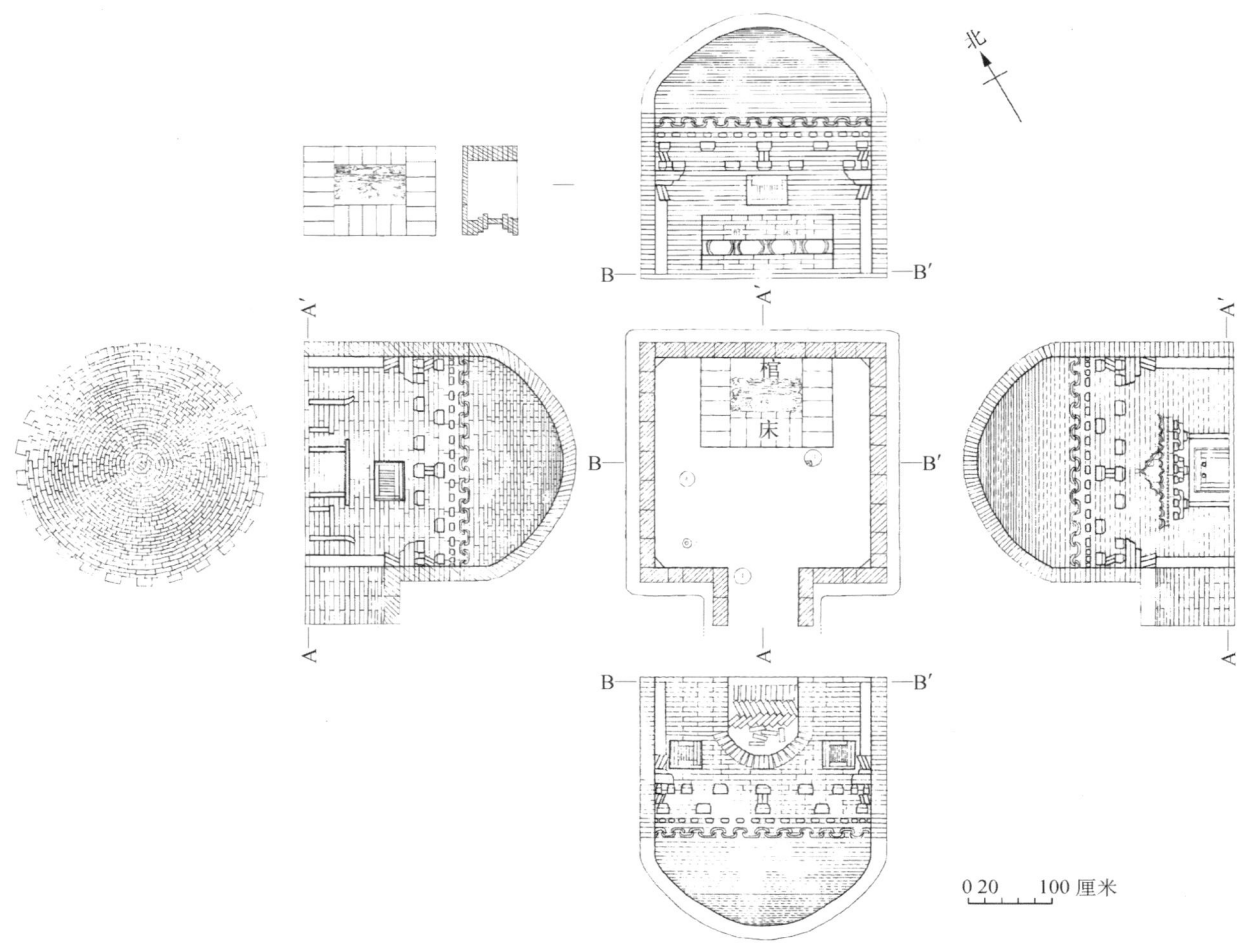

图八 M2平、剖面图

墓道组成(图八;彩版一二,2)。

墓室:坐北朝南,墓口距地表4.65米,墓底距地表5.85米。室内淤泥土厚0.90米,土质细腻湿软。墓室结构较特殊,俯视时上部平面呈圆形穹窿顶状,直径2.80~3.00米,内底平面为2.60×2.60米的正方形。在正方形的四角各饰有砖雕斗栱一组,在东西南北四壁正中有假斗栱四组,斗栱上方饰有砖雕椽头和瓦槽(彩版一三)。

在东壁下部砌出砖雕桌椅一组(彩版一四,1),中间桌面高0.50、宽0.82米。桌子下面带一花边托。腿距底0.2米处有横枨,宽0.54米。两侧椅面高0.30、宽0.36米。椅子形状相同。

桌椅上方砌出一立面呈长方形的破子棂窗(彩版一四,2),高0.36、宽0.48、距室底1.2米。该窗由樽柱、窗额、立颊、上串、下串、破子棂组成。樽柱对称分布在立颊外,宽0.06、高0.50米。樽柱上承窗额,窗额宽0.06、长0.48米。立颊对称分布在樽柱与破子棂之间,宽0.04、高0.32米。立颊上承上串,上串宽0.12、长0.40米。下串上承樽柱、立颊、破子棂,宽0.12、长0.40米。破子棂7根,长0.32米。

西壁中部砌有一影作歇山顶房屋侧面（彩版一五，1）。通高1.10、进深0.9米。下部为左右各一个带斗栱的柱子。斗栱之上为撩檐枋，之上为檐椽，再上为筒瓦、瓦当组成的排山勾滴（彩版一五，2），最上是尖山。房檐宽1.40米。中部下方有小型门框，长0.42、宽0.54米。门框内有门簪两枚。北壁距墓底0.90米，饰窗户图案一组，高0.38、宽0.50米。

棺床：位于墓室北部，平面呈长方形，东西长1.60、南北宽1.10、高0.60米（彩版一六，1）。棺床正南边的平台下砌有三层平砖，内收三个台阶，作椭圆形壶门（彩版一六，2），四组壶门下有平砖三层。棺床面上中部发现木函残片，痕迹东西长0.86、南北宽0.40、高0.15米。木函大部分已朽，底部清理出残碎灰渣。

墓门：墓门高0.96、宽0.85米，用规格为0.36×0.18×0.06米的长方形砖砌筑成人字形封堵（彩版一七，1）。墓门拱顶的中间饰一组假斗栱，左右两侧各砌一立面呈长方形的破子棂窗（彩版一七，2）。窗户高0.36、宽0.40、距室底0.80米，由樽柱、窗额、立颊、上串、下串、破子棂组成。樽柱对称分布在立颊外，宽0.06、高0.40米。樽柱上承窗额，窗额宽0.06、长0.40米。立颊对称分布在樽柱与破子棂之间，宽0.06、高0.40米。立颊上承上串，上串宽0.12、长0.40米。下串上承樽柱、立颊、破子棂，长0.40、宽0.06米。破子棂7根，长0.32米。

墓道：位于墓室南方正中。墓道进深0.72米，墓道高出墓底0.10米。

随葬器物有白瓷碗、陶盆。

瓷碗2件。M2:1，敞口，斜沿，圆唇，斜直腹，圈足。轮制。腹部及内壁施黄白色釉，腹下部及圈足未施釉。内底留有五个支点痕迹。口径21.2、底径8.5、高6.5厘米（图九，1；彩版一八，1）。

M2:2，敞口，圆唇，斜直腹，矮圈足。轮制。腹上部及内壁施黄白色釉，腹下部及圈足未施釉。内底留有五个支点痕迹。口径18.8、底径8.3、高4.8厘米（图九，2；彩版一八，2）。

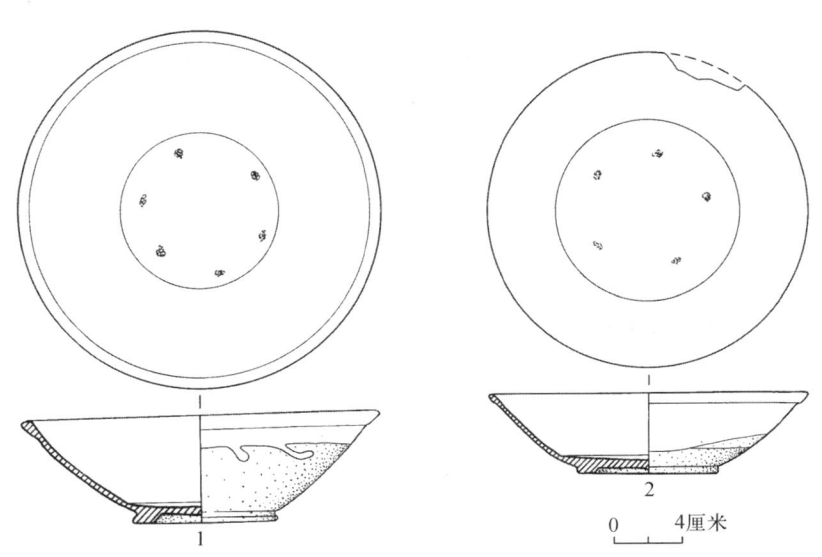

图九　M2随葬瓷碗
1.M2:1　2.M2:2

陶盆2件。M2:3,夹细砂灰陶,直口,圆唇外折,斜腹微弧,平底。轮制。口径19.2、底径8.7、高5.5厘米(图一〇,1;彩版一八,3)。

M2:4,泥质灰陶,敞口,平沿,圆唇,斜腹微弧,平底微凹。轮制。口径16.8、底径8、高6.8厘米(图一〇,2;彩版一八,4)。

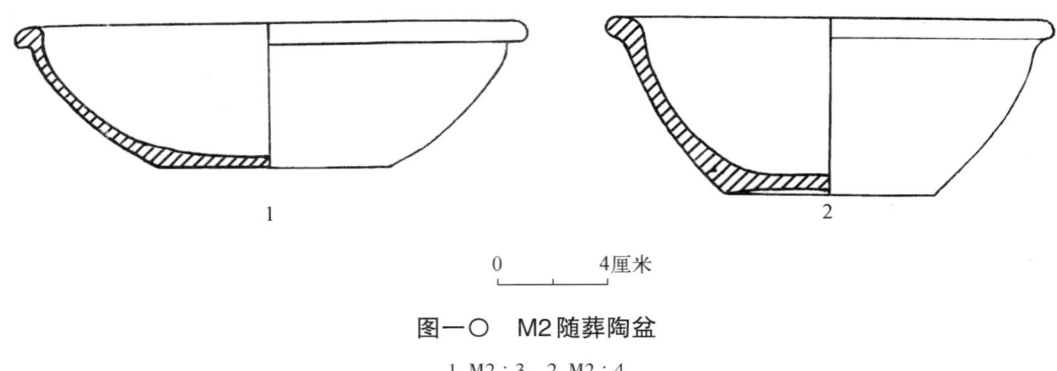

图一〇　M2随葬陶盆
1. M2:3　2. M2:4

M2的形制及出土的白瓷碗,与安定镇东白塔[①]、青云店[②]等地的辽墓相近。从出土器物和墓砖(部分墓砖带有七道沟纹)判断,此墓的修筑年代应在辽代早期。因此,该墓的发掘为研究此地区辽代早期的葬俗及当时的社会生活、经济状况提供了新的实物资料。

---

① 北京市文物研究所:《北京东白塔辽墓发掘简报》,《文物春秋》2011年6期。
② 王清林等:《北京大兴区青云店辽墓》,《考古》2004年2期。

北京市新少年宫考古发掘报告

一、前　言

北京市新少年宫为北京市重点工程,位于原崇文区、现东城区的东南部,东邻向新西里小区,西接教学植物园,北为北京游乐园,南为护城河(图一一、一二,彩版一九)。

2007年11月25日~12月24日,为配合工程建设,北京市文物研究所经国家文物局批准,在中建二局的配合下,对该地块进行了考古发掘,执照号为考执字〔2007〕第304号。

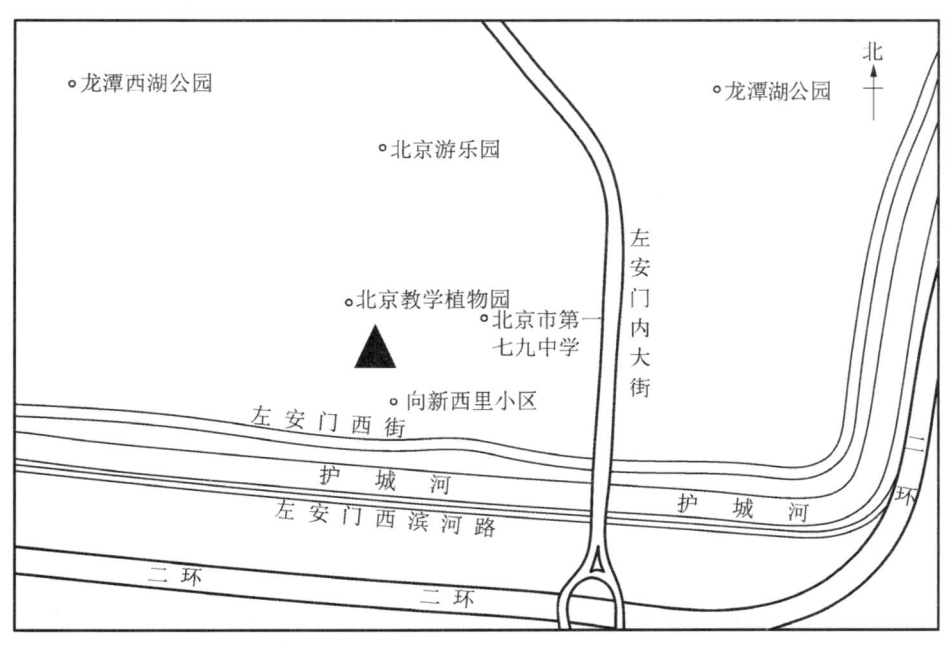

图一一　北京市新少年宫发掘地点位置示意图

二、墓葬与遗物

发掘区位于工程用地的北部。本次发掘采用象限布方法,共布10米×10米探方88个。根

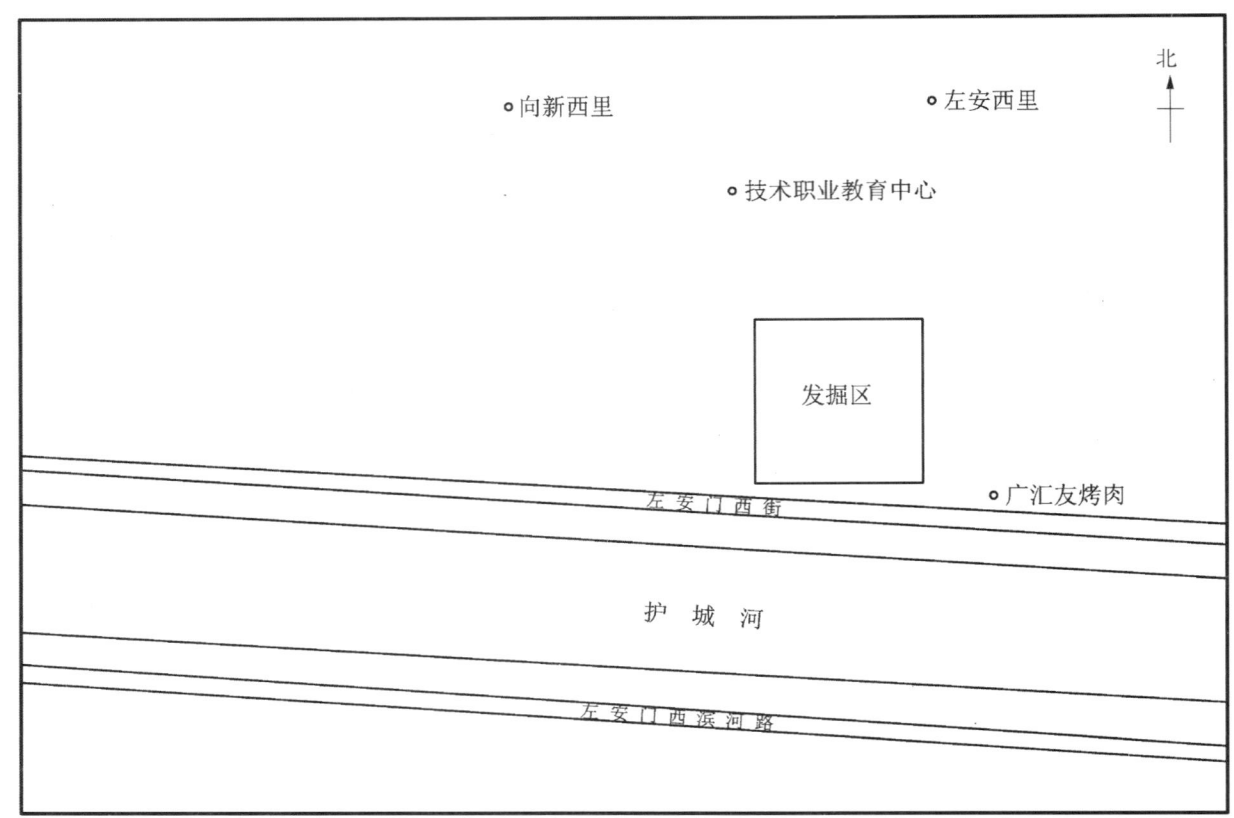

图一二 发掘区位置示意图

据墓葬的实际分布情况,对墓葬集中的区域进行了整体发掘,实际发掘面积1 209平方米。

发掘区的地层堆积为:最上层为表土层,在发掘之前已被清理。其余自上而下可分为两层,第①层为明、清时期文化层,第②层为汉代文化层。共清理古代墓葬55座(图一三,彩版二〇、二一),其中汉代墓葬5座、明代墓葬24座、清代墓葬26座。

(一)汉墓5座:M1~M5

M1:位于发掘区的中部偏东,T1104中部偏西,北部进T1105,西邻M2。开口于②层下,是由青砖砌制而成的"刀"形单室墓。该墓坐北朝南,南北长8.98、东西宽2.35~3.18米。由于在早期时已被破坏,仅残留墓门东壁,墓室东、北、西三壁残存少量壁砖,墓底残留了少量的铺地砖。该墓由墓道、墓门、墓室三部分组成(图一四;彩版二二,1)。

墓道:位于墓门的南部,呈长方形斜坡状。南北长5.54、宽0.90~1.00、深0.30~1.92、底坡长5.44米。内填花土,土质较硬。

墓门:位于墓室的南部,南与墓道相接。墓门已被破坏,东壁残留有五层砖,墓壁用二平一侧法错缝砌成,东壁残高0.38、宽1.00、进深0.70米,用砖规格为0.28×0.14×0.06米。

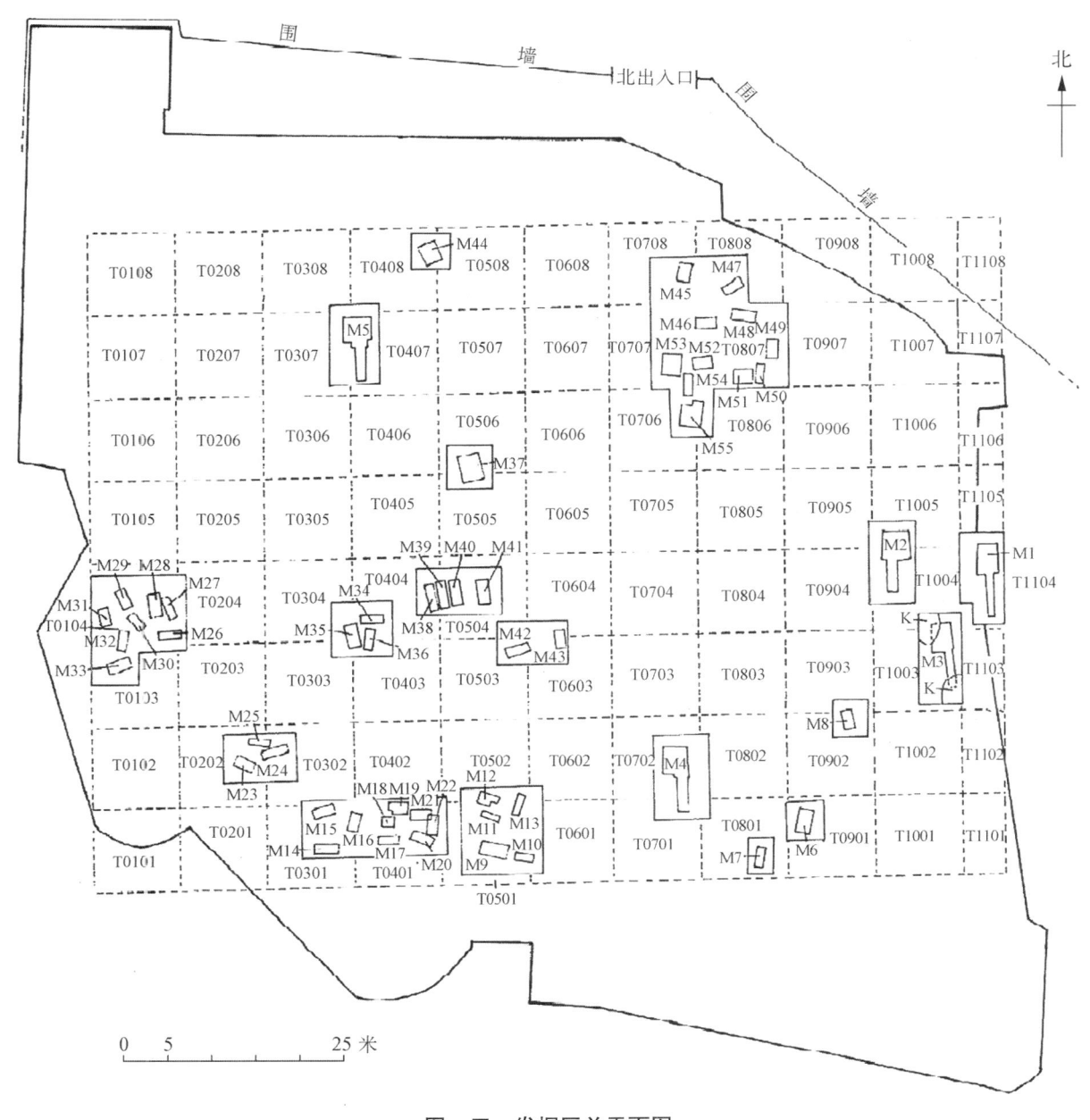

图一三 发掘区总平面图

墓室：位于墓门的北部，墓室已被破坏，仅残留少量的壁砖和铺地砖。墓壁用两平一侧法错缝砌成，墓室内用平砖互相错缝铺底。墓室长2.58、宽1.44~2.10、残高0.26米。室内未见骨架，内填花土，土质较硬。用砖规格为0.28×0.14×0.06米，未发现随葬品。

M2：位于发掘区的中部偏东，T1004的西北部，T1005的西南部，东邻M1。开口于②层下，平面呈"刀"形，是由青砖砌成的单室墓，南北向，方向184°。墓底距地表3.50、南北长7.60、东西宽2.75~3.20米。该墓由墓道、甬道、墓室三部分组成（图一五，彩版二二，2）。

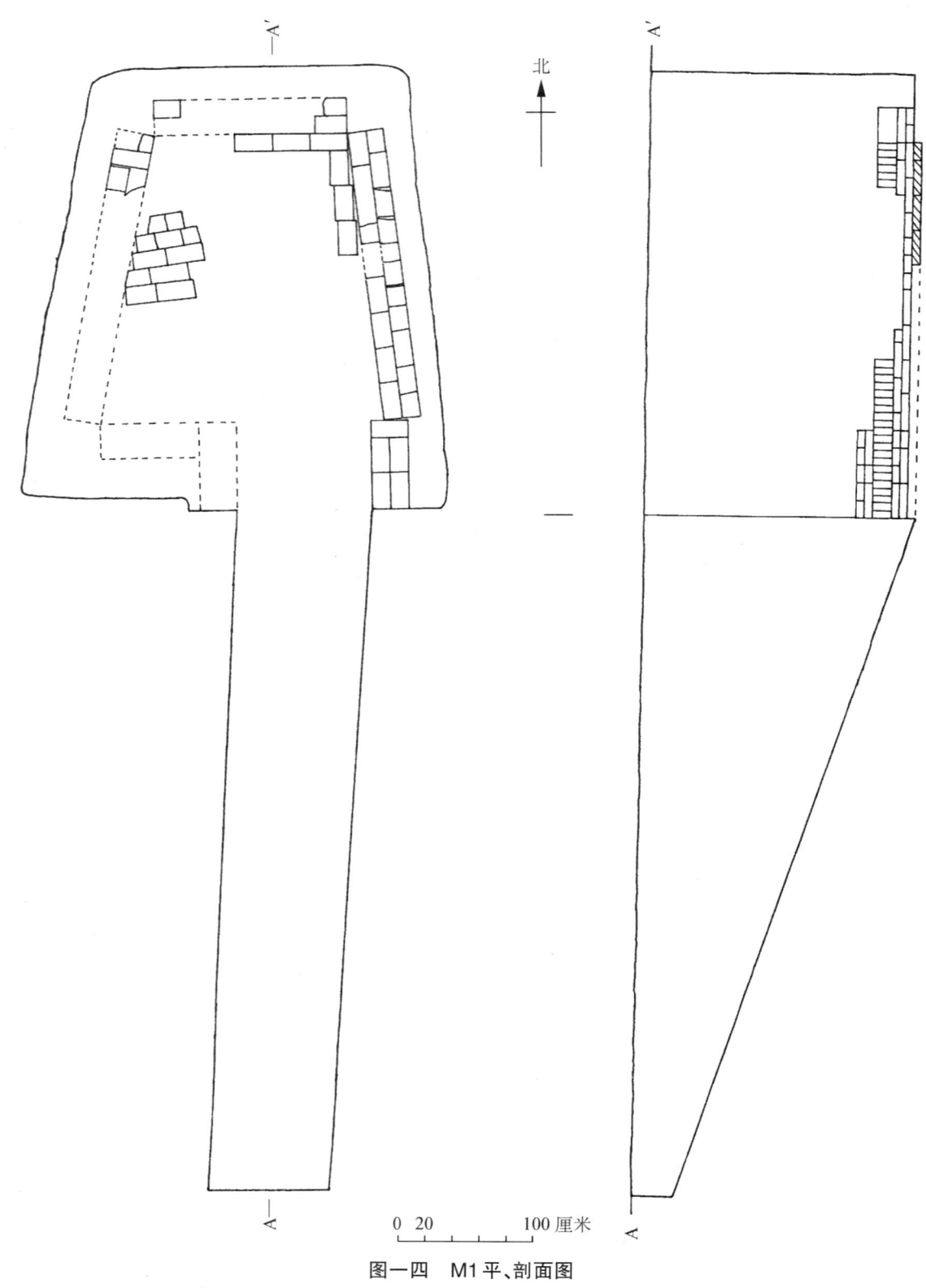

图一四　M1平、剖面图

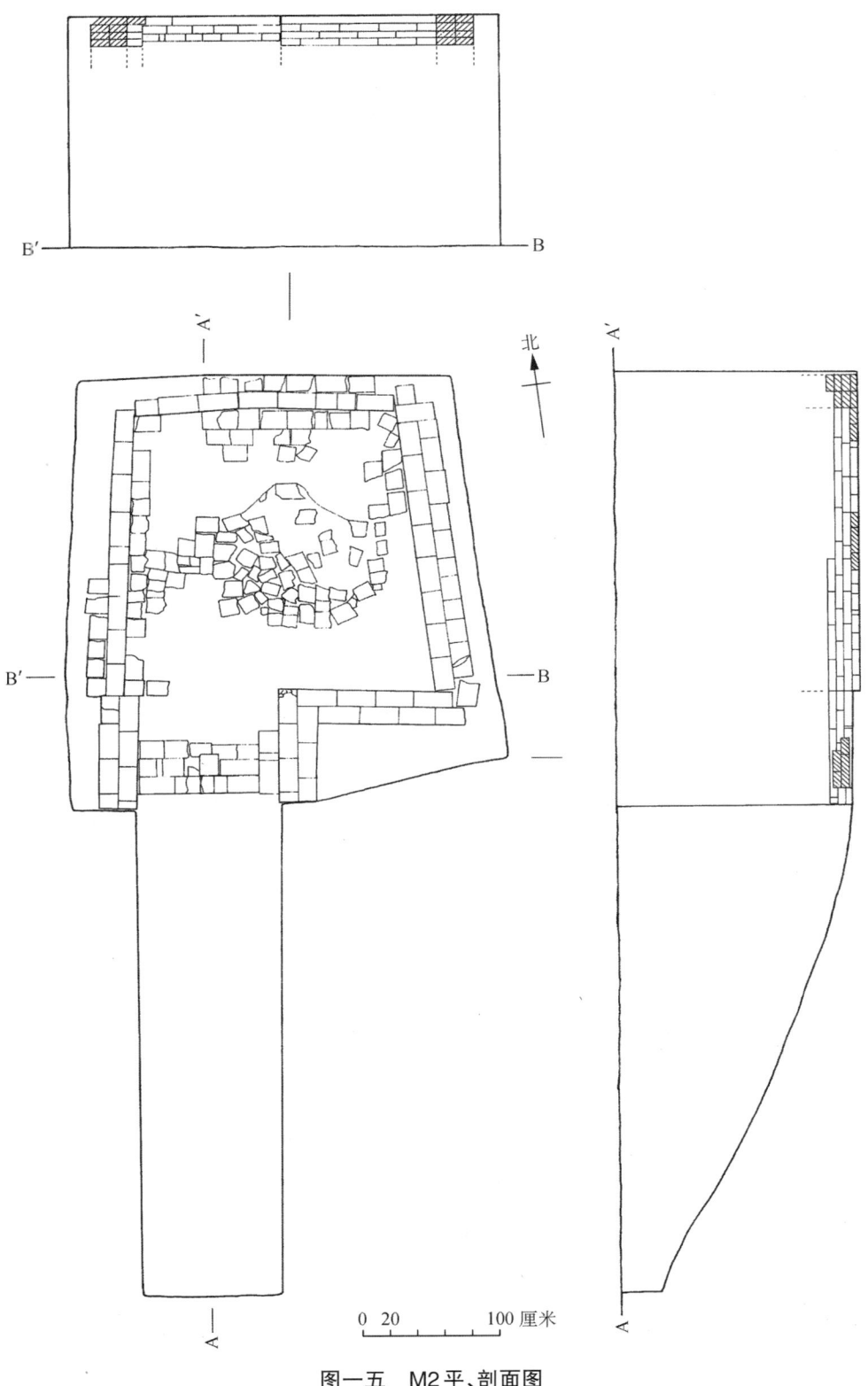

图一五 M2平、剖面图

墓道：位于墓室的南部偏西，北部与甬道相连，呈长方形斜坡状。南北长4.00、宽1.02~1.06、底坡长4.25米。口距地表1.60、底距地表3.50米。内填杂花土，土质较硬。

甬道：位于墓道的北部，与墓室的南部西侧相连。甬道呈长方形，上部已残，仅残留东、西两壁，用青砖错缝平砌而成，残高0.18、南北长0.94、宽1.02~1.06米。墓砖为青色，规格有0.28×0.13×0.05米、0.29×0.14×0.055米两种，饰细绳纹。

墓室：位于甬道北部，平面近梯形，北窄南宽，青砖砌券。墓室顶部及四壁已被破坏至底，仅残留壁砖，用泥土黏合错缝平砌而成。壁砖下有一周生土，高于墓底0.06米。南北长2.34、宽1.90~2.30、残高0.06~0.18米。用砖规格同上。底部用残砖随意平铺而成，大部分已被破坏，仅残留墓室中部的一小部分。未发现随葬品。

M3：位于发掘区的东南部，T1003内，北邻M2。开口于②层下，为平面呈"刀"形的砌砖单室墓，南北向，方向175°。墓底距地表3.60、南北长7.6、宽2.1~2.7米。墓室已被破坏，仅剩部分墓壁及墓底。墓道南部分别被现代坑打破。该墓由墓道、墓门、墓室三部分组成（图一六；彩版二二，3）。

墓道：位于墓门的南侧，平面呈长方形，剖面呈斜坡状。南北长4.08、东西宽0.70~1.04、深0.40~1.80、底坡长4.30米。内填花土，土质较软。

墓门：位于墓室的南侧，南与墓道相接，由于已被破坏，仅残留两壁各12层封门砖。宽1.04、进深0.62、残高1.10米。两壁用青砖依次砌成，封门砖由青砖平砌而成。用砖规格为0.28×0.14×0.05米。

墓室：位于墓门的北侧，由于已被破坏，仅残留部分墓壁及铺底砖。墓室平面呈梯形，南北长3.52、宽2.10~2.70米。四壁各残留有12层砖，残高0.90米，用青砖砌成。由于破坏严重，铺底砖残存较少，其铺法无法判断。墓室内填花土，土质较软，夹杂残碎砖块。用砖规格有0.28×0.14×0.05米、0.30×0.15×0.05米两种。未发现随葬品。

M4：位于发掘区的东南部，T0702东部，南部进入T0701的北部，东南邻M7。开口于②层下，是用青砖券制的"刀"形砖室墓，坐北朝南，方向185°。墓底距地表3.90、南北长7.87、东西宽2.74~3.28米。由于已被破坏，顶部无存。该墓由墓道、墓门、墓室三部分组成（图一七；彩版二二，4）。

墓道：位于墓门的南部，平面呈梯形。南北长4.38、宽0.90~1.20、深0.40~2.20米，底坡长4.74米。内填花杂土，含少量残砖，土质稍硬。

墓门：位于墓室的南侧，前宽后窄，前宽1.20、后宽1.14、进深0.68米。东、西两壁用青砖砌成，砌法是底部先砌三层平砖，然后向上一竖一平，依次砌成，残高0.61~0.72米。门内残留封门砖，里外双层封门，摆法随意，有南北向的，也有东西向的，南北宽0.63米，8层砖高0.40~0.45米。用砖规格为0.28×0.14×0.05米。

墓室：位于墓门的北侧，平面近梯形，土坑南北长3.48、宽2.74~3.28米。墓室南北长2.36、宽1.86~2.36米。四壁用青砖砌成，砌法同墓门东、西两壁，残高0.61~1.14米。室内铺地砖已被破坏。内填杂花土和大量的残砖块，土质较硬。用砖规格为0.31×0.15×0.04米、0.32×0.16×0.05米两种。出土随葬品有陶罐。

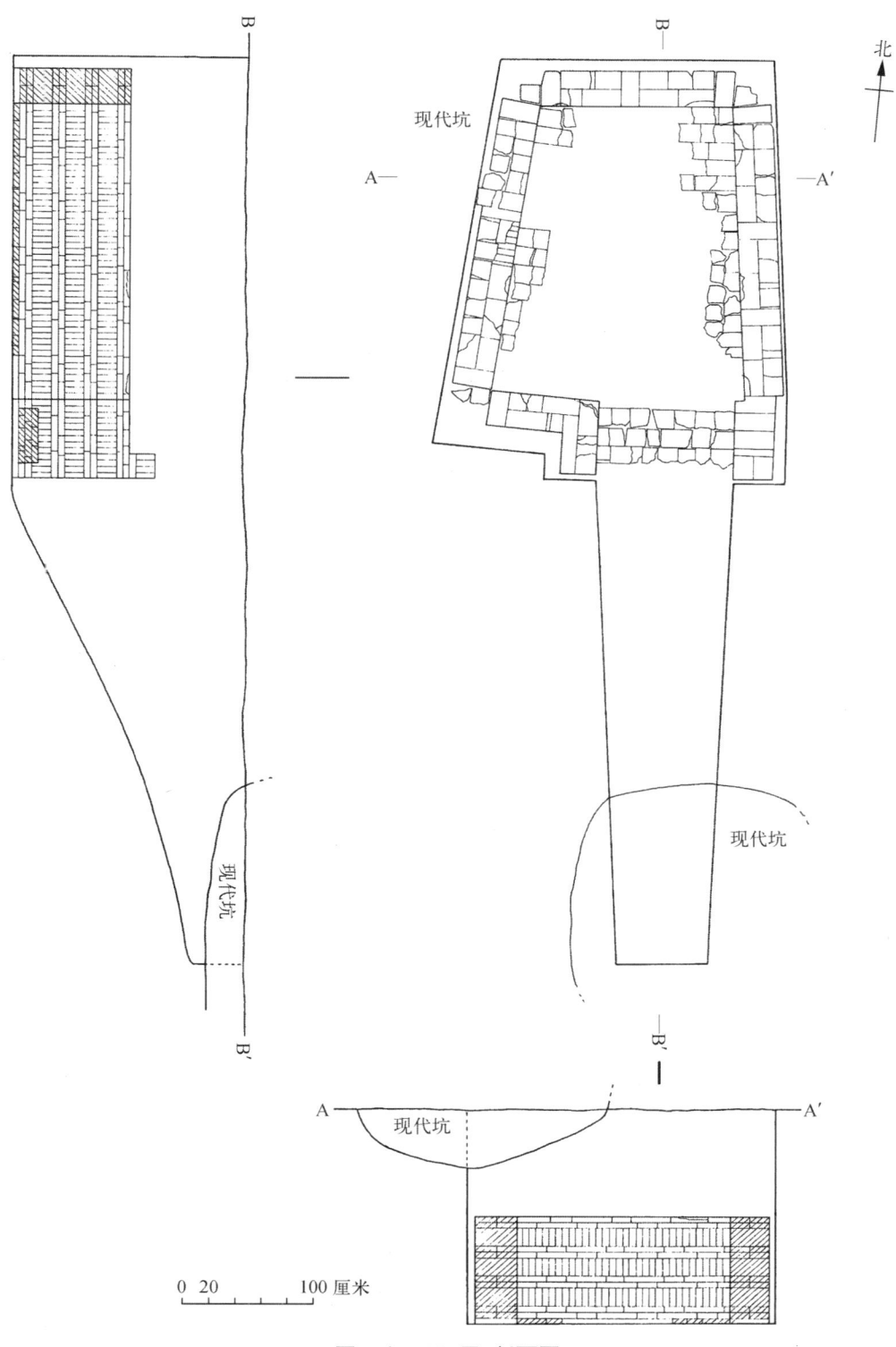

图一六 M3平、剖面图

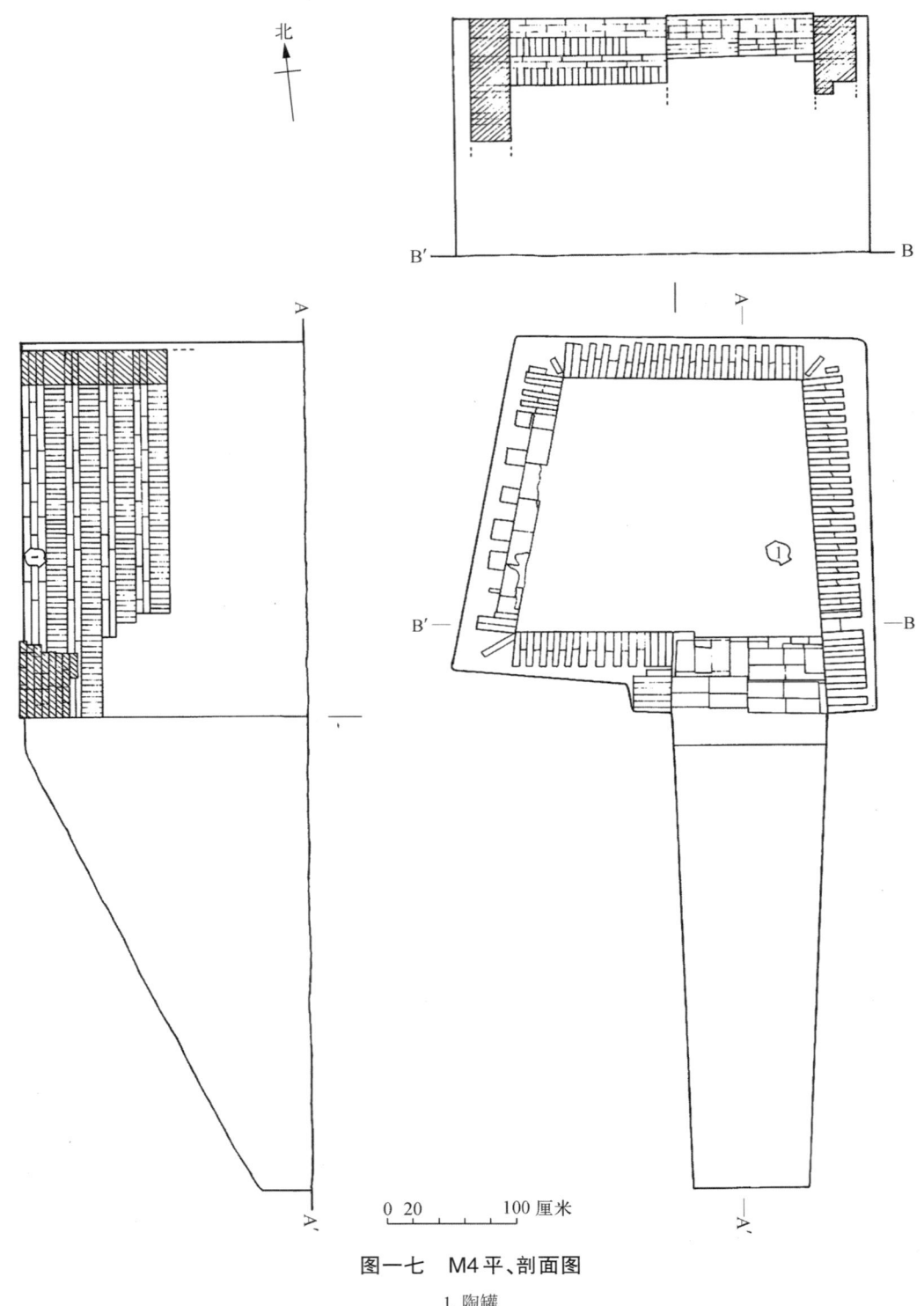

图一七　M4平、剖面图

1. 陶罐

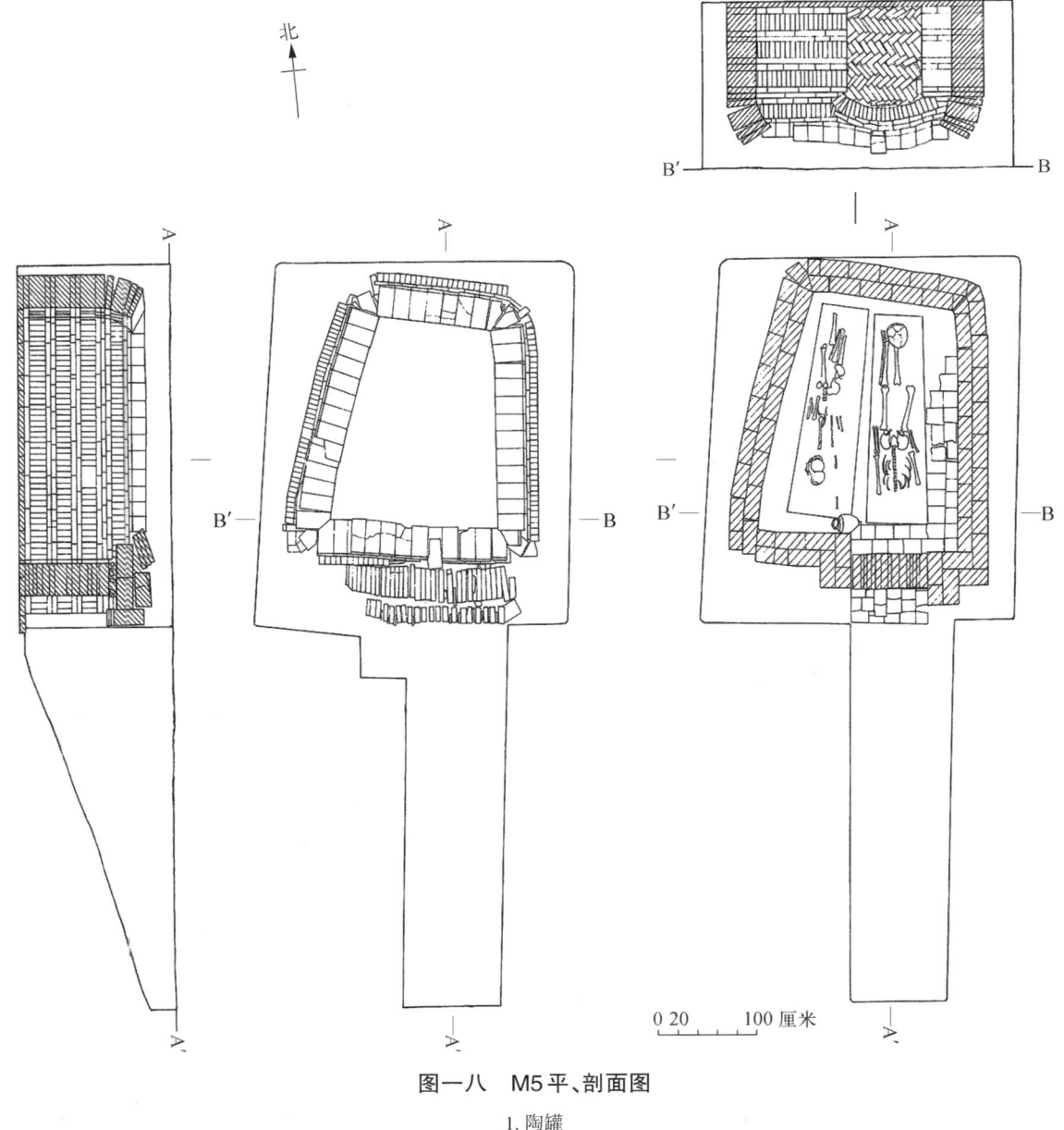

图一八 M5平、剖面图

1. 陶罐

M4:1，泥质灰陶，敞口，束颈，圆肩，斜直腹，平底。肩部饰水波纹带。口已残，腹径19、底径8.8、残高21.9厘米（图一九，1）。

M5：位于发掘区的中部偏北，T0407西部，墓室西部进入T0307的东北部，东北邻M44。开口于②层下，为青砖券制的"刀"形单室墓，方向185°。墓底距地表3.00米，南北长7.00、东西宽3.06~3.20米。该墓由墓道、墓门、墓室三部分组成（图一八；彩版二三，1、2）。

墓道：位于墓门的南部偏东，平面呈长方形。南北长3.60、宽1~1.06、底坡长3.80米。口部距地表1.50米，内填花土，土质稍松。

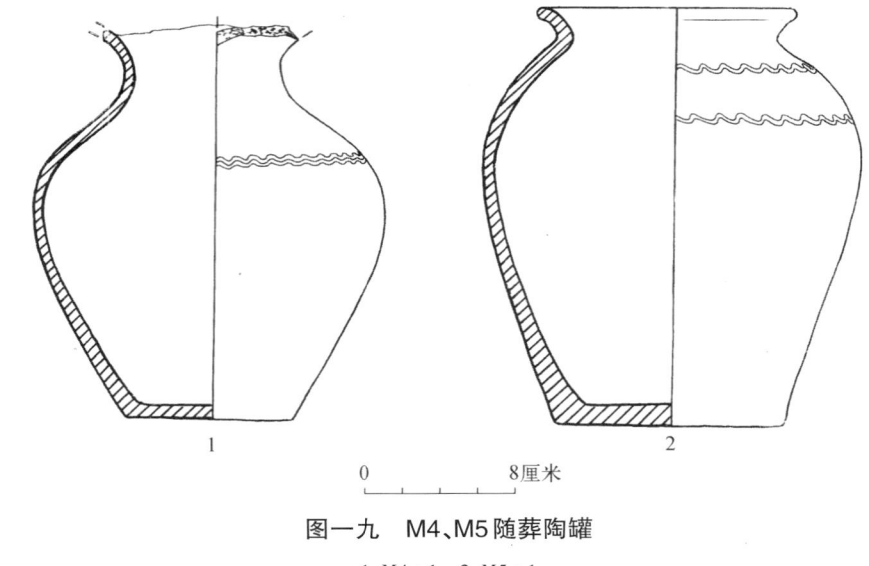

图一九　M4、M5随葬陶罐
1. M4：1　2. M5：1

墓门：位于墓室的南侧，平面呈长方形，宽0.78、高0.90~0.94、进深0.50米。拱形顶，两壁用二平一竖法交替砌筑而成，在0.84米处开始起券。墓门券砖为立砖，中部顶砖双券，门北口单券上用三层平砖南北向平砌，内收起券，出檐0.30米，券顶南北长0.90米。墓门西壁变形，墓门两边不齐。封门砖呈"人"字形摆法，高0.86米，其上用残砖瓦片塞实。用砖规格为0.30~0.32×0.15~0.16×0.045~0.05米，素面，少量有绳纹。

墓室：位于墓门北侧，平面近梯形，用青砖砌券，砌筑于南北长3.40、东西宽3.06~3.20米的土坑内。墓室顶部已残。四壁用青砖错缝平砌而成，上砌一层竖砖，三组交替之后，四壁逐渐内收，上砌三层平砖，起券。上部用丁砖横砌而成，残留两层，券厚0.30~0.32米。上口北边宽1.14、南部宽1.70、长1.90米。

室内残高1.10米，墓室底部南北长2.24、宽1.35~2.04米，墓室底部距地表3米。

内葬双棺，已朽，留有棺痕。东棺长1.94、宽0.50~0.64、残高0.08米。棺内骨架保存较差，上身骨架已朽，仰身直肢，头在南边，已滚落到北边足的位置。西棺长1.98、宽0.48~0.62、残高0.08米。棺内骨架凌乱，已朽。墓室内壁用砖大小同上。

墓室底部用残砖铺地，较为规律，东西成排，南北成行。室内填花土，土质较松。

随葬器物有陶罐1件。

M5：1。泥质灰褐陶，敞口，圆唇外翻，矮束颈，圆肩，斜腹微弧，平底。肩部饰水波纹二组。口径14、腹径20.4、底径12.4、通高23厘米（图一九，2）。

（二）明墓24座：M6~M8、M14~M22、M44~M55

M6：位于发掘区的东部偏南，T0901西北部，北邻M8。开口于①层下，平面呈长方形，竖穴土坑墓，南北向，方向28°。南北长2.46、宽1.93米。墓口距地表1.50米，墓底距地表2.90米（图二〇；彩版二四，1）。

内填花土，土质稍硬。内葬双棺，已朽。东棺长1.88、宽0.52~0.65、残高0.15米，棺内骨架已搬迁，南部仅留有几枚脚趾骨，底部有棺木灰。西棺长1.84、宽0.52~0.62、残高0.10米，棺内骨架保存较差，仰身直肢。随葬器物有酱釉粗瓷瓶。

粗瓷瓶2件。M6∶1。子口，尖圆唇，短束颈，溜肩，鼓腹，小平底。形似枣核状，施酱色釉。有明显的轮制痕迹。口径5.8、腹径17.3、底径6.4、通高25.6厘米（图二一，1；彩版三一，1）。

M6∶2，子口，平折沿，尖圆唇，短束颈，上鼓腹，下腹斜直，小平底。施酱色釉。有明显的轮制

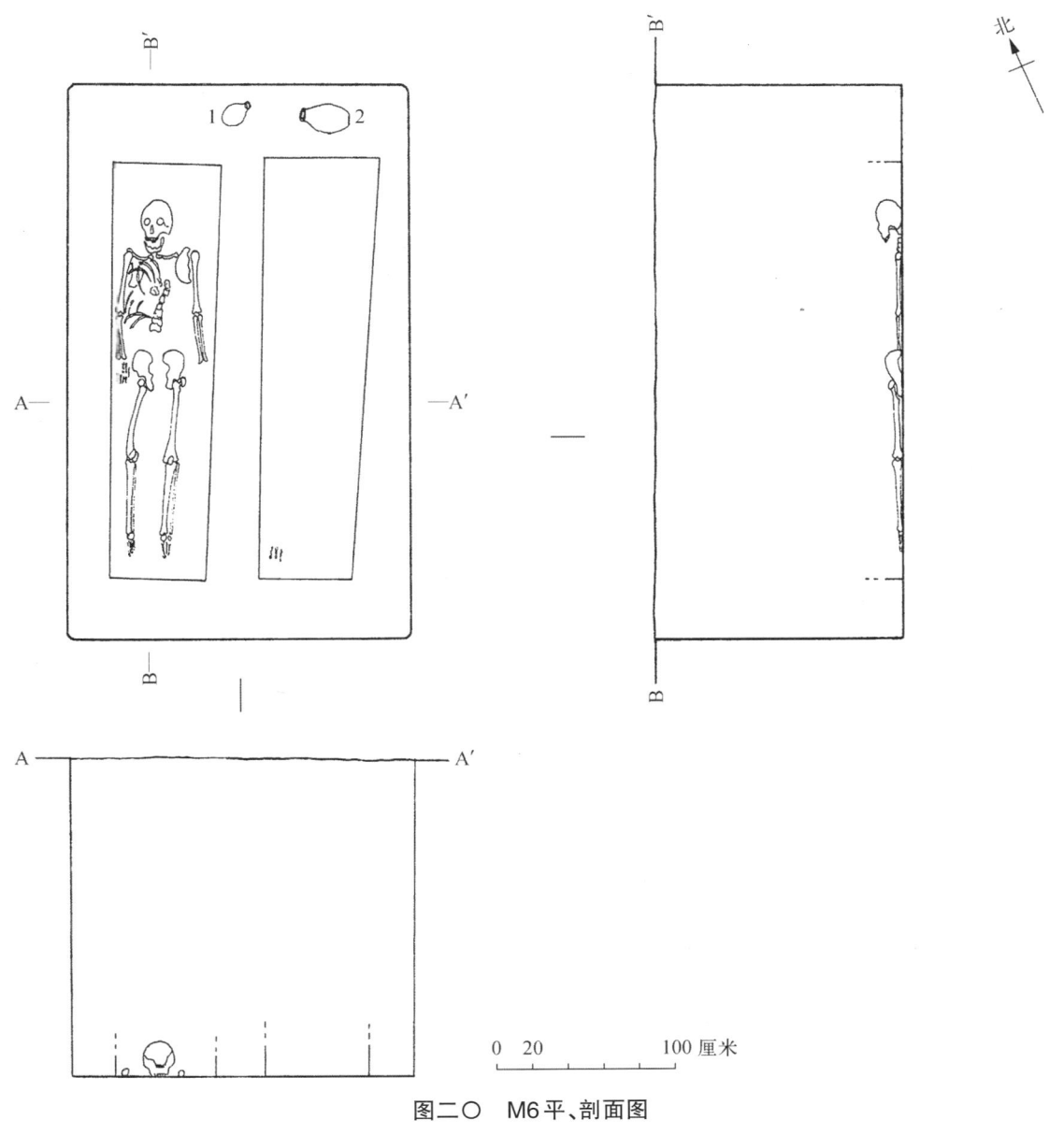

图二〇　M6平、剖面图
1. 粗瓷瓶　2. 粗瓷瓶

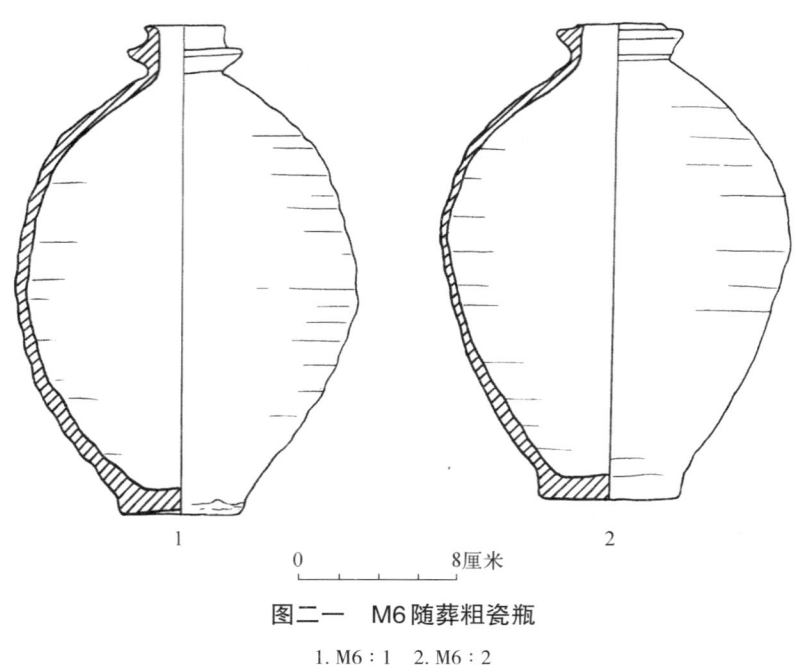

图二一　M6随葬粗瓷瓶
1. M6：1　2. M6：2

痕迹。口径6.4、腹径17.6、底径7.1、通高25厘米（图二一，2；彩版三一，2）。

M7：位于发掘区的东部偏南，T0801东南部，东邻M6。开口于①层下，平面呈长方形，竖穴土坑墓，南北向，方向15°。南北长2.40、宽0.94米。墓口距地表1.80米，墓底距地表2.40米（图二二；彩版二四，2）。

内填花土，土质较软。内葬单棺，已朽，棺长1.73、宽0.28~0.44、残高0.10米。棺内骨架保存较好，仰身直肢，性别为男。随葬器物有粗瓷瓶和铜钱。

粗瓷瓶1件。M7：1。子口，斜平沿，尖圆唇，短束颈，溜肩，圆鼓腹，下部弧收，小平底。施酱色釉。有明显的轮制痕迹。口径6.1、腹径13.4、底径5、通高16.4厘米（图二四，1；彩版三一，3）。

铜钱2枚。平钱，方穿。均已破碎，字迹不清。

M8：位于发掘区的东部偏南，T0903东南角，T0902东北角，南邻M6。平面呈长方形，竖穴土坑墓，南北向，方向185°。开口于①层下，墓口距地表1.70米，墓底距地表2.50米，墓底长2.30~2.46、宽1.60~1.66米（图二三；彩版二四，3）。

内填花土，土质稍松。内葬双棺，已朽，残留有棺印痕迹。东棺长1.70、宽0.42~0.60、残高0.10米。棺内骨架保存较好，头向南，面向西，仰身屈肢，性别为女。西棺长1.90、宽0.48~0.58、残高0.10米。棺内骨架保存较好，头向南，面向东，仰身直肢，性别为男。随葬器物有和粗瓷瓶和铜钱。

粗瓷瓶1件。M8：2。子口，重沿，尖圆唇，短束颈，溜肩，鼓腹，小平底。施酱色釉。有明显的轮制痕迹。口径6.2、腹径16、底径5.8、通高21.2厘米（图二四，2）。

铜钱6枚。有淳化元宝、咸平元宝、嘉祐元宝等。

淳化元宝1枚，M8：1-3，平钱，方穿，钱面文为"淳化元宝"四字，旋读。钱径2.40、穿径0.53、

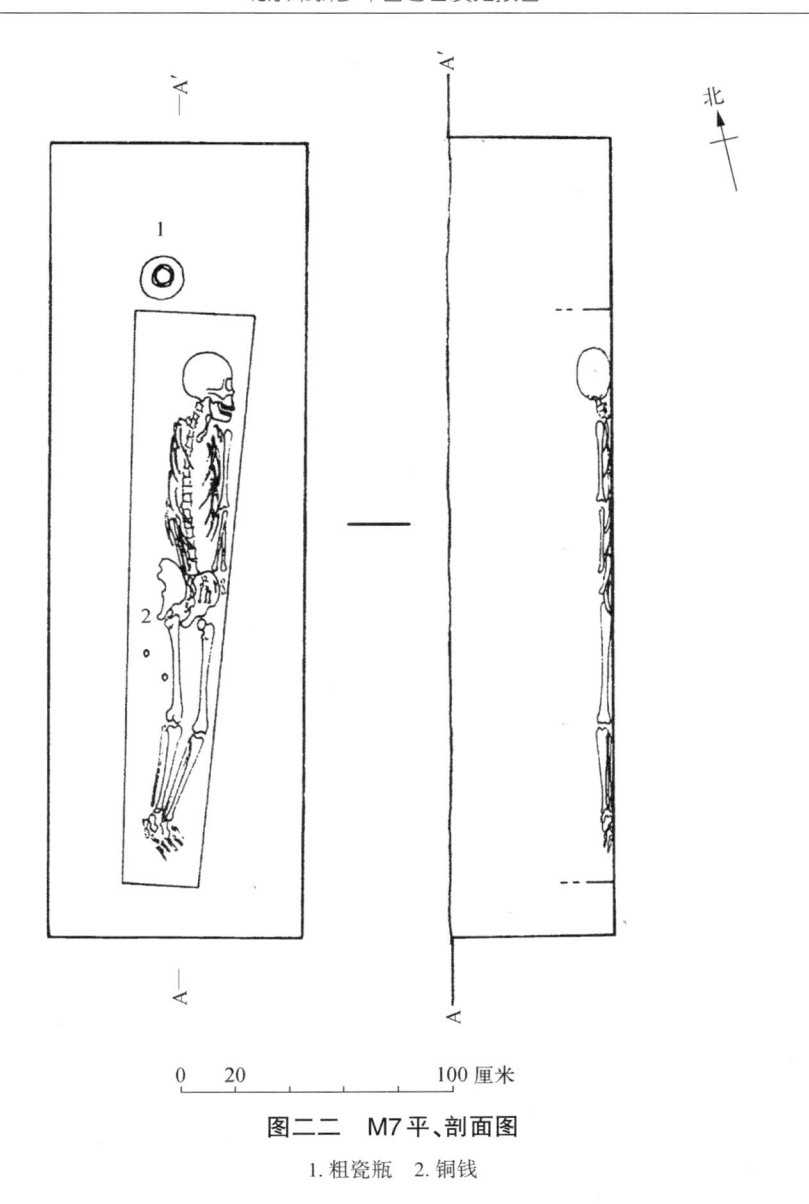

图二二　M7平、剖面图
1. 粗瓷瓶　2. 铜钱

郭厚0.09厘米（图二四,5）。

咸平元宝1枚,M8:1-2,平钱,方穿,钱面文为"咸平元宝"四字,旋读。钱径2.52、穿径0.58、郭厚0.11厘米（图二四,4）。

嘉祐元宝1枚。M8:1-1,平钱,方穿,钱面文为"嘉祐元宝"四字,旋读。钱径2.28、穿径0.58、郭厚0.12厘米（图二四,3）。

其他3枚锈蚀较甚,字迹模糊不清。

M14:位于发掘区的南部,T0301中部偏东,东北邻M16。开口于①层下,平面呈长方形,竖穴土坑墓,东西向,方向85°。墓口距地表1.40米,墓底距地表2.05米,墓底长3.06、宽1.08~1.44米（图二五）。

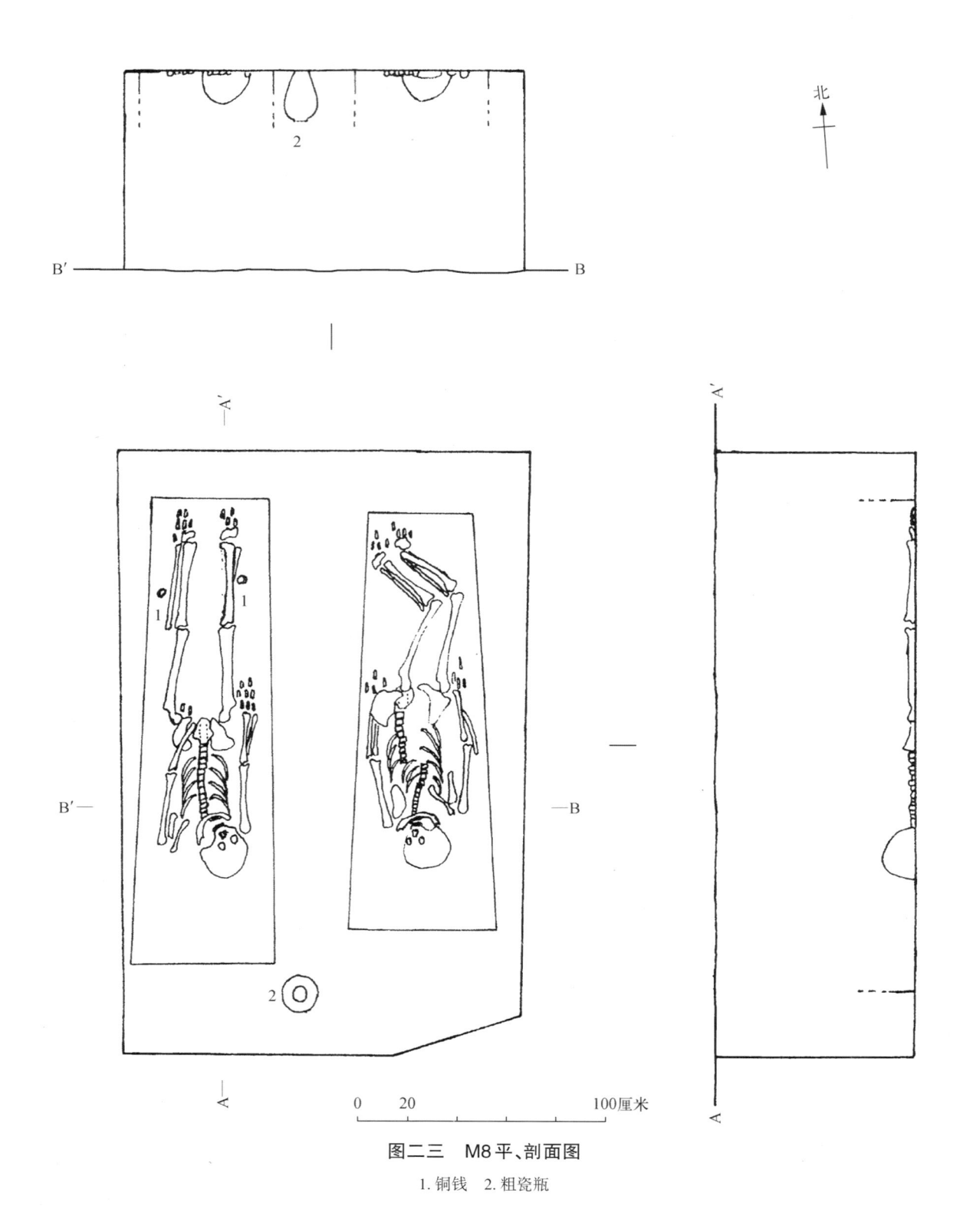

图二三 M8平、剖面图
1. 铜钱　2. 粗瓷瓶

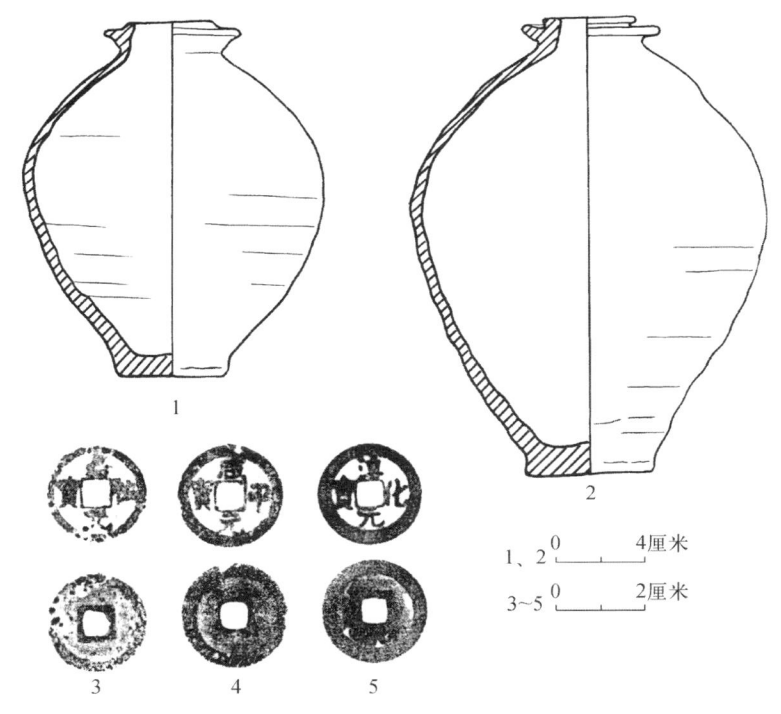

图二四　M7、M8随葬器物

1、2. 粗瓷瓶(M7:1、M8:2)　3. 嘉祐元宝(M8:1-1)　4. 咸平元宝(M8:1-2)　5. 淳化元宝(M8:1-3)

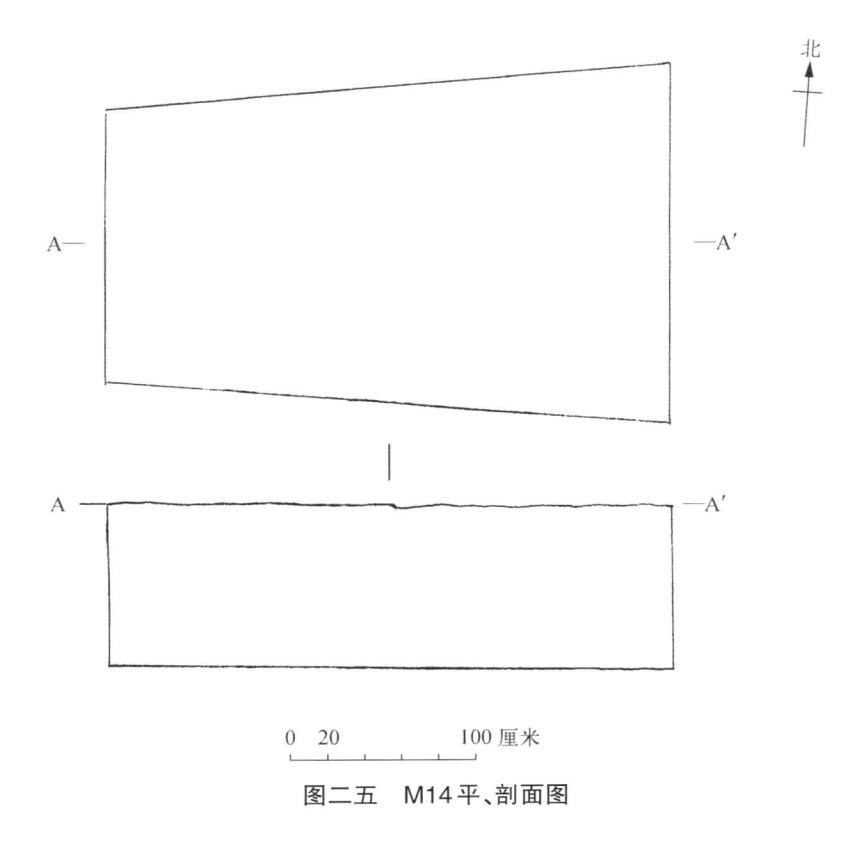

图二五　M14平、剖面图

内填花土，土质较松软。经清理，未发现棺及骨架，未出土随葬品。

M15：位于发掘区的南部偏西，T0301北部边缘，东邻M16。开口于①层下，平面呈长方形，竖穴土坑墓，东西向，方向263°。东西长2.60、南北宽1.04米。墓口距地表1.50米，墓底距地表2.15米（图二六）。

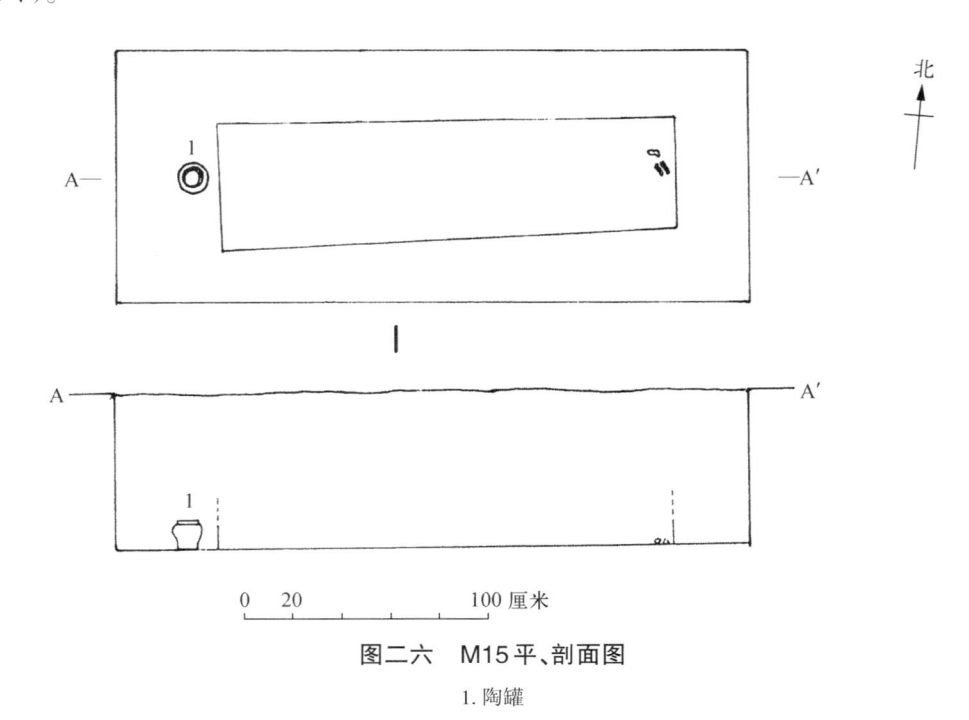

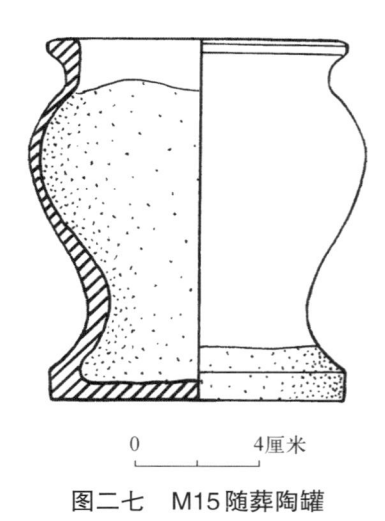

图二六　M15平、剖面图
1. 陶罐

内填花土，土质稍软。内葬单棺，已朽。棺长1.88、宽0.45~0.53、残高0.10米。棺内骨架已被搬迁，仅剩部分脚趾骨，出土随葬品有陶罐。

陶罐1件。M15：1。直口微敞，平沿，圆唇，短束颈，圆腹，束腰平底。施浅黄色釉，大部分釉已脱落。口径9.8、腹径11、底径9.4、通高12.2厘米（图二七；彩版三一，4）。

M16：位于发掘区的南部偏西，T0301东部，T0401西部，西邻M15。开口于①层下。平面呈长方形，竖穴土坑墓，南北向，方向13°。南北长2.70、宽1.15~1.22米。墓口距地表1.50米，墓底距地表2.60米（图二八；彩版二四，4）。

图二七　M15随葬陶罐
M15：1

内填花土，土质稍软。内葬单棺，已朽，棺长1.87、宽0.45~0.54、残高0.10米。骨架保存较差，葬式为仰身直肢，性别为男，出土随葬品有铜钱。

铜钱23枚。有景德元宝、祥符元宝、祥符通宝、皇宋通宝、熙宁元宝、元丰通宝、元祐通宝、政和通宝、大定通宝和洪武通宝数种。

景德元宝2枚。标本M16：1-5，平钱，方穿，钱面文为"景德元宝"四字，旋读。钱径2.51、穿径0.61、郭厚0.12厘米。

祥符元宝1枚。M16：1-3，平钱，方穿，钱面文为"祥符元宝"四字，旋读。钱径2.46、穿径0.58、郭厚0.13厘米（图二九，1）。

祥符通宝1枚。M16：1-6，平钱，方穿，钱面文为"祥符通宝"四字，旋读。钱径2.55、穿径0.55、郭厚0.15厘米。

皇宋通宝2枚。标本M16：1-2，平钱，方穿，钱面文为"皇宋通宝"四字，上下右左对读。钱径2.46、穿径0.68、郭厚0.10厘米（图二九，2）。

熙宁元宝1枚。M16：1-7，平钱，方穿，钱面文为"熙宁元宝"四字，旋读。钱径2.53、穿径0.55、郭厚0.19厘米。

元丰通宝1枚。M16：1-8，平钱，方穿，钱面文为"元丰通宝"四字，旋读。钱径2.45、穿径0.59、郭厚0.15厘米。

元祐通宝1枚。M16：1-9，平钱，方穿，钱面文为"元祐通宝"四字，旋读。钱径2.50、穿径0.76、郭厚0.12厘米。

政和通宝1枚。M16：1-10，平钱，方穿，钱面文为"政和通宝"四字，上下右左对读。钱径2.50、穿径0.60、

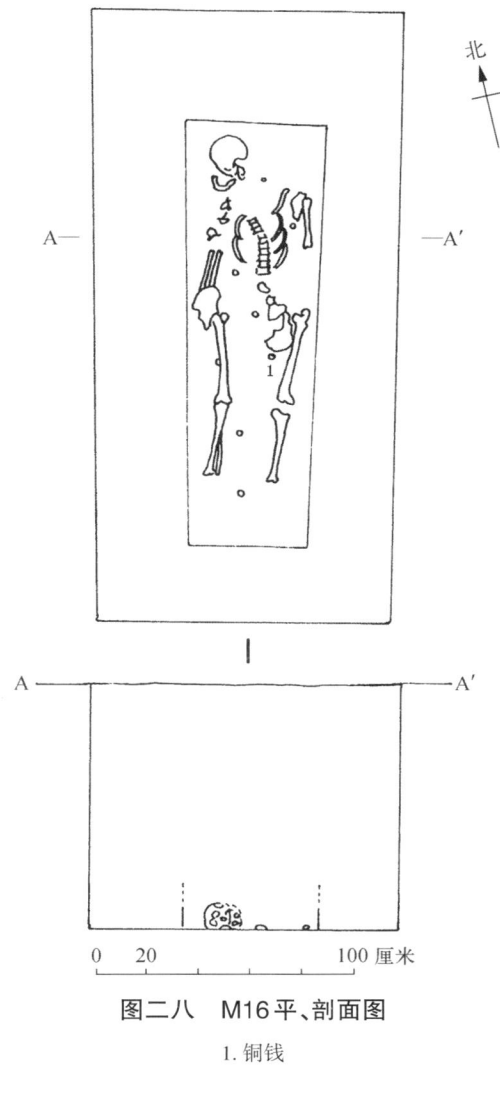

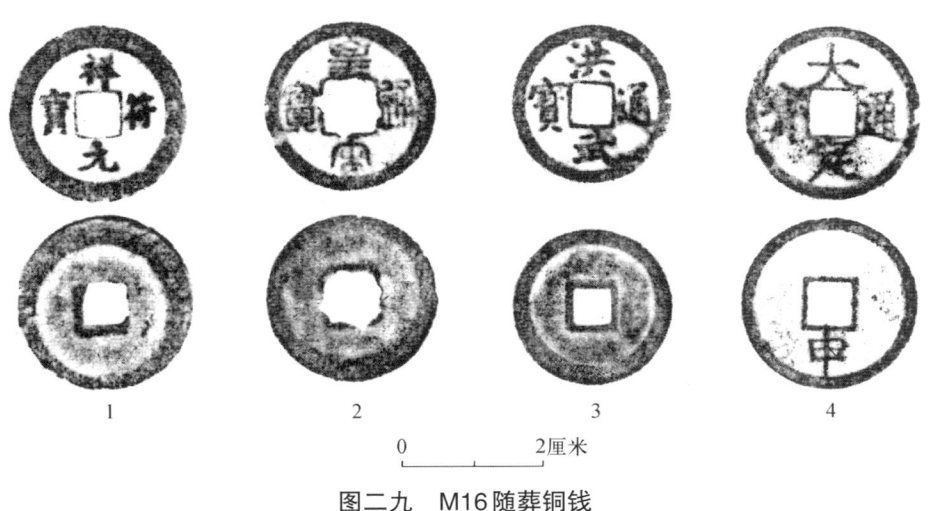

图二八　M16平、剖面图
1.铜钱

图二九　M16随葬铜钱
1.祥符元宝（M16：1-3）　2.皇宋通宝（M16：1-2）　3.洪武通宝（M16：1-4）　4.大定通宝（M16：1-1）

郭厚0.13厘米。

大定通宝1枚。M16：1-1，平钱，方穿，钱面文为"大定通宝"四字，上下右左对读，背穿下方有一"申"字。钱径2.30、穿径0.50、郭厚0.13厘米（图二九，4）。

洪武通宝1枚。M16：1-4，平钱，方穿，钱面文为"洪武通宝"四字，上下右左对读。钱径2.52、穿径0.63、郭厚0.13厘米（图二九，3）。

其他11枚铜钱锈蚀较甚，字迹模糊不清。

M17：位于发掘区的南部偏西，T0401中部，北邻M18。开口于①层下，平面呈长方形，竖穴土坑墓，方向80°。墓底长2.25、宽0.60~0.64米。墓口距地表1.40米，墓底距地表1.90米（图三〇；彩版二五，1）。

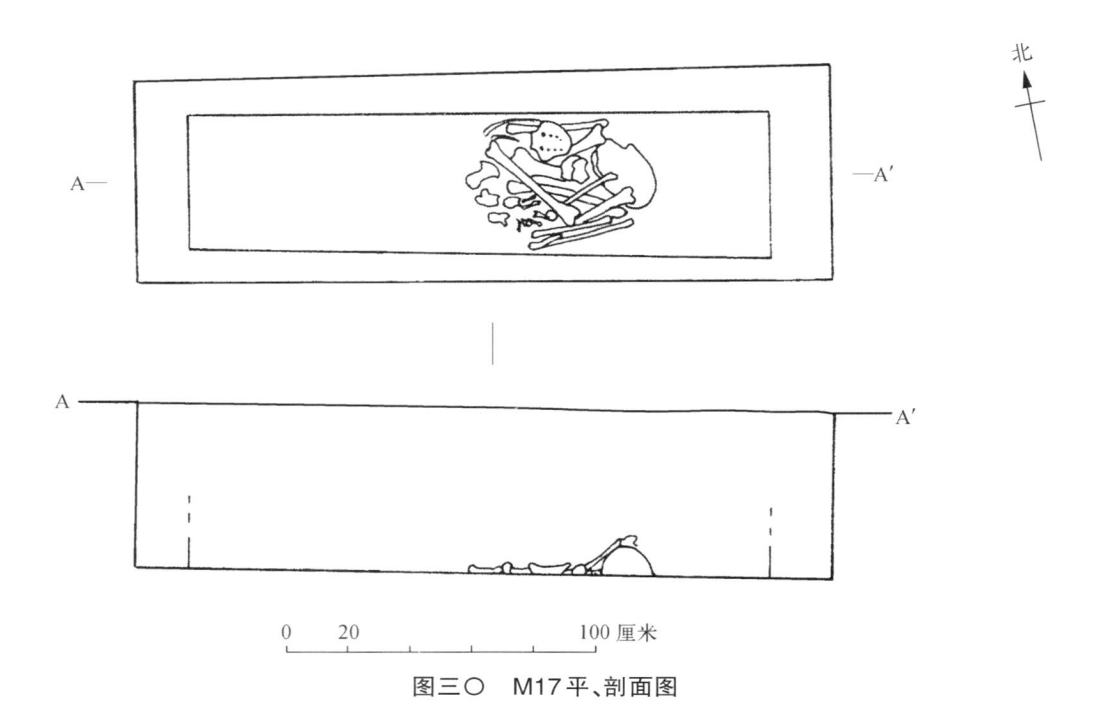

图三〇 M17平、剖面图

内填花土，土质稍松。内葬单棺，已朽，残留棺印痕迹。棺长1.88、宽0.40~0.44、残高0.10米。棺内骨架保存较差，头向东，面向、性别、葬式均不明，未出土随葬品。

M18：位于发掘区的西部偏南，T0401中部偏北，东北邻M19，南邻M17。开口于①层下，为青砖砌制的长方形竖穴单室墓。东西向，方向275°。东北部被M19打破，外有土坑。东西长1.28、南北宽1.10米。墓室长0.67、宽0.51米。墓口距地表1.40米，墓底距地表1.63米。四壁用青砖错缝平砌而成，内用白灰粉墙，残存三到四层砖，残高0.18~0.23米（图三一；彩版二五，3）。

填土内有黑灰色烧骨。内填花土，土质稍硬。用砖规格为0.36×0.17×0.06米。出土随葬品有铜钱。

铜钱45枚。有开元通宝、淳化元宝、咸平元宝、景德元宝、祥符元宝、祥符通宝、天禧通宝、天圣元宝、皇宋通宝、至和元宝、熙宁元宝、元丰通宝、元祐通宝、绍圣元宝、政和通宝、宣和通宝、正隆元宝和至元通宝等18种。

开元通宝5枚。标本M18:1-11,平钱,方穿,钱面文为"开元通宝"四字,上下右左对读。背穿上部铸一上弦月牙图案。钱径2.48、穿径0.68、郭厚0.13厘米(图三二,1)。

淳化元宝1枚。M18:1-12,平钱,方穿,钱面文为"淳化元宝"四字,旋读。钱径2.48、穿径0.58、郭厚0.11厘米(图三二,2)。

咸平元宝1枚。M18:1-14,平钱,方穿,钱面文为"咸平元宝"四字,旋读。钱径2.51、穿径0.58、郭厚0.12厘米(图三二,4)。

景德元宝1枚。M18:1-15,平钱,方穿,钱面文为"景德元宝"四字,旋读。钱径2.56、穿径0.54、郭厚0.11厘米(图三二,5)。

祥符元宝2枚。标本M18:1-9,平钱,方穿,钱面文为"祥符元宝"四字,旋读。钱径2.48、穿径0.54、郭厚0.10厘米(图三二,6)。

祥符通宝1枚。M18:1-10,平钱,方穿,钱面文为"祥符通宝"四字,旋读。钱径2.49、穿径0.58、郭厚0.12厘米(图三二,7)。

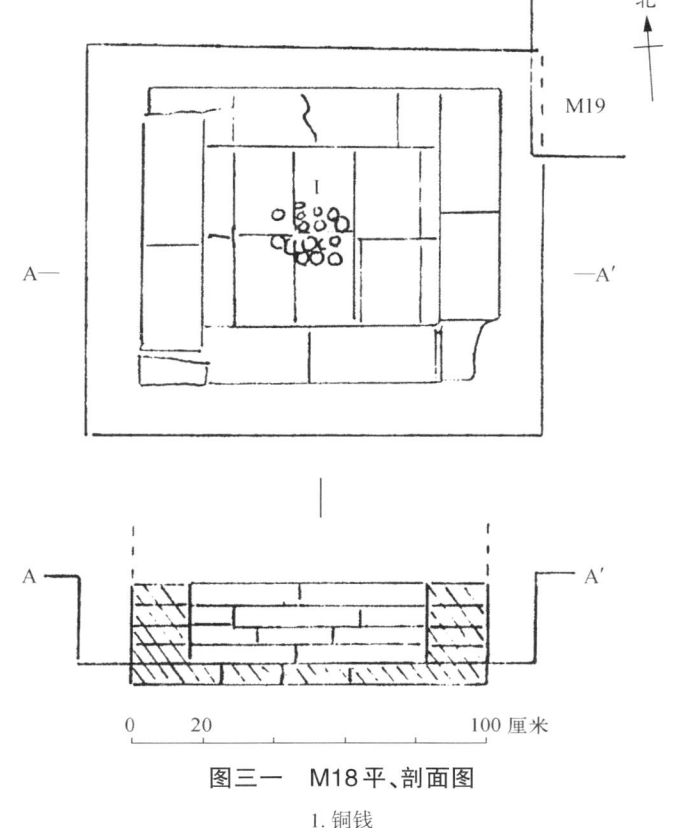

图三一 M18平、剖面图
1.铜钱

天禧通宝5枚。标本M18:1-16,平钱,方穿,钱面文为"天禧通宝"四字,旋读。钱径2.58、穿径0.64、郭厚0.12厘米(图三二,8)。

天圣元宝2枚。标本M18:1-5,平钱,方穿,钱面文为"天圣元宝"四字,旋读。钱径2.49、穿径0.55、郭厚0.13厘米(图三三,1)。

皇宋通宝8枚。标本M18:1-8,平钱,方穿,钱面文为"皇宋通宝"四字,上下右左对读。钱径2.48、穿径0.68、郭厚0.12厘米(图三三,7)。

至和元宝1枚。M18:1-3,平钱,方穿,钱面文为"至和元宝"四字,旋读。钱径2.39、穿径0.58、郭厚0.14厘米(图三三,2)。

熙宁元宝5枚。标本M18:1-2,平钱,方穿,钱面文为"熙宁元宝"四字,旋读。钱径2.38、穿径0.66、郭厚0.12厘米(图三三,3)。

标本M18:1-17,平钱,方穿,钱面文为"熙宁元宝"四字,旋读。钱径2.48、穿径0.58、郭厚0.12厘米(图三三,4)。

元丰通宝3枚。标本M18:1-7,平钱,方穿,钱面文为"元丰通宝"四字,旋读。钱径2.52、穿径0.68、郭厚0.14厘米(图三三,5)。

标本M18:1-18,平钱,方穿,钱面文为"元丰通宝"四字,旋读。钱径2.44、穿径0.72、郭厚

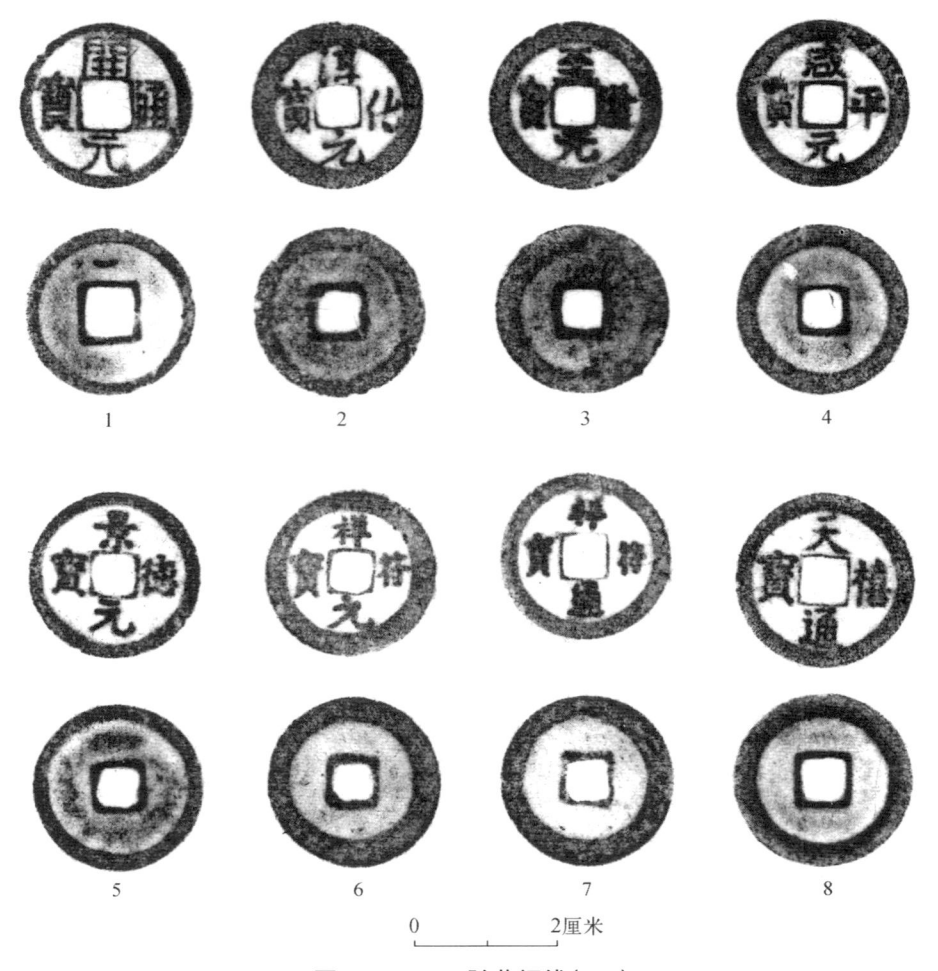

图三二 M18随葬铜钱（一）

1. 开元通宝（M18：1-11） 2. 淳化元宝（M18：1-12） 3. 至元通宝（M18：1-13） 4. 咸平通宝（M18：1-14） 5. 景德元宝（M18：1-15） 6. 祥符元宝（M18：1-9） 7. 祥符通宝（M18：1-10） 8. 天禧通宝（M18：1-16）

0.13厘米（图三三，6）。

元祐通宝5枚。标本M18：1-4，平钱，方穿，钱面文为"元祐通宝"四字，旋读。钱径2.49、穿径0.68、郭厚0.15厘米（图三三，8）。

标本M18：1-19，平钱，方穿，钱面文为"元祐通宝"四字，旋读。钱径2.48、穿径0.58、郭厚0.12厘米（图三四，1）。

绍圣元宝1枚。M18：1-1，平钱，方穿，钱面文为"绍圣元宝"四字，旋读。钱径2.49、穿径0.52、郭厚0.13厘米（图三四，2）。

政和通宝1枚。M18：1-20，平钱，方穿，钱面文为"政和通宝"四字，上下右左对读。钱径2.48、穿径0.61、郭厚0.13厘米（图三四，3）。

宣和通宝1枚。M18：1-6，平钱，方穿，钱面文为"宣和通宝"四字，上下右左对读。钱径2.49、穿径0.58、郭厚0.12厘米（图三四，4）。

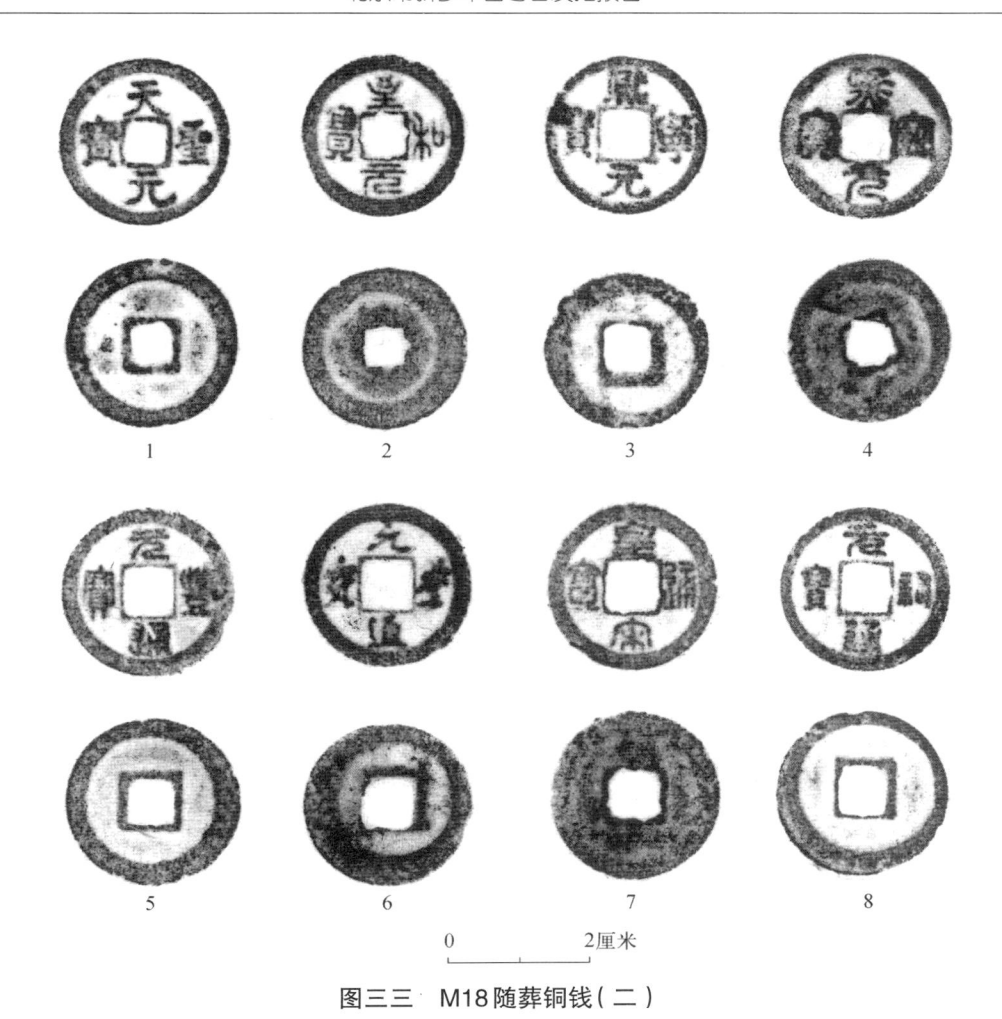

图三三 M18随葬铜钱（二）

1. 天圣元宝（M18：1-5） 2. 至和元宝（M18：1-3） 3、4. 熙宁元宝（M18：1-2、M18：1-17） 5、6. 元丰通宝（M18：1-7、M18：1-18）
7. 皇宋通宝（M18：1-8） 8. 元祐通宝（M18：1-4）

正隆元宝1枚。M18：1-21，平钱，方穿，钱面文为"正隆元宝"四字，旋读。钱径2.52、穿径0.50、郭厚0.18厘米（图三四，5）。

至元通宝1枚。M18：1-13，平钱，方穿，钱面文为"至元通宝"四字，上下右左对读。钱径2.50、穿径0.56、郭厚0.11厘米（图三二，3）。

M19：位于发掘区的西部偏南，T0401中部偏北，西南角打破M18，东邻M21。开口于①层下，平面呈长方形，竖穴土坑墓，东西向，方向275°。东西长2.38~2.50、南北宽1.50~1.64米。墓口距地表1.40米，墓底距地表1.90米（图三五；彩版二五，2）。

内填花土，土质稍硬。内葬双棺，南棺长1.66、宽0.48~0.53、残高0.10米，棺内骨架保存稍差，葬式为仰身直肢；北棺长1.76、宽0.52~0.58、残高0.10米，棺内骨架凌乱，葬式不明。随葬器物有釉陶罐和铜钱。

釉陶罐2件。M19：2，直口，圆唇，斜短颈，溜肩，斜腹弧收，平底。肩部以上及口沿内壁施酱

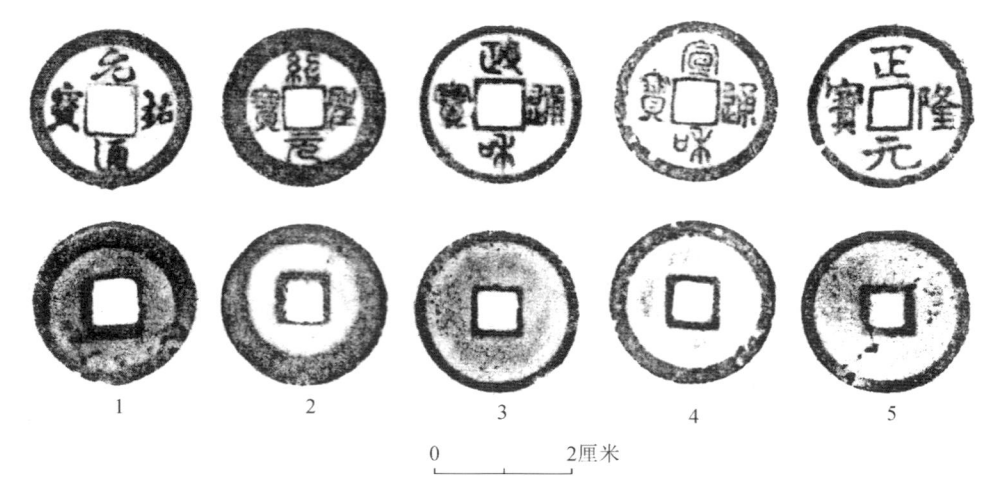

图三四　M18随葬铜钱（三）

1. 元祐通宝（M18:1-19）　2. 绍圣元宝（M18:1-1）　3. 政和通宝（M18:1-20）　4. 宣和通宝（M18:1-6）　5. 正隆元宝（M18:1-21）

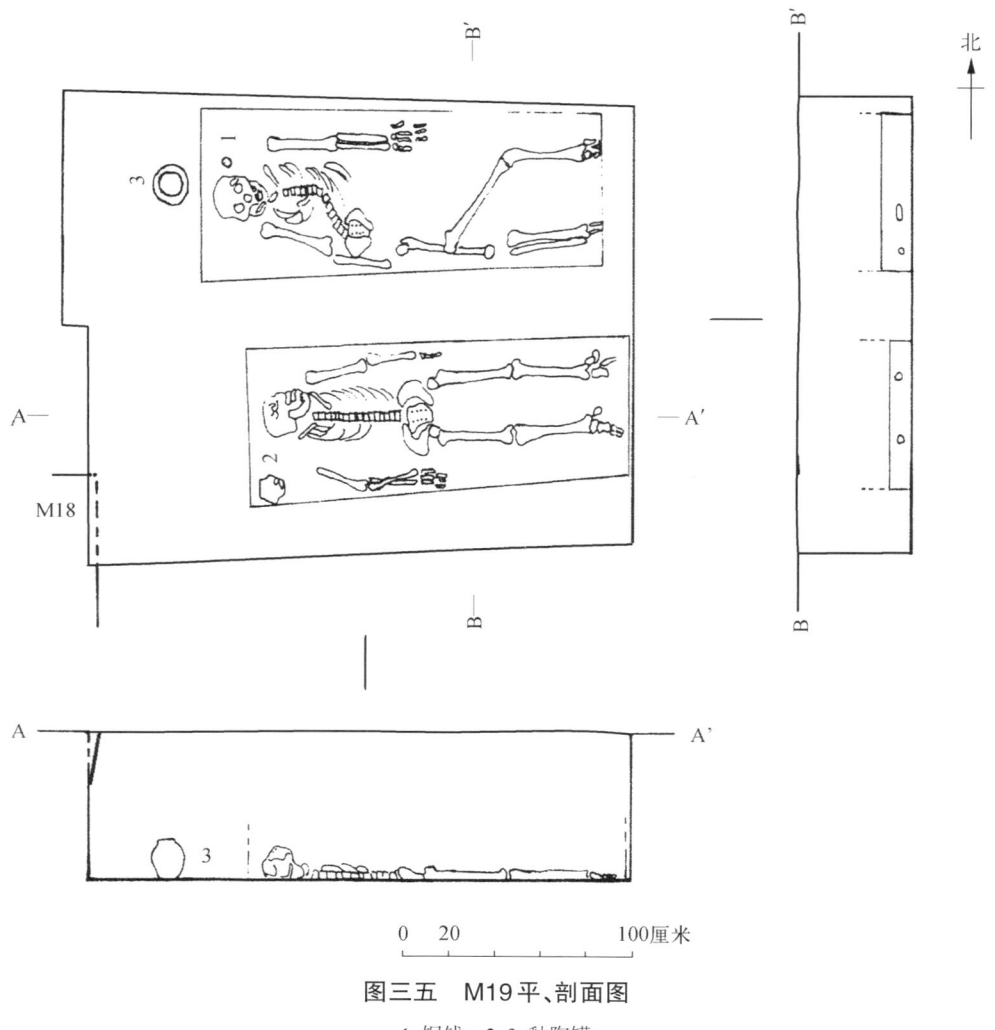

图三五　M19平、剖面图

1. 铜钱　2、3. 釉陶罐

黄色釉。口径8、腹径12、底径6、通常11.6厘米（图三六，1；彩版三一，5）。

M19：3，直口，圆唇，短颈，溜肩，斜直腹，平底内凹。肩部以上及口沿内壁施浅黄色釉。有明显的轮制痕迹。口径9.2、腹径12.6、底径6.6、通高11.2厘米（图三六，2；彩版三一，6）。

铜钱35枚。有弘治通宝、嘉靖通宝两种。

弘治通宝1枚。M19：1-3，平钱，方穿，钱面文为"弘治通宝"四字，上下右左对读。钱径2.36、穿径0.53、郭厚0.13厘米（图三六，3）。

嘉靖通宝34枚。标本M19：1-1，平钱，方穿，钱面文为"嘉靖通宝"四字，上下右左对读。钱径2.50、穿径0.52、郭厚0.15厘米（图三六，4）。

标本M19：1-2，平钱，方穿，钱面文为"嘉靖通宝"四字，上下右左对读。钱径2.52、穿径0.54、郭厚0.13厘米（图三六，5）。

M20：位于发掘区的中部偏南，T0401中部偏东，西邻M17，北邻M21，打破M22南部。开口于①层下，平面呈长方形，竖穴土坑墓，东西向，方向265°。东西长2.32、宽0.92~1.00米。墓口距地表1.40米，墓底距地表1.90米（图三七；彩版二六，1）。

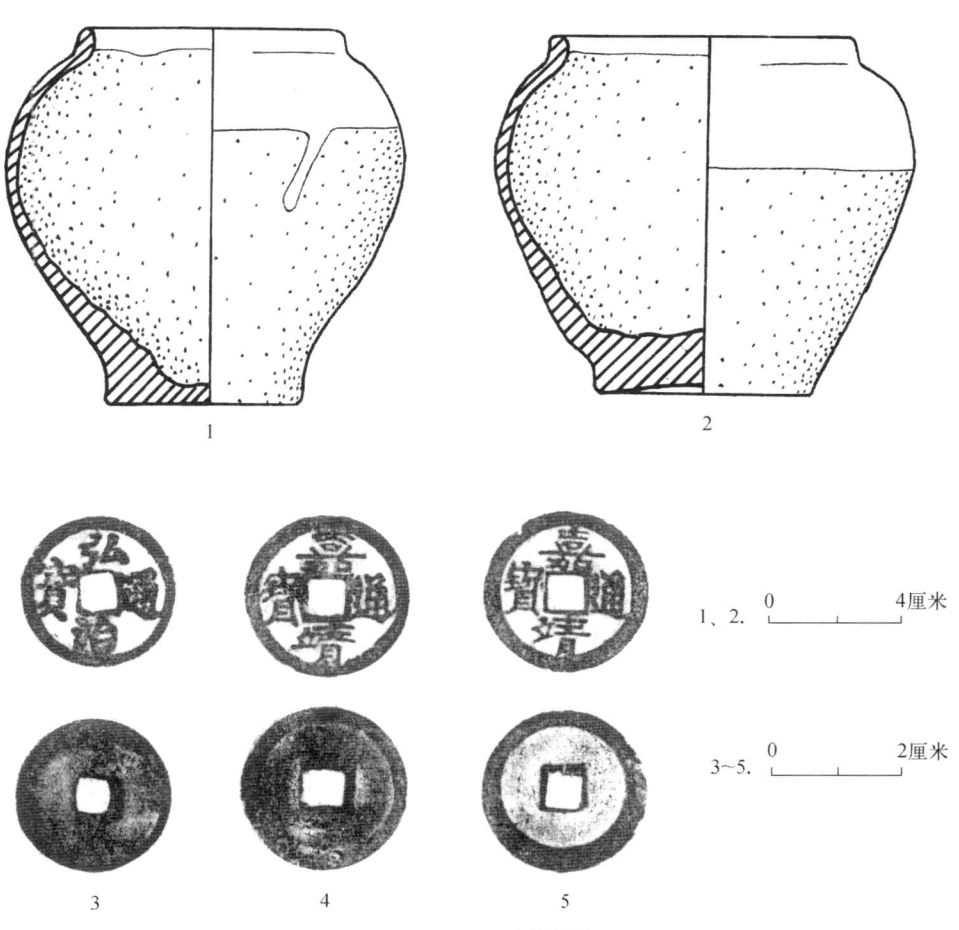

图三六　M19随葬器物
1、2.釉陶罐（M19：2、M19：3）　3.弘治通宝（M19：1-3）　4、5.嘉靖通宝（M19：1-1、M19：1-2）

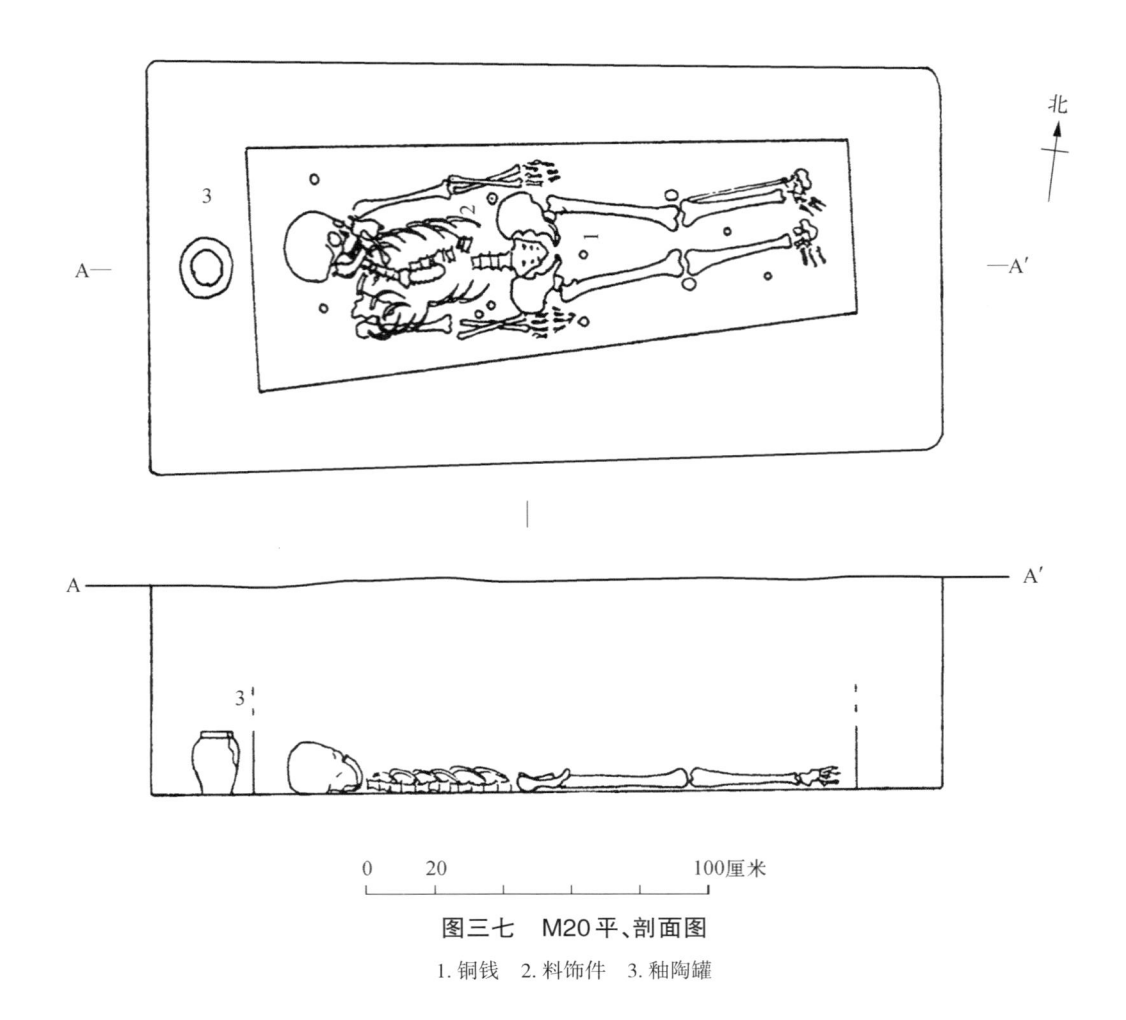

图三七　M20平、剖面图
1. 铜钱　2. 料饰件　3. 釉陶罐

内填花土，土质稍松。内葬单棺，棺长2.32、宽0.40~0.58、残高0.15米。棺内骨架保存较好，头向西，面向北，葬式为仰身直肢。随葬器物有料饰件、釉陶罐和铜钱。

料饰件1件，M20：2，乳白色，呈蘑菇状，中间有一穿孔。直径2.4、高0.6、孔径0.2厘米（图三八，1）。

釉陶罐1件。M20：3。直口，圆唇，短颈，溜肩，斜腹微弧，平底。肩部以上及口沿内壁施酱色釉。有明显的轮制痕迹。口径10.2、腹径14.4、底径7.4、通高13.8厘米（图三八，2）。

铜钱35枚。有嘉靖通宝、万历通宝两种。

嘉靖通宝32枚。标本M20：1-1，平钱，方穿，钱面文为"嘉靖通宝"四字，上下右左对读。钱径2.51、穿径0.46、郭厚0.14厘米（图三八，3）。

万历通宝3枚。标本M20：1-2，平钱，方穿，钱面文为"万历通宝"四字，上下右左对读。钱径2.54、穿径0.46、郭厚0.14厘米（图三八，4）。

M21：位于发掘区的南部偏西，T0401的东北部，西邻M19，南邻M20。开口于①层下，平面呈长方形，竖穴土坑墓，东西向，方向100°。东西长2.35、宽1.60~1.84米。墓口距地表1.40米，墓底距地

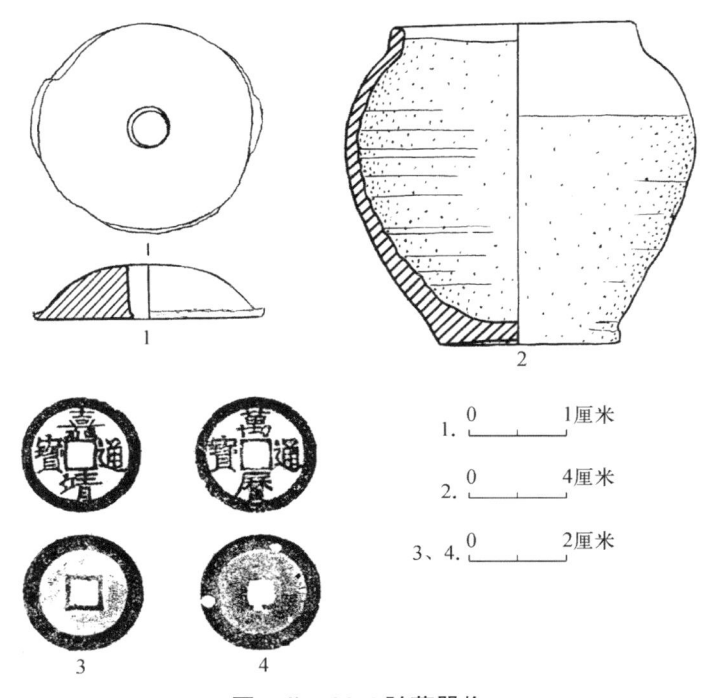

图三八　M20随葬器物

1. 料饰件（M20∶2）　2. 釉陶罐（M20∶3）　3. 嘉靖通宝（M20∶1-1）　4. 万历通宝（M20∶1-2）

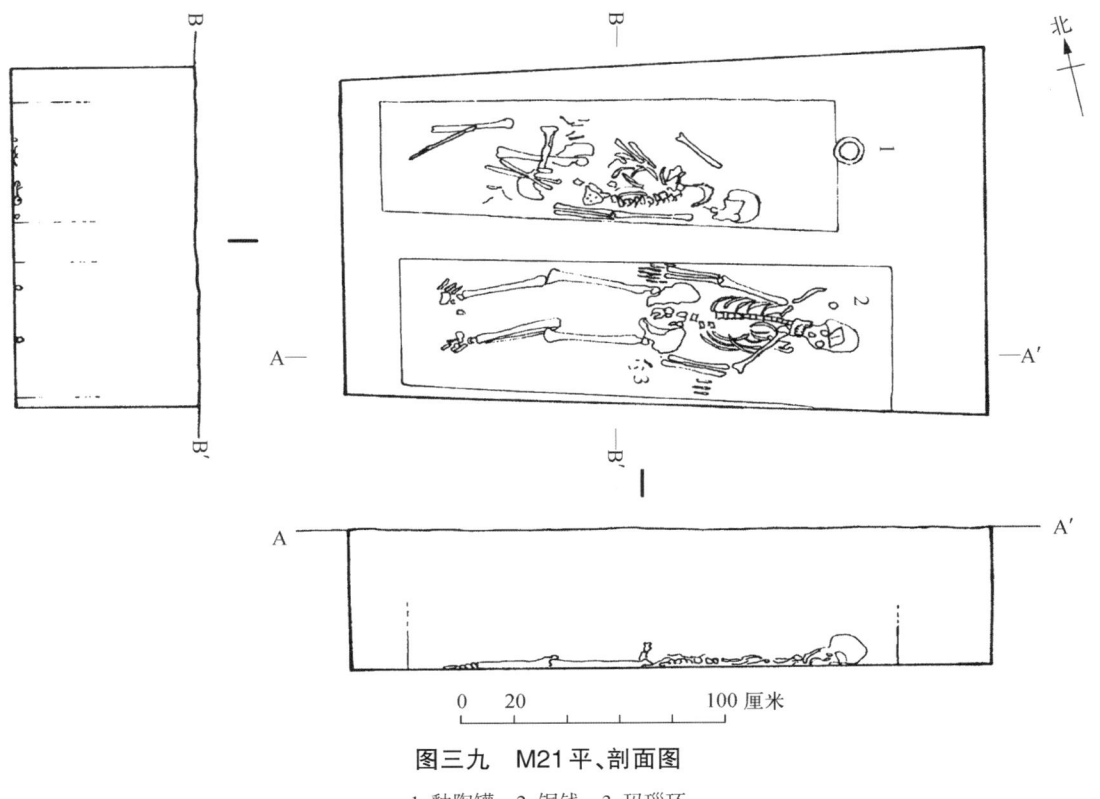

图三九　M21平、剖面图

1. 釉陶罐　2. 铜钱　3. 玛瑙环

表2.10米（图三九；彩版二六，2）。

内填花土，土质稍硬。内葬双棺，已朽，北棺长1.72、宽0.56~0.66、残高0.20米；南棺长1.87、宽0.64~0.72、残高0.20米。北棺内骨架保存较乱，头向东，面向南；南棺内骨架葬式为仰身直肢，头向东，面向南。随葬器物有釉陶罐、玛瑙环和铜钱。

釉陶罐1件。M21：1，直口，方圆唇，斜肩，斜直腹，平底内凹。肩部以上及口沿内壁施浅绿色釉，大部分釉已脱落。有明显的轮制痕迹。口径8.6、腹径11、底径7.2、通高10.6厘米（图四〇，1）。

玛瑙环1件，M21：3，灰白色，半透明，截面呈圆角长方形。外径2.35、内径1.15、厚0.45厘米（图四〇，2）。

铜钱3枚。有嘉靖通宝、万历通宝两种。

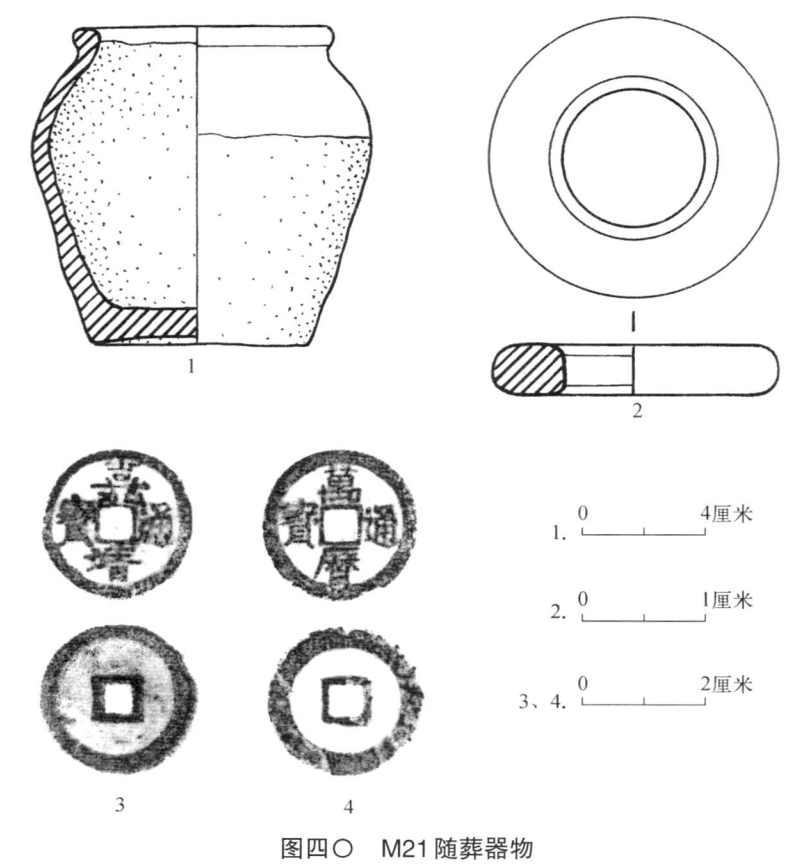

图四〇 M21随葬器物

1.釉陶罐（M21：1） 2.玛瑙环（M21：3） 3.嘉靖通宝（M21：2-2） 4.万历通宝（M21：2-1）

嘉靖通宝2枚。标本M21：2-2，平钱，方穿，钱面文为"嘉靖通宝"四字，上下右左对读。钱径2.52、穿径0.48、郭厚0.15厘米（图四〇，3）。

万历通宝1枚。M21：2-1，平钱，方穿，钱面文为"万历通宝"四字，上下右左对读。钱径2.58、穿径0.48、郭厚0.12厘米（图四〇，4）。

M22：位于发掘区的中部偏南，T0401中部偏东，分别被M21、M20打破。开口于①层下，平面呈长方形，竖穴土坑墓，南北向，方向10°。南北长2.60、宽1.10米。墓口距地表1.40米，墓底距地表3.20米（图四一）。

内填花土，土质较硬。墓室内未发现棺及骨架，未出土随葬品。

M44：位于发掘区的中部，T0408东北部，东南角进入T0508，西南邻M5。开口于①层下，平面呈长方形，竖穴土坑墓，南北向，方向355°。南北长2.56~2.96、宽1.94~2.12米。墓口距地表1.40米，墓底距地表2.70米（图四二）。

内填花土，土质较松。内葬双棺，已搬迁，仅留有棺痕。东棺长2.18、宽0.52~0.62、残高0.20米，底部白灰铺底，厚0.02米；西棺长1.74、宽0.48~0.58、残高0.20米，棺内南部残留有一根锁骨和2枚趾骨，未出土随葬品。

图四一　M22 平、剖面图

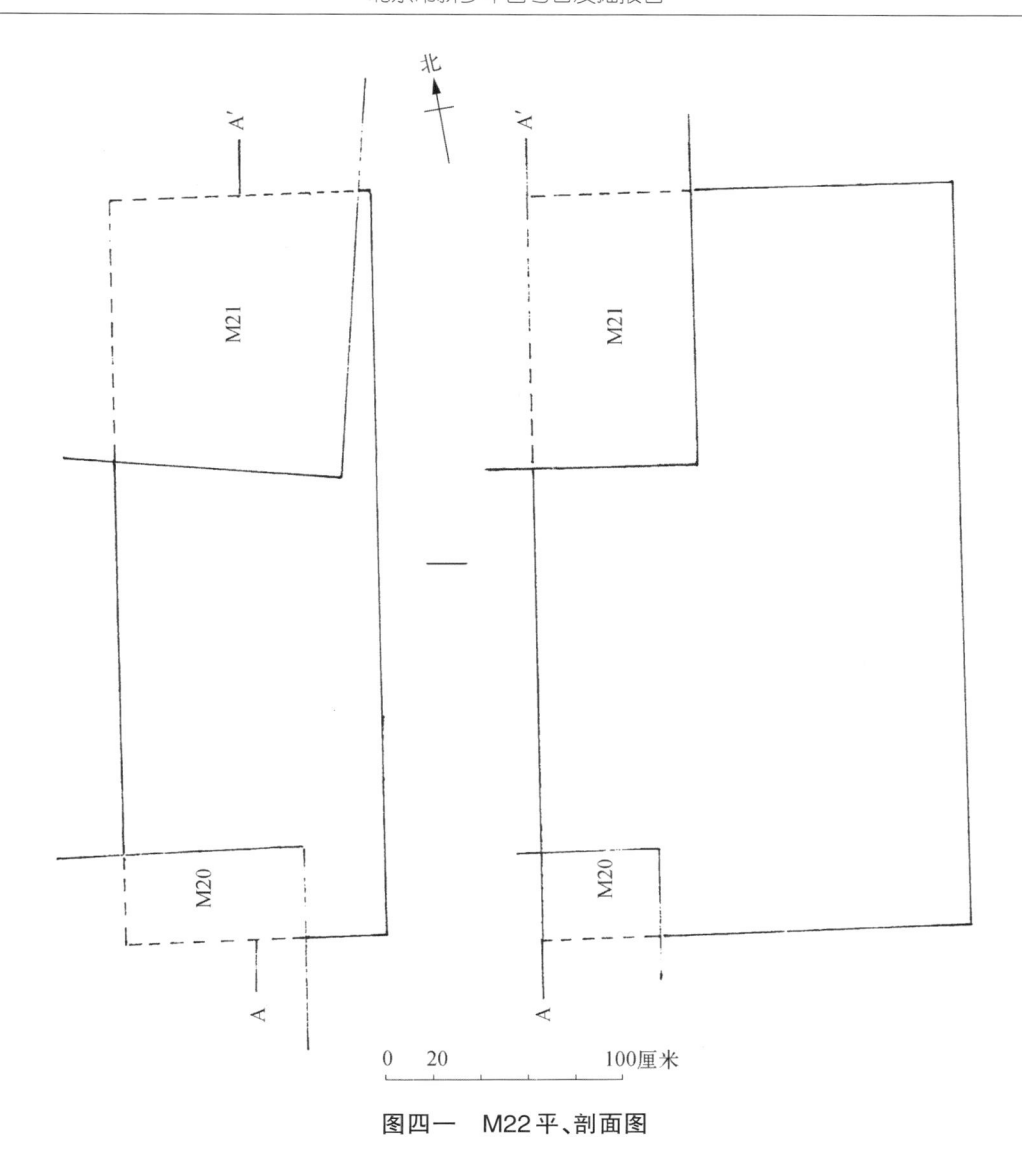

M45：位于发掘区的中部，T0708内，南邻M46。开口于①层下，平面呈长方形，竖穴土坑墓，南北向，方向15°。南北长2.00、东西宽1.50米。墓口距地表1.50米，墓底距地表2.0米（图四三）。

内填花土，土质较松。此墓已搬迁，葬具、葬式不明。墓底被水沟破坏，未出土随葬品。

M46：位于发掘区的东北部，T0807内，北邻M45。开口于①层下，平面呈长方形，竖穴土坑墓，东西向，方向263°。东西长2.30、南北宽1.15~1.25米。墓口距地表1.50米，墓底距地表2.20米（图四四）。

内填花土，土质较松。此墓已搬迁，葬具为单棺，长1.70、宽0.48~0.57、残高0.10米。棺内仅剩部分上肢骨，葬式不明，出土随葬品有粗瓷瓶和铜钱。

粗瓷瓶1件。M46：2，子口，平沿，尖圆唇，短束颈，溜肩，鼓腹，小平底。施酱色釉。轮制痕迹明显。口径6.3、腹径16.6、底径6.8、通高24.6厘米（图四五，1；彩版三二，1）。

图四二　M44平、剖面图

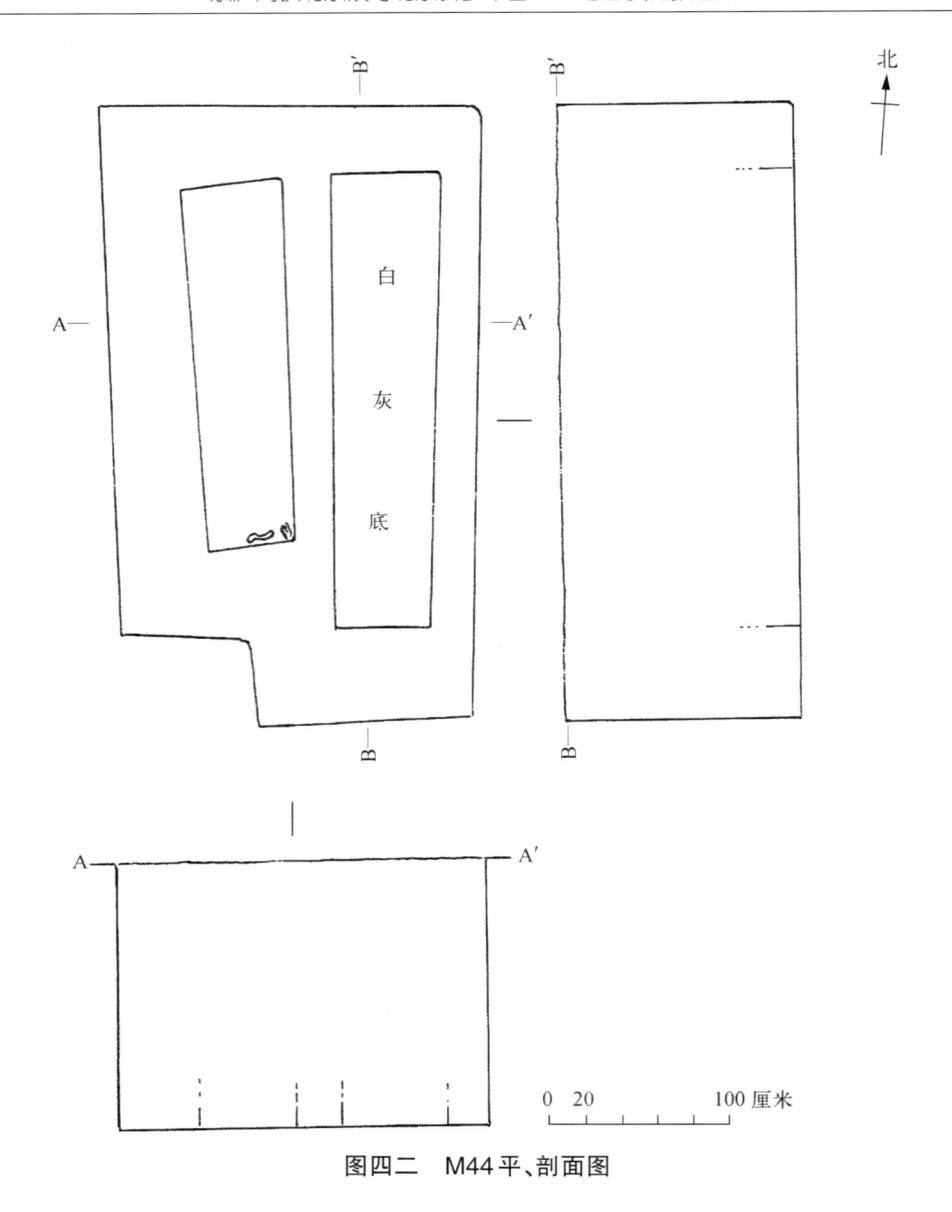

铜钱20枚。有景德元宝、元丰通宝、圣宋元宝、大定通宝四种。

景德元宝1枚。M46：1-3，平钱，方穿，钱面文为"景德元宝"四字，旋读。钱径2.40、穿径0.59、郭厚0.12厘米（图四五，2）。

元丰通宝1枚。M46：1-1，平钱，方穿，钱面文为"元丰通宝"四字，旋读。钱径2.42、穿径0.64、郭厚0.13厘米（图四五，3）。

圣宋元宝1枚。M46：1-2，平钱，方穿，钱面文为"圣宋元宝"四字，旋读。钱径2.46、穿径0.54、郭厚0.14厘米（图四五，4）。

大定通宝1枚。M46：1-4，平钱，方穿，钱面文为"大定通宝"四字，上下右左对读。钱径2.44、穿径0.56、郭厚0.11厘米（图四五，5）。

图四三　M45平、剖面图

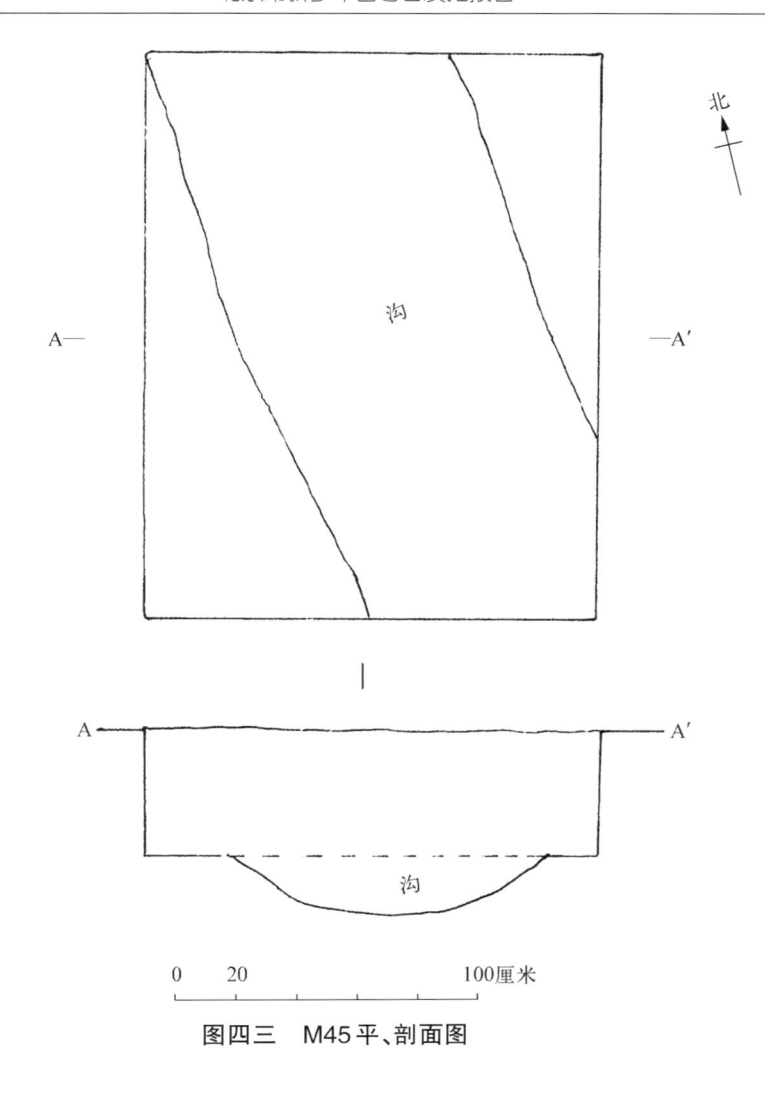

其余16枚出土时锈蚀严重，字迹模糊。

M47：位于发掘区的东部偏北，T0808南部偏西，南邻M48。开口于①层下，平面呈长方形，竖穴土坑墓，东西向，方向245°。东西长2.66、南北宽1.04~1.16米。墓口距地表1.20米，墓底距地表2.16米（图四六）。

内填花土，土质较松。葬具为单棺，棺木已朽，残留有棺印痕迹，长2.10、宽0.78、残高0.10米。棺内未发现骨架，此墓为搬迁墓，出土随葬品有釉陶盖罐。

釉陶盖罐1件。M47:1，盖为帽式顶，宽沿，子母口，平唇。外壁施黄色釉，已脱。罐为直口，方圆唇，短颈，溜肩，圆腹，下腹斜直，圈足底。肩部以上施酱黄色釉，腹下部饰三道弦纹。盖口径5.8、罐口径8.3、腹径14.8、底径7.6、通高16.9厘米（图四九，1；彩版三二，2）。

M48：位于发掘区的东部偏北，T0807北中部，北邻M47。开口于①层下，平面呈长方形，竖穴土坑墓，东西向，方向280°。东西长2.86、南北宽1.20~1.30米。墓口距地表1.20米，墓底距地表2.14米（图四七）。

图四四　M46平、剖面图

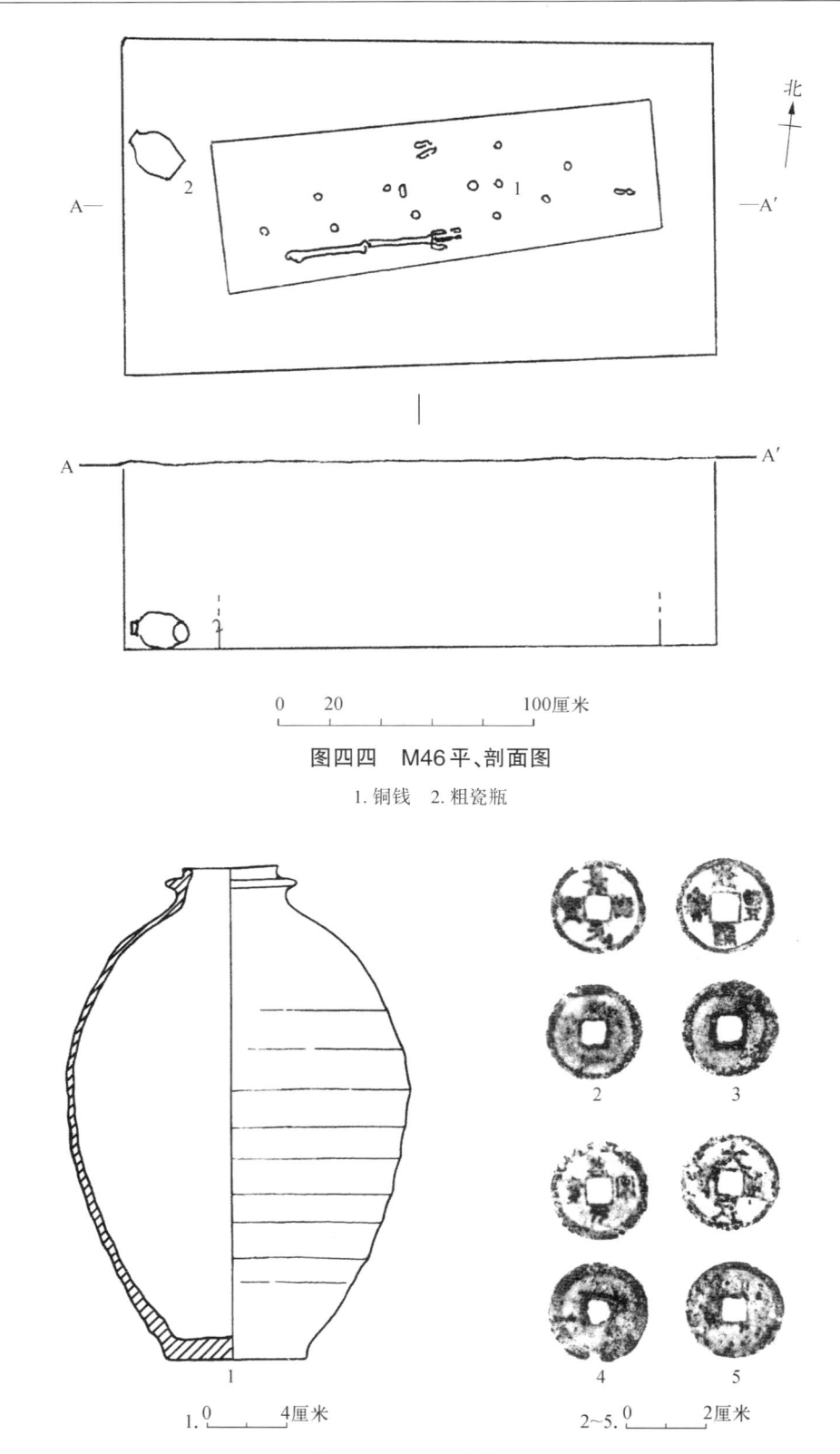

1. 铜钱　2. 粗瓷瓶

图四五　M46随葬器物

1. 粗瓷瓶（M46：2）　2. 景德元宝（M46：1-3）　3. 元丰通宝（M46：1-1）　4. 圣宋通宝（M46：1-2）　5. 大定通宝（M46：1-4）

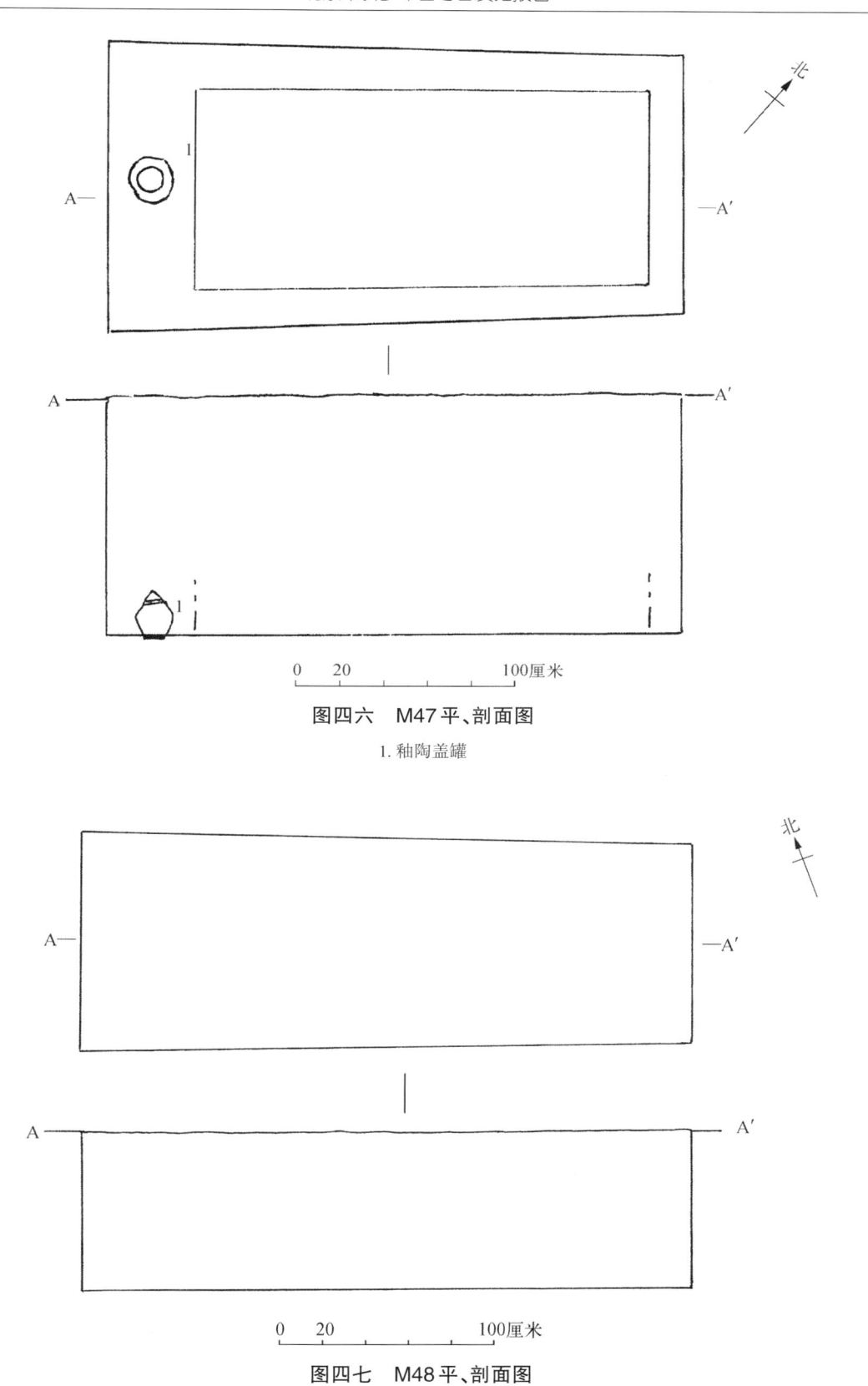

图四六　M47平、剖面图
1. 釉陶盖罐

图四七　M48平、剖面图

内填花土,土质较松。此墓为搬迁墓,未出土随葬品。

M49:位于发掘区的东部偏北,T0807北中部,西南邻M50。开口于①层下,平面呈长方形,竖穴土坑墓,南北向,方向190°。长2.38~2.48、宽1.36~1.48米。墓口距地表1.20米,墓底距地表2.10米(图四八)。

内填花土,土质较松。内葬双棺,东棺已无迹可寻;西棺残留有木棺痕迹,长1.95、宽0.46~0.60、残高0.10米,棺底用白灰铺底,棺内无骨架。此墓为搬迁墓,出土随葬品有釉陶罐。

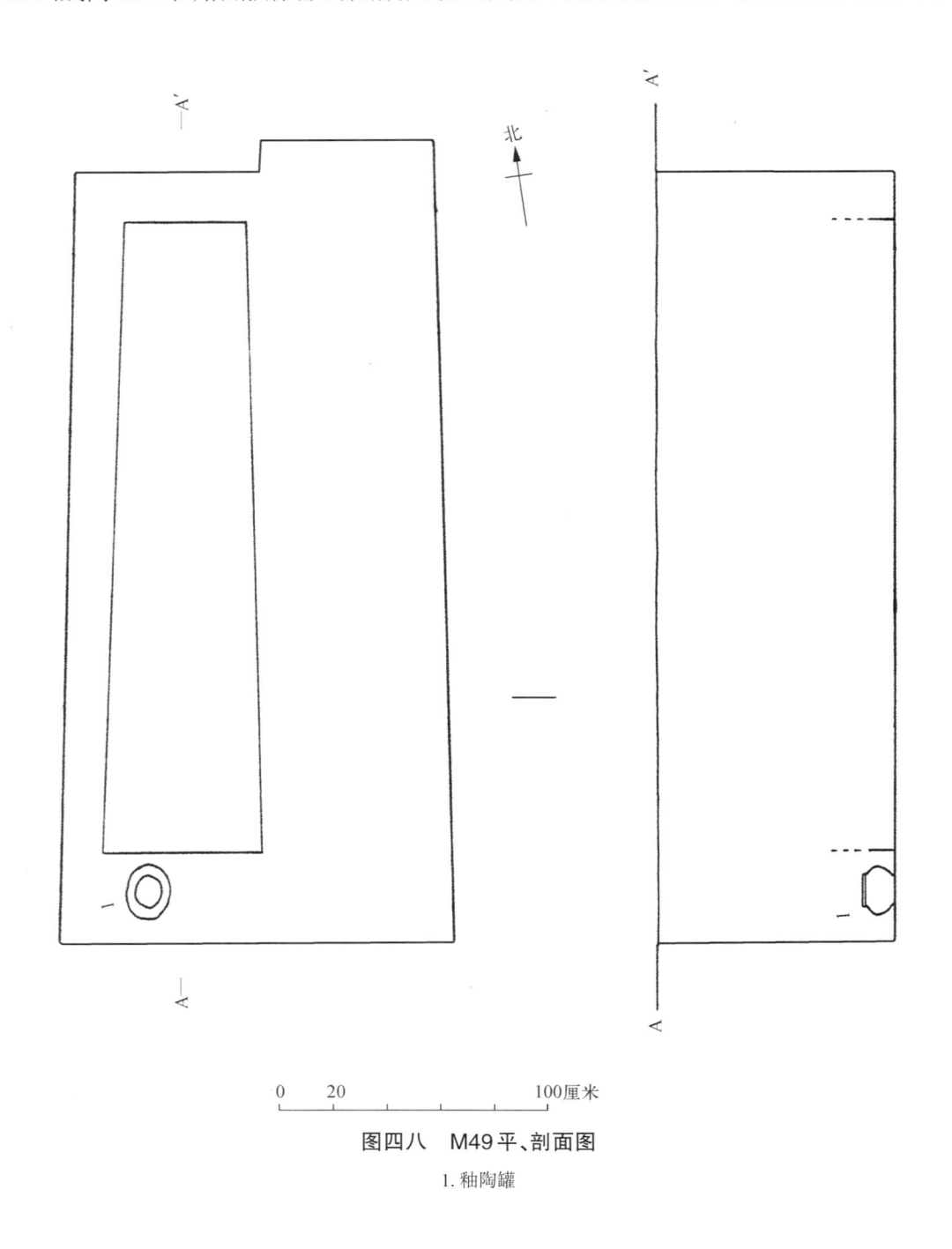

图四八 M49平、剖面图
1. 釉陶罐

釉陶罐1件。M49：1，直口，圆唇，直颈，圆肩斜直腹，平底。肩部以上口沿内壁施浅蓝色釉。轮制痕迹明显。口径8.6、腹径12.3、底径6.8、通高11.8厘米（图四九，2；彩版三二，3）。

M50：位于发掘区的东部偏北，T0807东南部，西邻M51，东北邻M49，打破M51。开口于①层下，平面呈长方形，竖穴土坑墓，南北向，方向185°。南北长2.32、东西宽0.86~0.90米。墓口距地表1.40米，墓底距地表2.20米（图五〇）。

内填花土，土质较松。内葬单棺，棺内未发现骨架。棺长1.70、宽0.50~0.63、残高0.10米，未出土随葬品。

M51：位于发掘区的东部偏北，T0807南部，东北邻M49，东部被M50打破。开口于①层下，平面呈长方形，竖穴土坑墓，东西向，方向260°。东西残长1.85~2.40、南北宽1.68~1.70米。墓口距地表1.40米，墓底距地表2.20米。（图五一；彩版二六，3）。

内填花土，土质较松。内葬双棺，南棺残长1.52~1.74、宽0.54~0.56、残高0.20米；北棺长1.80、宽0.50~0.54、残高0.10米。棺内未发现骨架，出土随葬品有粗瓷瓶。

粗瓷瓶1件。M51：1，子口，平沿，尖圆唇，溜肩，鼓腹，小平底。施红色釉。轮制痕迹明显。口径5.8、腹径17、底径5.3、通高23.3厘米（图五三，1；彩版三二，4）。

M52：位于发掘区的东部偏北，T0807南部，西入T0707内，西邻M53，西南邻M54。开口于①层下，平面呈长方

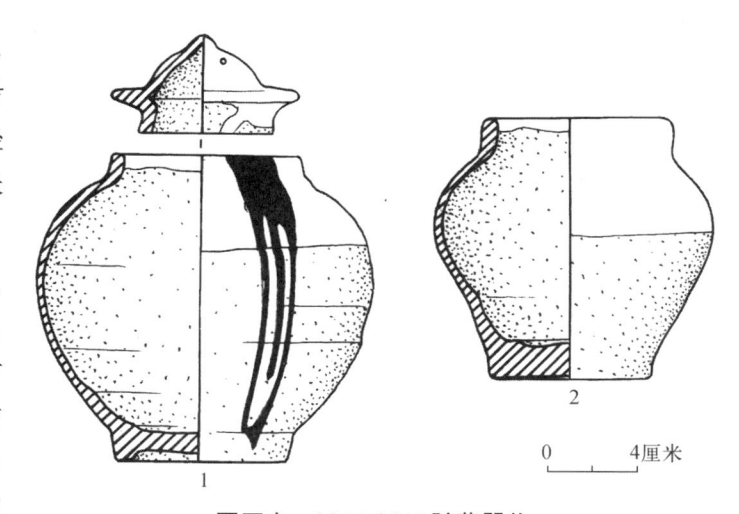

图四九　M47、M49随葬器物
1. 釉陶盖罐（M47：1）　2. 釉陶罐（M49：1）

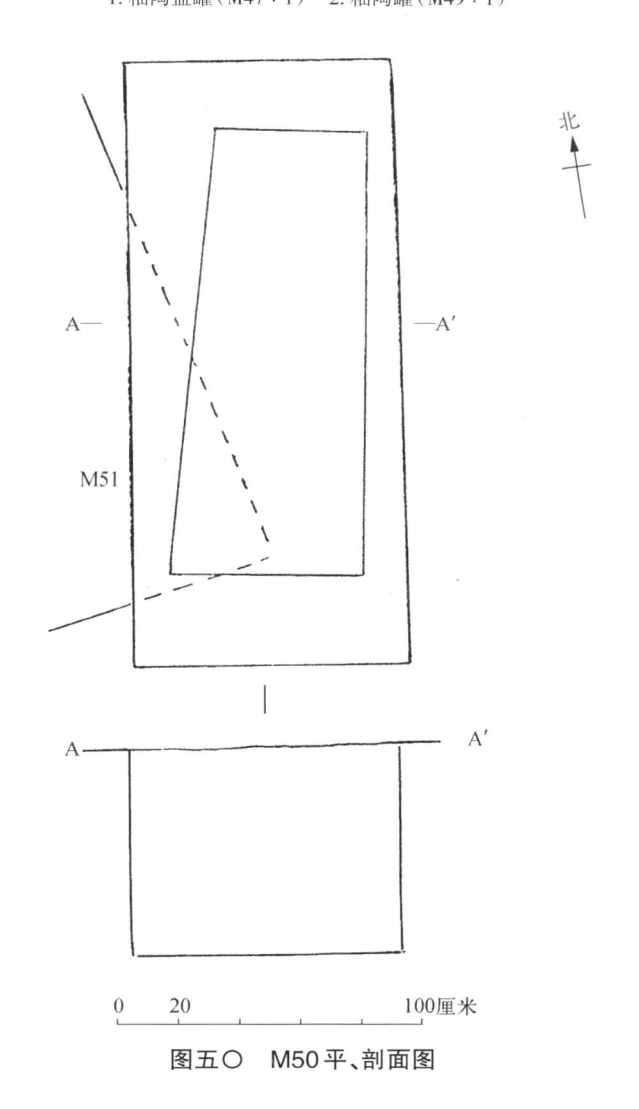

图五〇　M50平、剖面图

图五一　M51平、剖面图
1. 粗瓷瓶

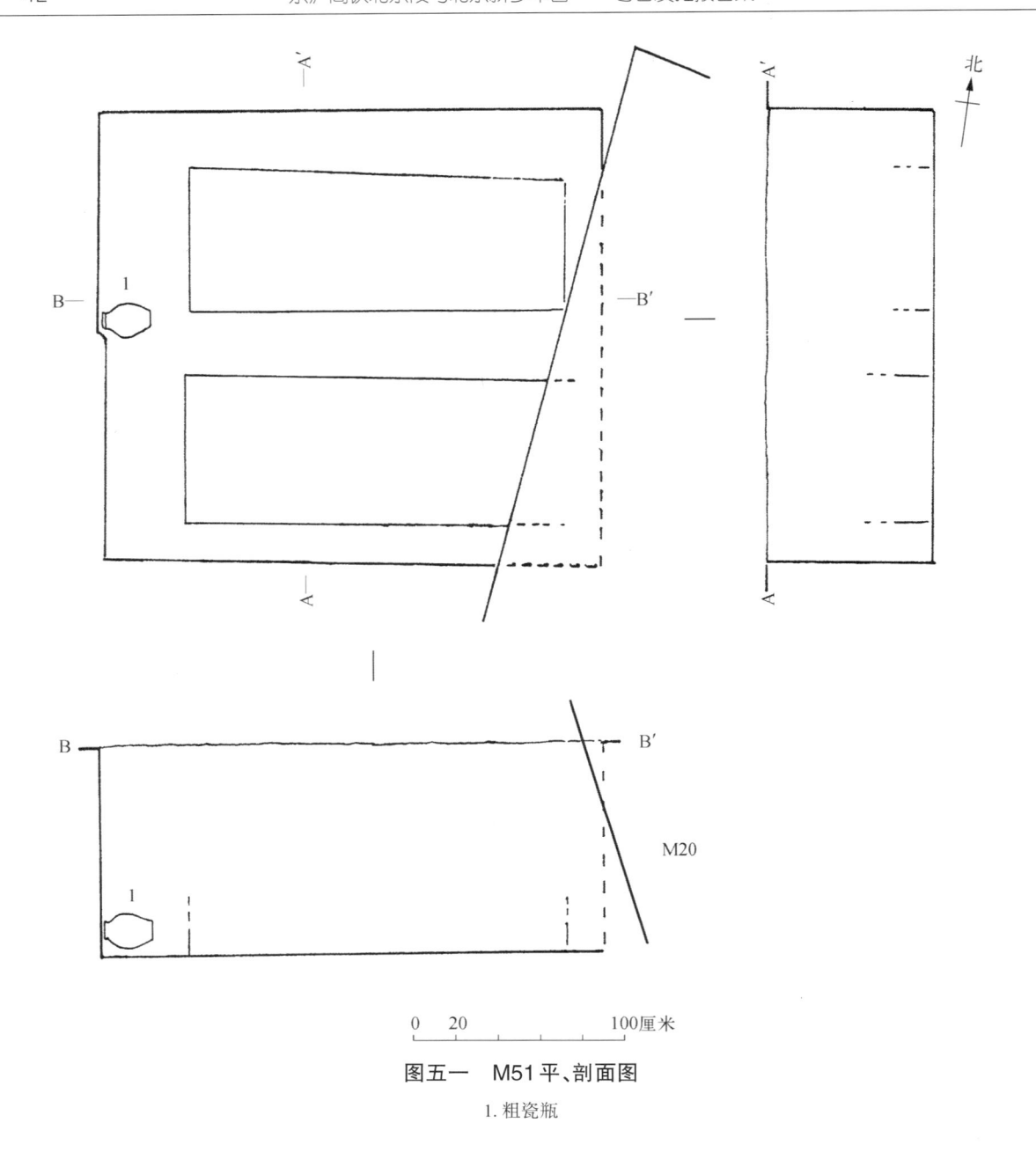

形,竖穴土坑墓,东西向,方向250°。东西长2.40、南北宽1.76~1.94米。墓口距地表1.40米,墓底距地表2.30米(图五二;彩版二六,4)。

内填花土,土质较松。内葬双棺,南棺长1.98、宽0.43~0.56、残高0.10米;北棺长1.85、宽0.48~0.51、残高0.14米。南棺内骨架仅残留下肢,北棺内骨架保存稍差,葬式为仰身直肢。另在北棺西侧墓室边发现一块方砖,方砖距墓底0.44米,无字迹,方砖规格为0.36×0.36×0.06米。出土随葬品有粗瓷瓶和铜钱。

粗瓷瓶1件。M52:2,子口,斜平沿,尖圆唇,短束颈,溜肩,鼓腹,下腹斜直,小平底。施酱色

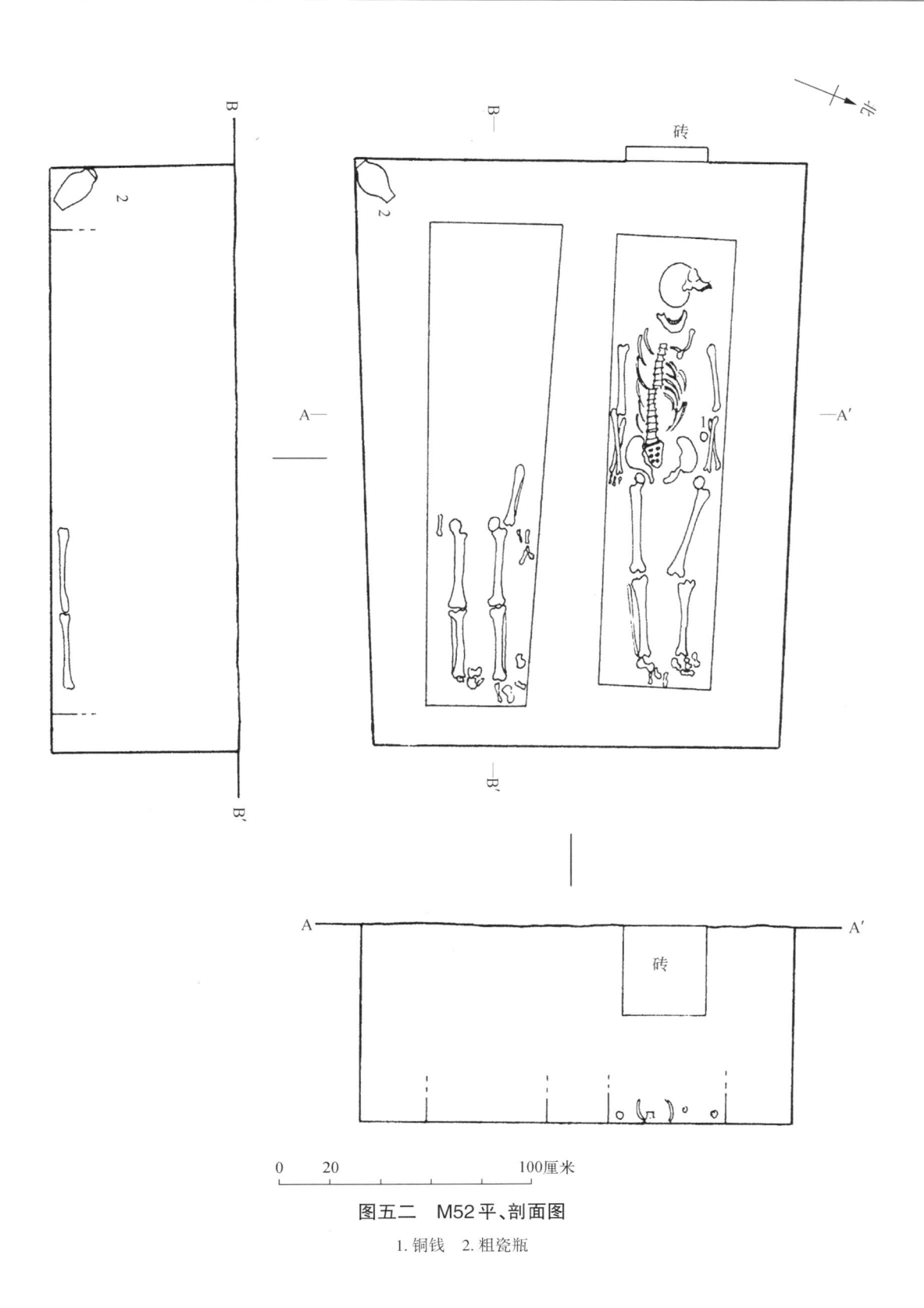

图五二 M52平、剖面图
1. 铜钱 2. 粗瓷瓶

釉。轮制痕迹明显。口径6.3、腹径14.4、底径5.4、通高19.8厘米(图五三,2;彩版三二,5)。

铜钱5枚。皆锈蚀破碎,字迹模糊不清。

M53:位于发掘区的东部,T0707东南部,东邻M52,南邻M54。开口于①层下,平面呈长方形,竖穴土坑墓,南北向,方向188°。南北长2.64、东西宽2.20米。墓口距地表1.50米,墓底距地表2.50米(图五四;彩版二七,1)。

内填花土,土质较松。内葬双棺,已搬迁,留有棺痕。东棺长1.83、宽0.66~0.76、

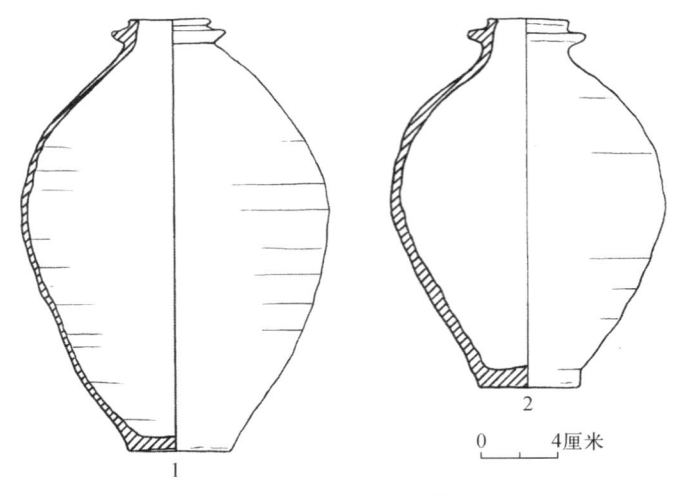

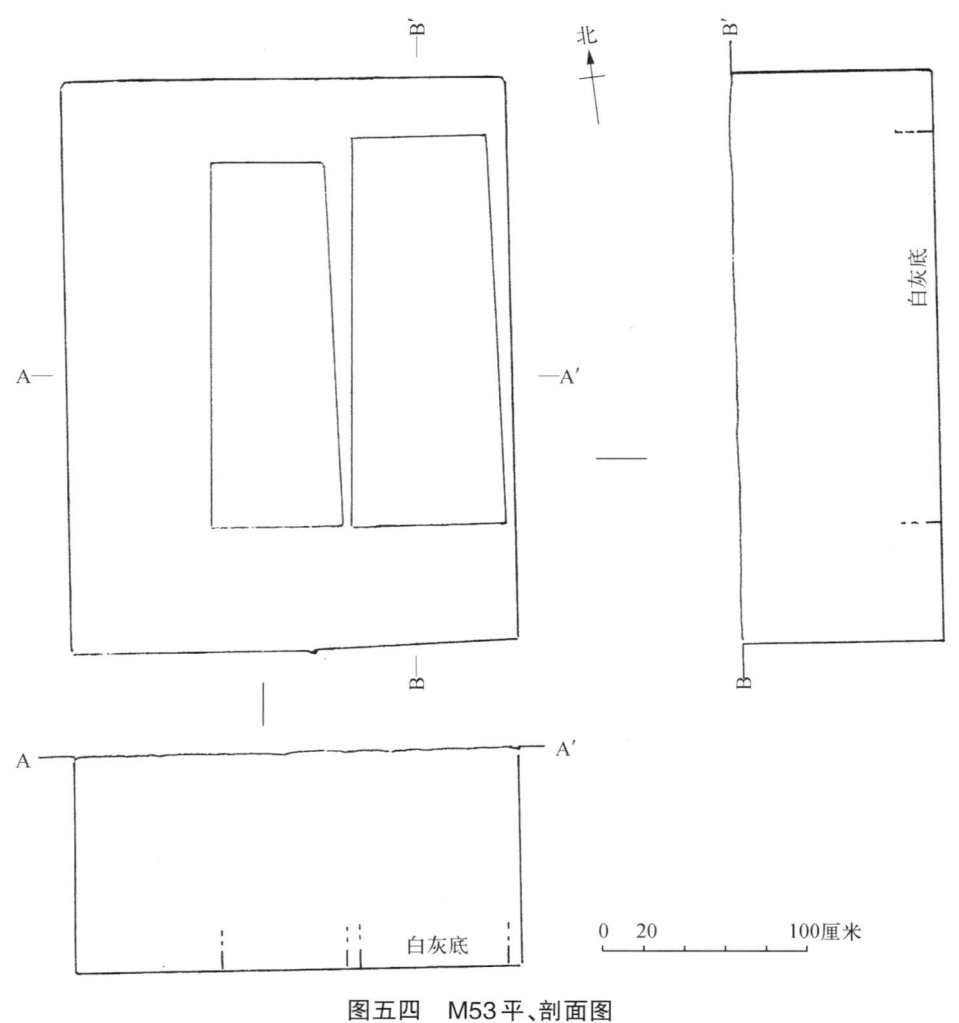

图五三　M51、M52随葬器物

1. M51:1　2. M52:2

图五四　M53平、剖面图

残高0.10米,棺底铺白灰,厚0.04米；西棺长1.70、宽0.55、残高0.10米。未出土随葬品。

M54：位于发掘区的东部偏北,T0707东南部,南入T0706的东北部,北邻M53,南邻M55,东邻M52。开口于①层下,平面呈长方形,竖穴土坑墓,南北向,方向182°。南北长2.67、东西宽0.90~0.96米。墓口距地表1.50米,墓底距地表2.70米。墓壁上部光滑,中部由于水浸坍塌,东西壁向外凹,南壁略凹,壁底较完整（图五五）。

内填花土,土质较松。内葬单棺,已搬迁,南北长1.90、宽0.50、残高0.50~0.60米。墓室底部见白灰,未出土随葬品。

M55：位于发掘区东北部,T0706东北部,东北进入T0806的西北部,北邻M54,南北向,方向182°。开口于①层下,平面呈长方形,竖穴土坑墓。南北长2.26~2.70、东西宽2.50~2.92米。墓口距地表1.50米,墓底距地表2.10~2.20米（图五六；彩版二七,2）。

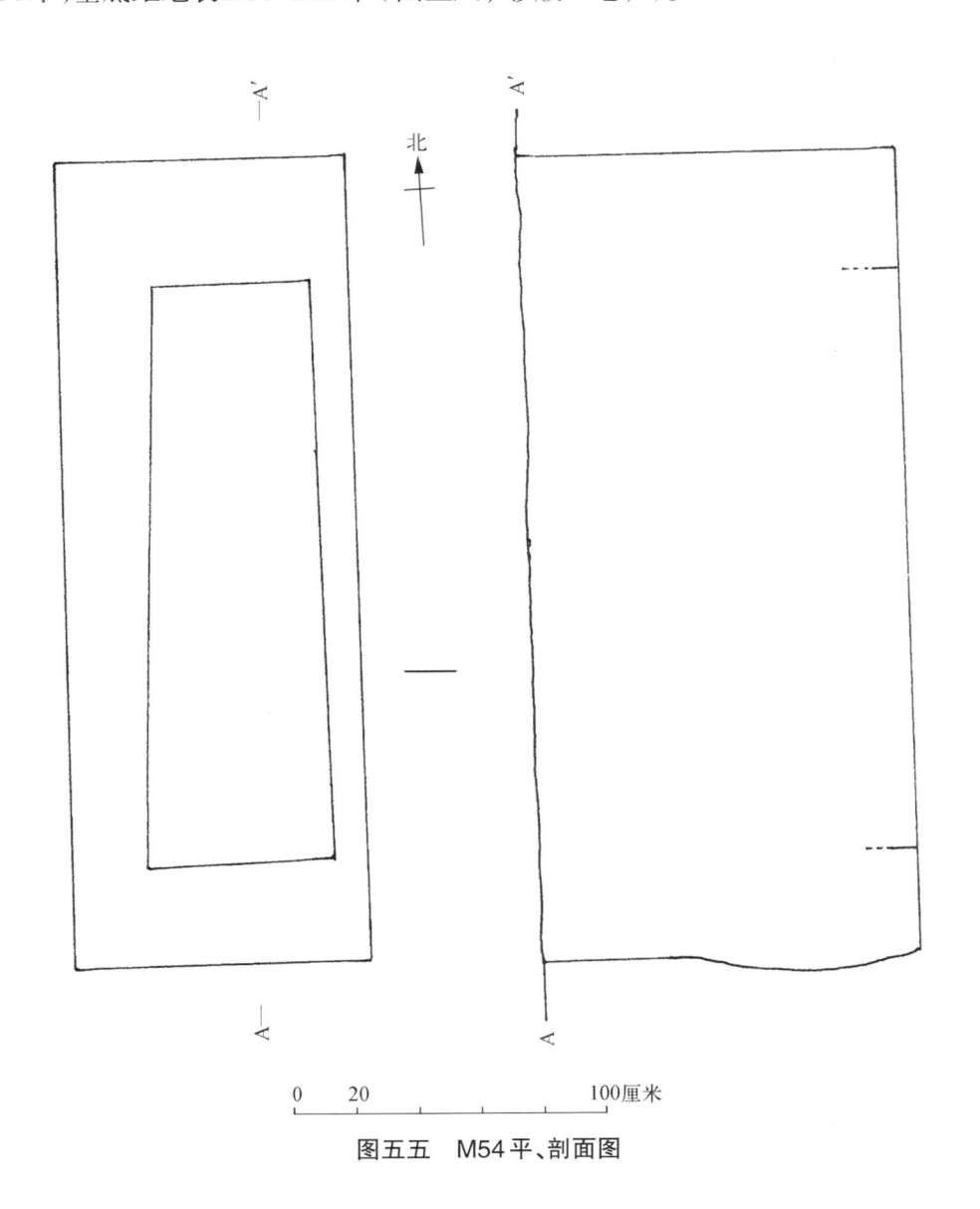

图五五　M54平、剖面图

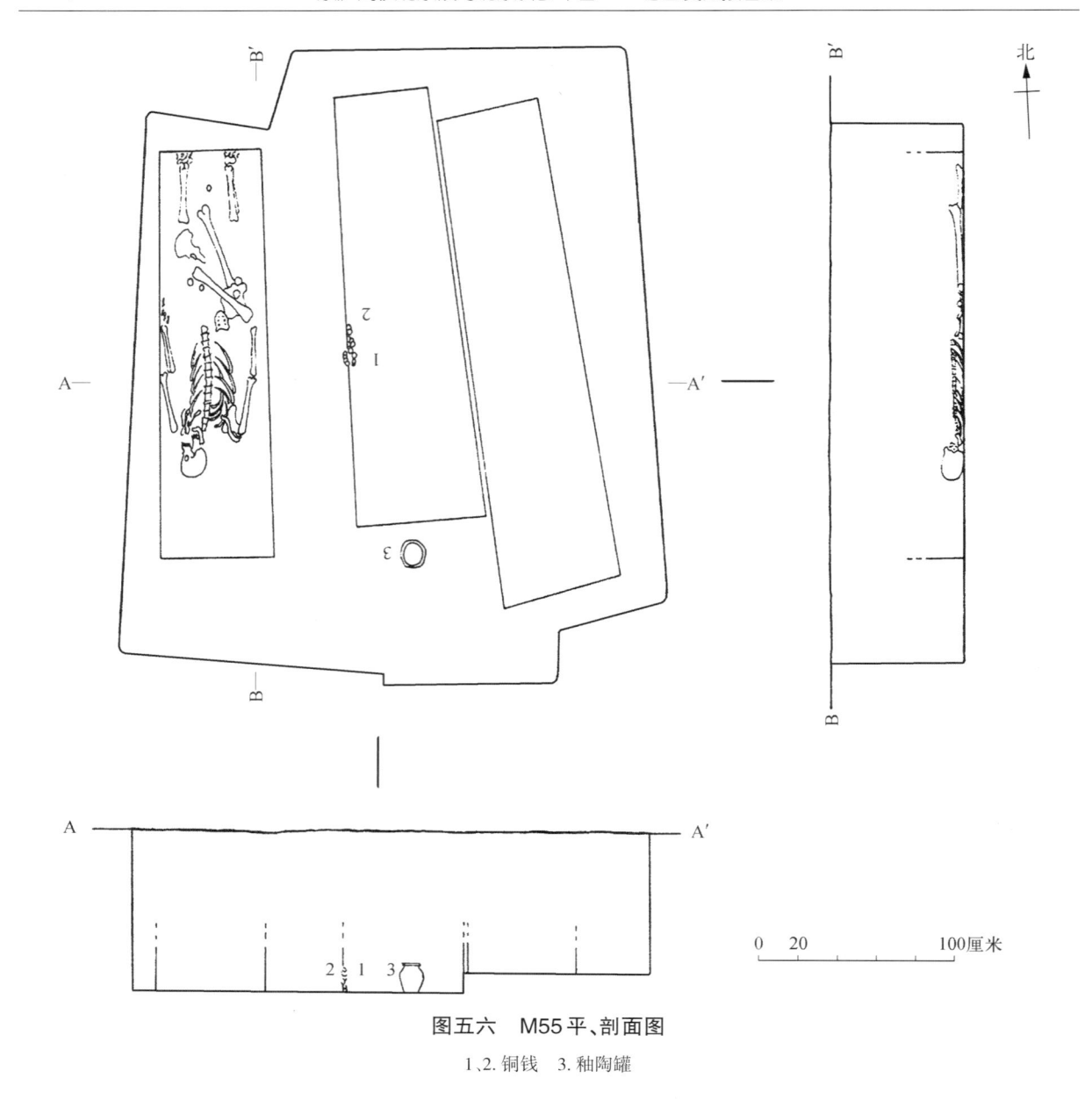

图五六 M55平、剖面图
1、2. 铜钱　3. 釉陶罐

内填花土，土质较松。内葬三棺，已朽。东棺长2.07、宽0.50~0.62、残高0.10米，棺底有白灰；中棺长1.83、宽0.50~0.68、残高0.20米，棺内骨架已迁，棺的头前有一陶罐，棺的中西部出铜钱，棺底有青灰；西棺长1.72、宽0.54~0.60、残高0.20米，棺内骨架保存较好，头向南，面向西，侧身屈下肢，棺底有青灰。

釉陶罐1件。M55:3。直口，圆唇，溜肩，斜腹微弧，平底内凹。口沿下部饰凹弦纹一道，肩部以上及口沿内壁施米黄色釉。腹部轮制痕迹明显。口径9.2、腹径13、底径7、通高12.4厘米（图五七，1；彩版三二，6）。

铜钱34枚。有圣宋元宝、崇宁通宝、崇宁重宝、永乐通宝、宣德通宝、嘉靖通宝、万历通宝七种。

圣宋元宝1枚。M55∶1-5，平钱，方穿，钱面文为"圣宋元宝"四字，旋读。钱径2.47、穿径0.62、郭厚0.11厘米。

崇宁通宝1枚。M55∶2-1，大平钱，方穿，钱面文为"崇宁通宝"四字，旋读。钱径3.49、穿径0.82、郭厚0.22厘米（图五七，2）。

崇宁重宝4枚。标本M55∶2-2，大平钱，方穿，钱面文为"崇宁重宝"四字，上下右左对读。钱径3.46、穿径0.76、郭厚0.16厘米（图五七，3）。

永乐通宝2枚。标本M55∶1-1，平钱，方穿，钱面文为"永乐通宝"四字，上下右左对读。钱径2.52、穿径0.58、郭厚0.10厘米（图五七，4）。

宣德通宝8枚。标本M55∶1-2，平钱，方穿，钱面文为"宣德通宝"四字，上下右左对读。钱径2.54、穿径0.49、郭厚0.12厘米（图五七，5）。

嘉靖通宝4枚。标本M55∶1-3，平钱，方穿，钱面文为"嘉靖通宝"四字，上下右左对读。钱径2.52、穿径0.49、郭厚0.12厘米（图五七，6）。

万历通宝15枚。标本M55∶1-4，平钱，方穿，钱面文为"万历通宝"四字，上下右左对读。钱径2.54、穿径0.50、郭厚0.16厘米（图五七，7）。

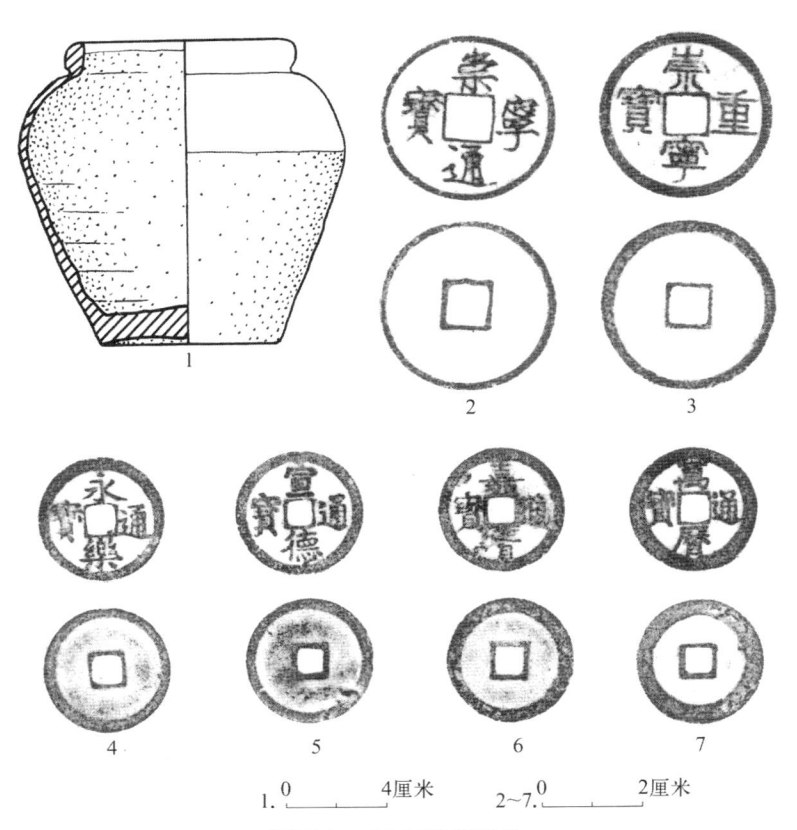

图五七　M55随葬器物

1. 釉陶罐（M55∶3）　2. 崇宁通宝（M55∶2-1）　3. 崇宁重宝（M55∶2-2）　4. 永乐通宝（M55∶1-1）　5. 宣德通宝（M55∶1-2）　6. 嘉靖通宝（M55∶1-3）　7. 万历通宝（M55∶1-4）

（三）清代墓葬26座：M9~M13、M23~M43

M9：位于发掘区的中部偏南，T0501南部偏东，东邻M10，北邻M11。开口于①层下，平面呈长方形，竖穴土坑墓，东西向，方向285°。东西长2.96、南北宽1.62~1.74米。墓口距地表1.4米，墓底距地表2.30米（图五八；彩版二八，1）。

内填花土，土质稍硬。内葬双棺，南棺长1.73、宽0.50~0.57、残高0.20米，棺内骨架稍差，葬式为仰身直肢；北棺长1.97、宽0.46~0.60、残高0.30米，棺内骨架保存一般，葬式为仰身直肢。出土随葬品有陶罐、料珠和铜钱。

陶罐1件。M9∶2，夹细砂红褐陶，直口，方唇，束颈圆肩，弧腹。轮制痕迹明显。口径10.8、腹径13、底径7、通高13.5厘米（图五九，2；彩版三三，1）。

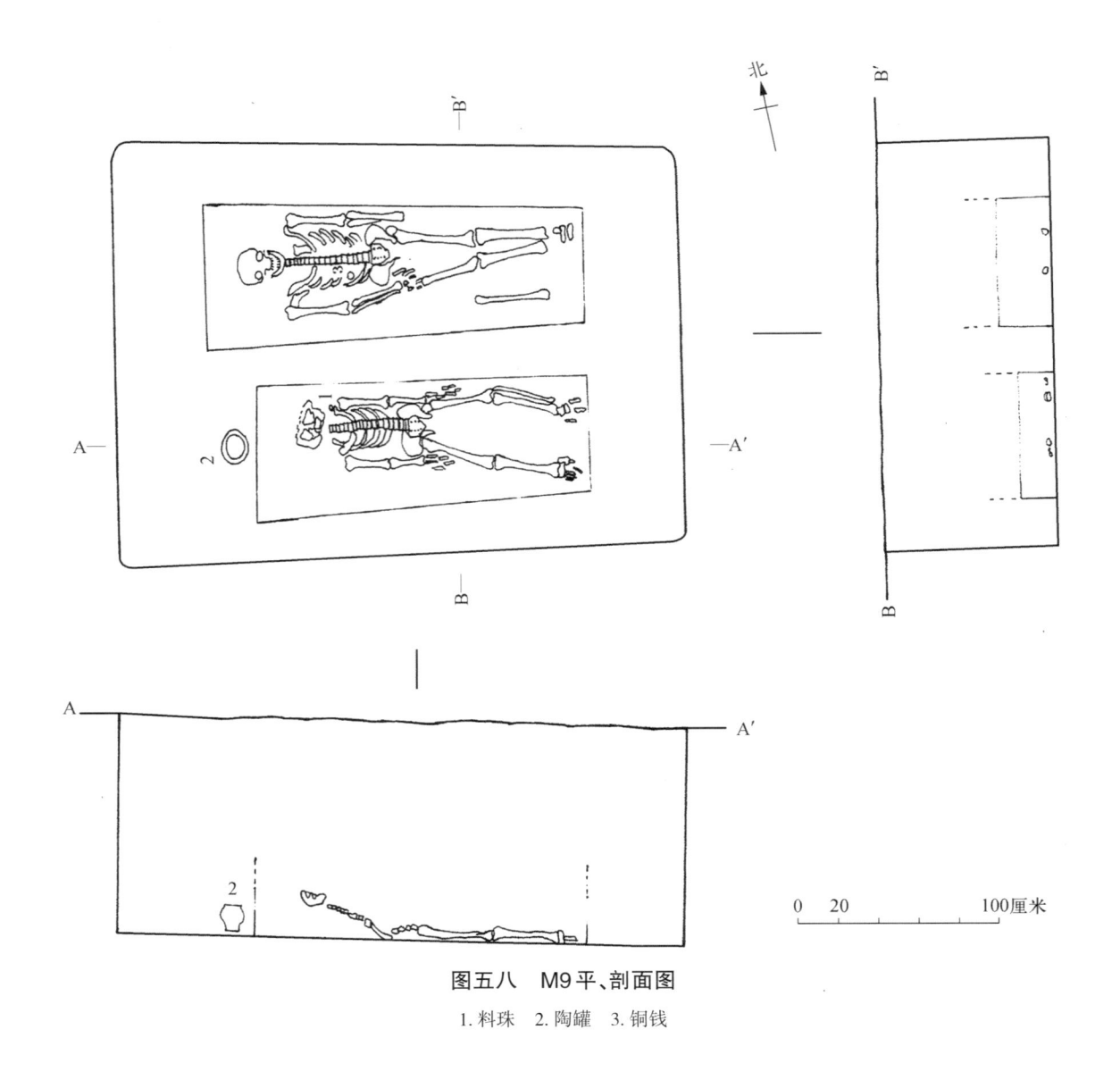

图五八　M9平、剖面图
1. 料珠　2. 陶罐　3. 铜钱

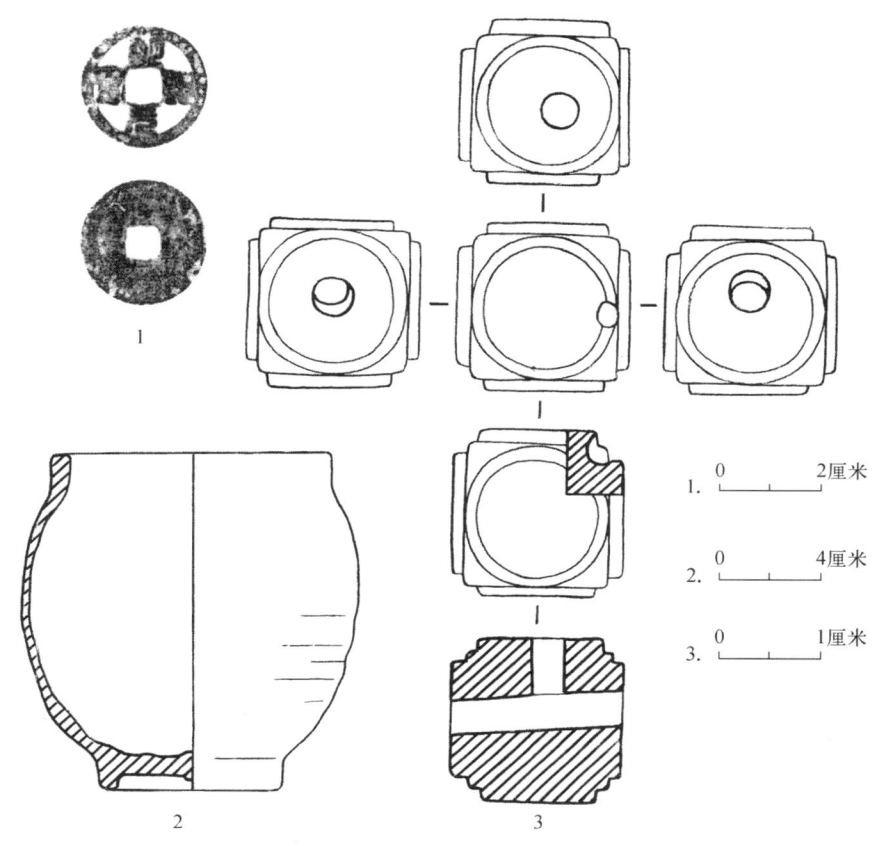

图五九　M9随葬器物
1. 明道元宝（M9:3）　2. 陶罐（M9:2）　3. 料珠（M9:1）

料珠1件，M9:1，近似八棱紫金锤状，由一圆珠切割打磨而成，一孔贯通，一孔与直孔相通，此珠为串珠三通。直径1.6厘米（图五九，3）。

铜钱1枚。M9:3，平钱，方穿，钱面文为"明道元宝"四字，旋读。钱径2.46、穿径0.66、郭厚0.11厘米（图五九，1）。

M10：位于发掘区的中部偏南，T0501东南部，西邻M9，北邻M13。开口于①层下，平面呈长方形，竖穴土坑墓，东西向，方向285°。东西长2.20、南北宽0.84~0.88米。墓口距地表1.40米，墓底距地表1.90米（图六〇；彩版二八，2）。

内填花土，土质稍硬。内葬单棺，棺长1.80、宽0.54~0.60、残高0.10米。棺内骨架保存较好，头向西，面向南，葬式为仰身直肢，出土随葬品有铜钱。

铜钱3枚，为祥符通宝、皇宋元宝、治平通宝。

祥符通宝。M10:1-3，平钱，方穿，钱面文为"祥符通宝"四字，旋读。钱径2.47、穿径0.70、郭厚0.10厘米。

皇宋元宝。M10:1-2，平钱，方穿，钱面文为"皇宋元宝"四字，旋读。钱径2.32、穿径0.66、郭厚0.10厘米（图六一，1）。

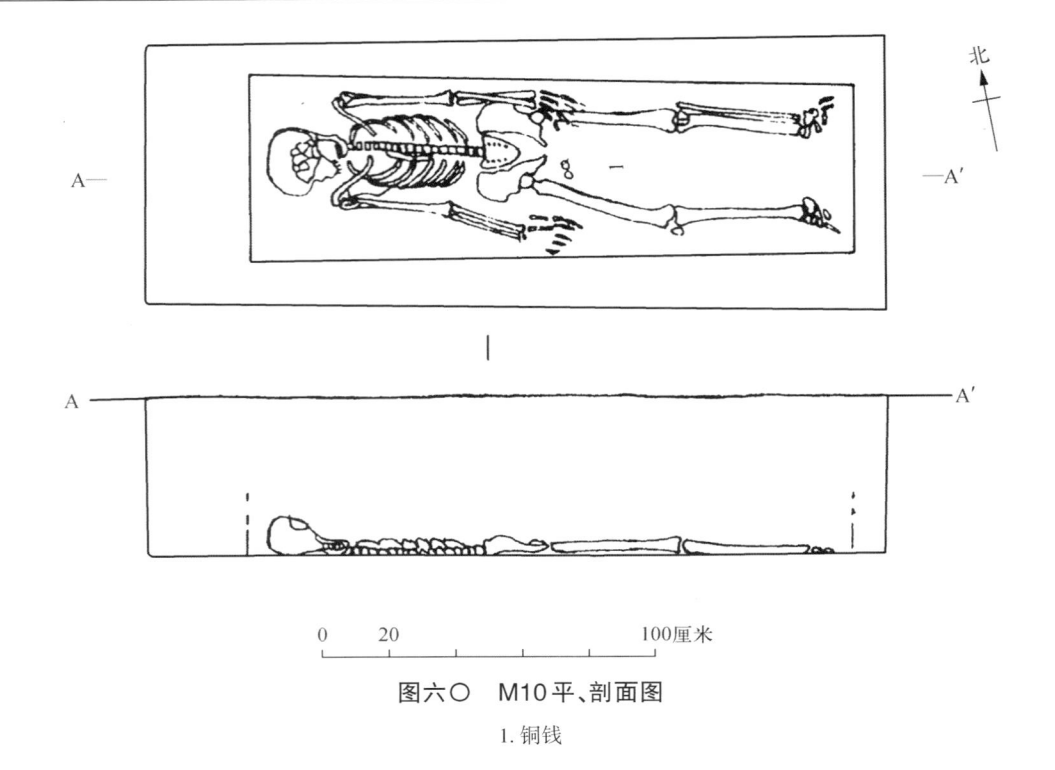

图六〇　M10平、剖面图
1. 铜钱

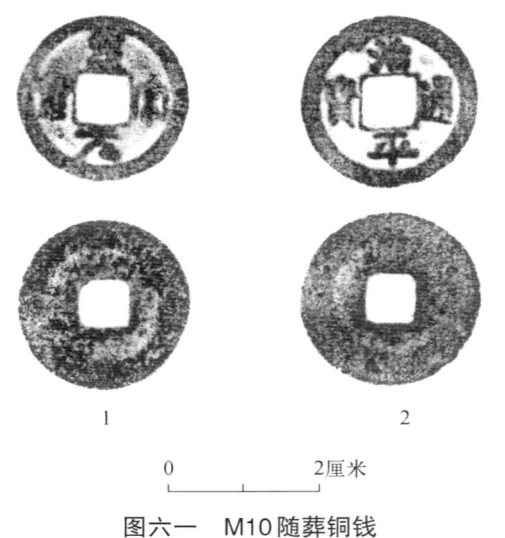

图六一　M10随葬铜钱
1. 皇宋元宝（M10：1-2）　2. 治平通宝（M10：1-1）

治平通宝。M10：1-1，平钱，方穿，钱面文为"治平通宝"四字，上下右左对读。钱径2.38、穿径0.66、郭厚0.10厘米（图六一，2）。

M11：位于发掘区的中部偏南，T0501中部偏北，南邻M9，北邻M12。开口于①层下，平面呈长方形，竖穴土坑墓，东西向，方向105°。东西长2.30、南北宽0.80~0.90米。墓口距地表1.40米，墓底距地表1.60米。

内填花土，土质稍硬。无骨架和棺痕，未出土随葬品。

M12：位于发掘区的南部，T0501北部，T0502南部，东邻M13。开口于①层下，平面呈长方形，竖穴土坑墓，东西向，方向290°。东西长2.20、南北宽1.91~2.00米。墓口距地表1.50米，墓底距地表1.85米（图六二；彩版二八，3）。

内填花土，土质稍软。内葬双棺，已朽，北棺长1.71、宽0.45~0.48、残高0.1米，棺内骨架保存较好，葬式为仰身直肢；南棺为迁葬墓，棺长0.72、宽0.40、残高0.10米，骨架堆放在一起，葬式不明。西壁有一青砖，长0.27、宽0.18、厚0.60米。出土随葬品有釉陶罐和铜钱。

釉陶罐1件。M12：2。直口，圆唇，短直颈，溜肩，圆鼓腹，圈足底。肩部以上施黄色釉，内壁施酱色釉。有明显的轮制痕迹。口径8.7、腹径15.6、底径7.5、通高14.5厘米（图六三，1；彩版三三，2）。

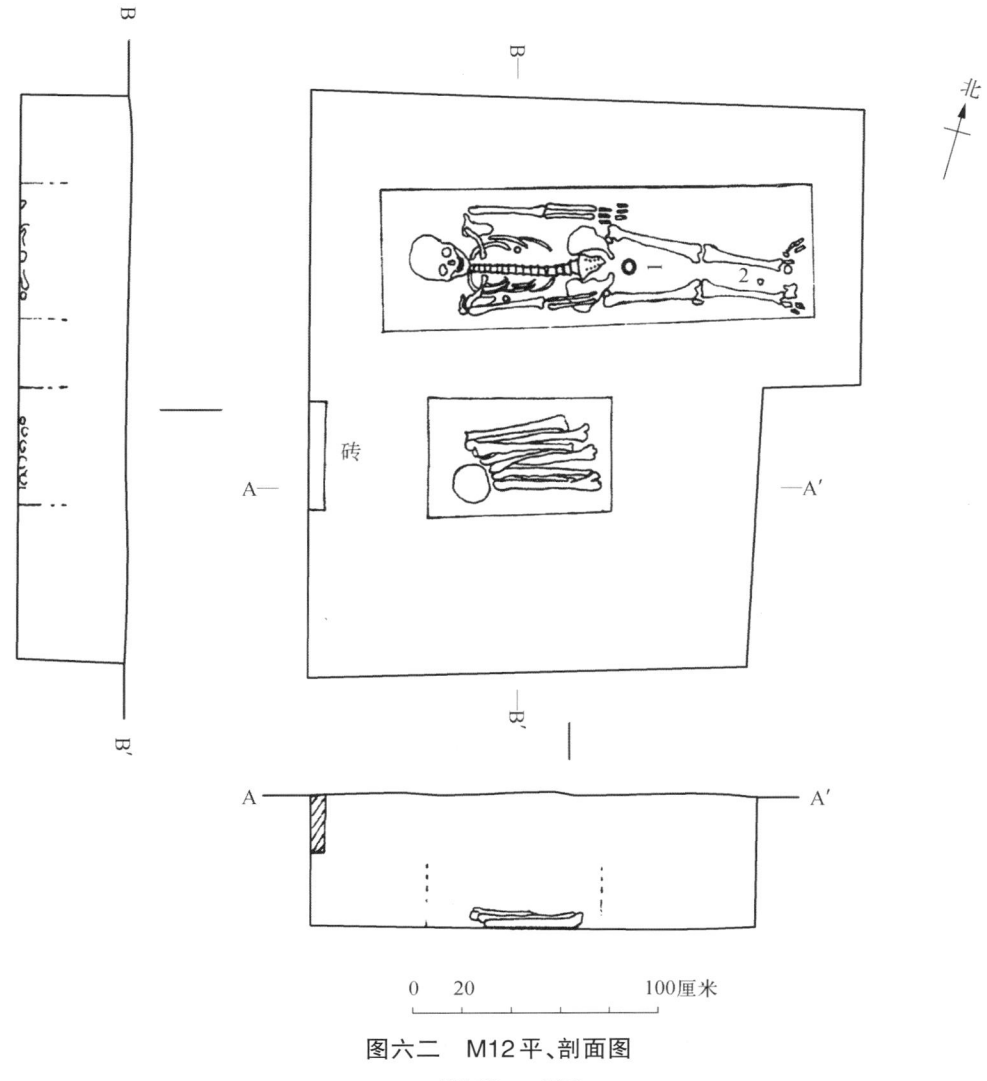

图六二 M12平、剖面图
1. 釉陶罐 2. 铜钱

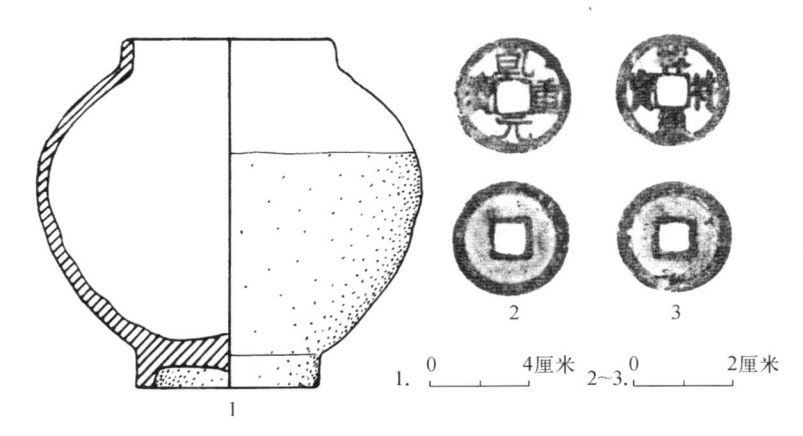

图六三 M12随葬器物
1. 釉陶罐（M12:2） 2. 乾元重宝（M12:1-1） 3. 祥符通宝（M12:1-2）

图六四　M13平、剖面图

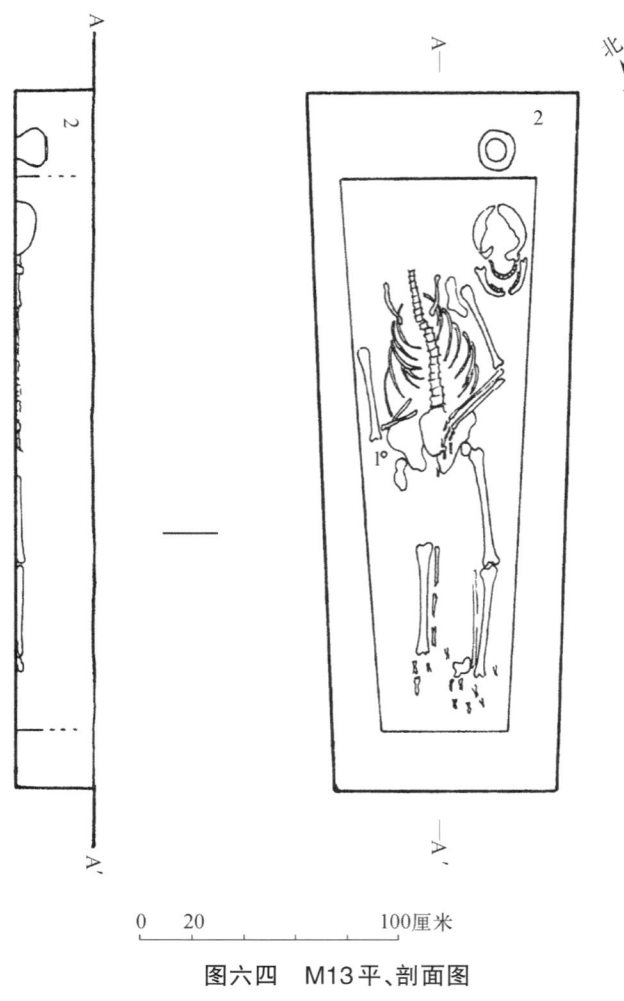

1. 铜钱　2. 釉陶罐

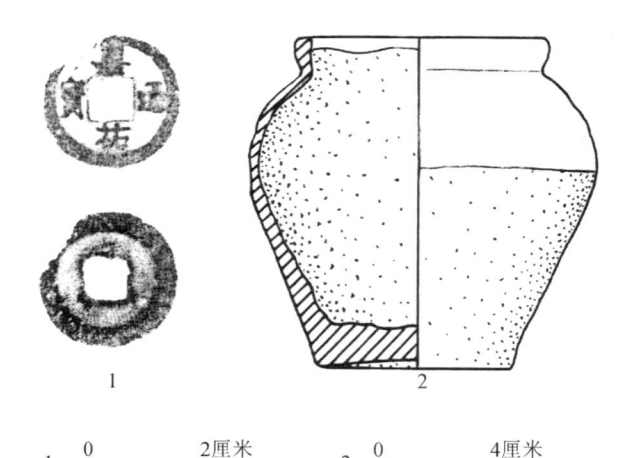

图六五　M13随葬器物

1. 嘉祐通宝（M13∶1）　2. 釉陶罐（M13∶2）

铜钱4枚。有乾元重宝、祥符通宝、皇宋通宝三种。

乾元重宝1枚。M12∶1-1，平钱，方穿，钱面文为"乾元重宝"四字，上下右左对读。钱径2.45、穿径0.58、郭厚0.13厘米（图六三，2）。

祥符通宝1枚。M12∶1-2，平钱，方穿，钱面文为"祥符通宝"四字，旋读。钱径2.38、穿径0.56、郭厚0.12厘米（图六三，3）。

皇宋通宝2枚。标本M12∶1-3，平钱，方穿，钱面文为"皇宋通宝"四字，上下右左对读。钱径2.45、穿径0.60、郭厚0.10厘米。

M13：位于发掘区的南部，T0501东北角，T0502东南角，西邻M12。开口于①层下，平面呈长方形，竖穴土坑墓，方向35°。墓底长2.46、宽0.86~1.06米。墓口距地表1.40米，墓底距地表1.70米（图六四；彩版二九，1）。

内填花土，土质稍松。内葬单棺，已朽，残留有棺印痕迹。棺长1.95、宽0.50~0.76、残高0.10米。棺内骨架保存较差，头向北，面向、性别不明，葬式为仰身直肢，随葬品有釉陶罐和铜钱。

釉陶罐1件。M13∶2，直口微敛，方唇，短颈，溜肩，斜直腹，平底。肩部以上及口沿内壁施黄绿色釉。口径8.8、腹径10、底径6.7、通高11.6厘米（图六五，2）。

铜钱1枚。M13∶1，平钱，方穿，钱面文为"嘉祐通宝"四字，上下右左对读。钱径2.40、穿径0.70、郭厚0.10厘米（图六五，1）。

M23：位于发掘区的中部偏南，T0202中部偏东，东北邻M24。开口于①层下，平面呈长方形，竖穴土坑墓，东西向，方向75°。长2.36~2.46、宽1.48~1.52米。墓口距地表1.20米,墓底距地表1.60米(图六六)。

内填花土,土质较松。内葬双棺,残留有木棺痕迹。北棺长1.92、宽0.46~0.49、残高0.12米;南棺长1.74、宽0.46~0.52、残高0.12米。两棺内未发现骨架,此墓为搬迁墓,未出土随葬品。

M24:位于发掘区的中部偏西,T0302内,北邻M25。开口于①层下,平面呈长方形,竖穴土坑墓,东西向,方向265°。东西长2.78、南北宽1.04~1.08米。墓口距地表1.40米,墓底距地表1.90米(图六七;彩版二九,2)。

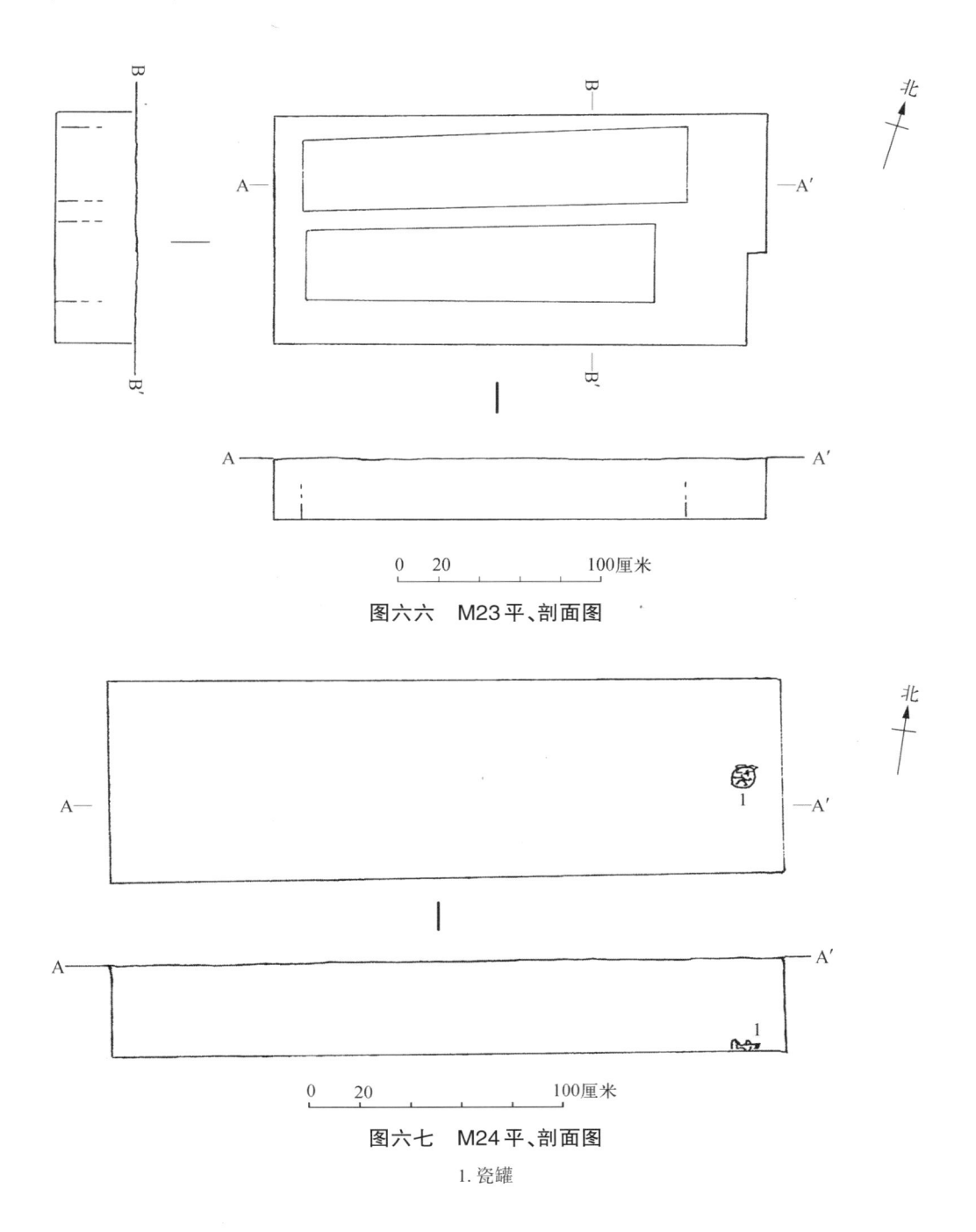

图六六　M23平、剖面图

图六七　M24平、剖面图
1. 瓷罐

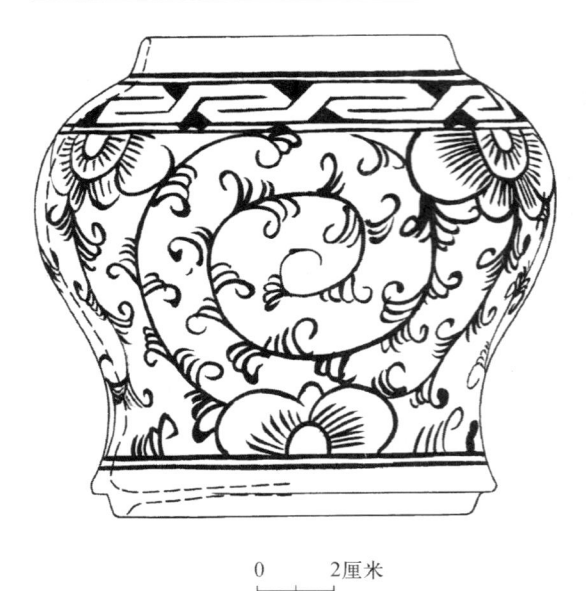

图六八　M24随葬瓷罐
M24:1

铜钱2枚，为宽永通宝、道光通宝。

内填花土，土质较硬。未发现骨架，此墓已搬迁，出土随葬品有青花瓷罐。

青花瓷罐1件。M24:1，失盖，罐身完整。直口微敛，斜颈，圆肩，圆鼓腹，矮圈足。肩部饰折连线几何图案（以留白方式饰一周连续折线几何纹，此纹饰又称"富贵不到头"），腹部饰（卷枝）牡丹纹。口径8.2、腹径13.8、底径9.6、通高13.2厘米（图六八）。

M25：位于发掘区的西部偏南，T0302西部，进入T0202，南邻M24。开口于①层下，平面呈长方形，竖穴土坑墓，东西向，方向70°。东西长2.60、南北宽0.92米。墓口距地表1.40米，墓底距地表2.00米（图六九）。

内填花土，土质稍松。内葬单棺，棺长2.08、宽0.50~0.60、残高0.10米，棺内未发现骨架，出土随葬品有铜钱。

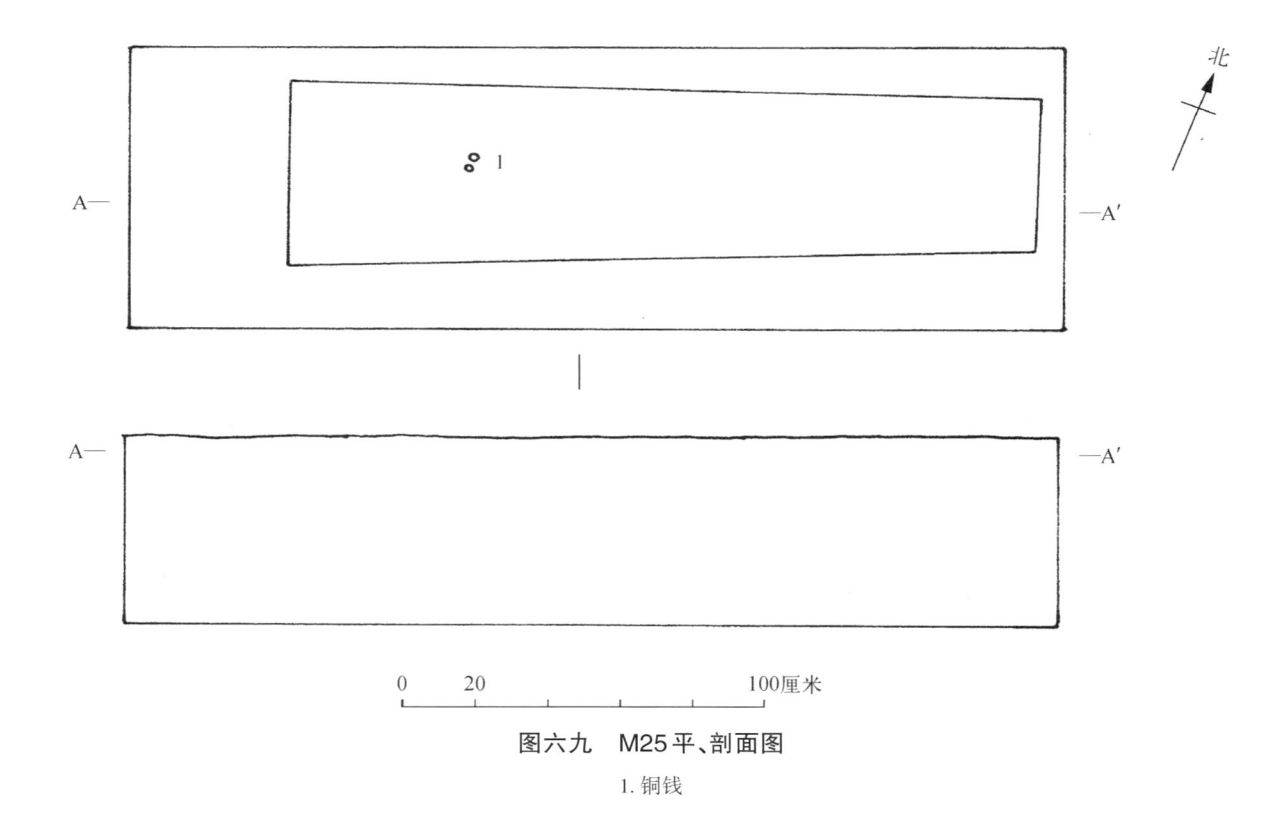

图六九　M25平、剖面图
1.铜钱

宽永通宝。M25：1-1，平钱，方穿，钱面文为"宽永通宝"四字，上下右左对读。钱径2.31、穿径0.61、郭厚0.10厘米（图七〇，1）。

道光通宝。M25：1-2，平钱，方穿，钱面文为"道光通宝"四字，上下右左对读，背穿左右为满文"宝源"局名。钱径2.25、穿径0.58、郭厚0.14厘米（图七〇，2）。

M26：位于发掘区的西部偏南，T0104东南角，东入T0204米，北邻M28和M27。开口于①层下，平面呈长方形，竖穴土坑墓，东西向，方向260°。东西长2.54、南北宽0.90~0.96米。墓口距地表1.40米，墓底距地表1.90米（图七一）。

内填花土，土质较松。内葬单棺，棺长2.07、宽0.55~0.64、残高0.10米。棺内未发现骨架，出土随葬品有釉陶罐。

釉陶罐1件。M26：1，侈口，平沿，尖唇，斜颈，束腰，平底微凹。外壁及口沿内壁施浅黄色釉。口径9.2、腹径11.2、底径8.8、通高13.6厘米（图七三，1；彩版三三，3）。

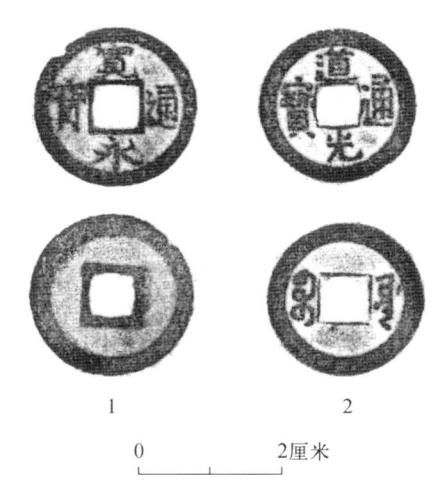

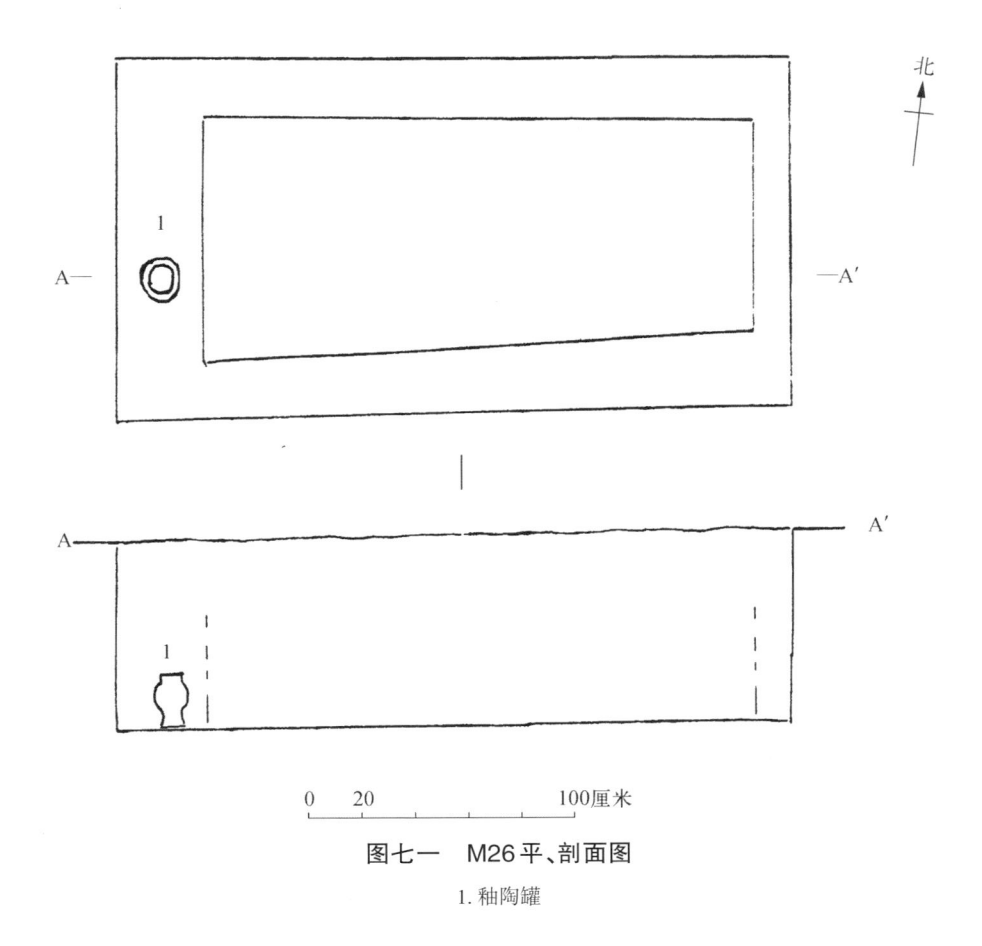

图七〇　M25随葬铜钱
1. 宽永通宝（M25：1-1）　2. 道光通宝（M25：1-2）

图七一　M26平、剖面图
1. 釉陶罐

M27：位于发掘区的西部偏南，T0104东中部，打破M28。开口于①层下，平面呈长方形，竖穴土坑墓，东北—西南向，方向140°。长2.46、宽0.86~0.92米。墓口距地表1.20米，墓底距地表1.60米（图七二）。

内填花土，土质较松。内葬单棺，残留有棺印痕迹，棺长1.95、宽0.50~0.60、残高0.10米。棺内无骨架，此墓已搬迁，随葬品有瓷罐。

瓷罐1件。M27：1。直口，方圆唇，直颈，圆肩，斜腹弧收，平底微凹。内外壁施青白色釉，底无釉。口径8.3、腹径12.6、底径8.7、通高14.4厘米（图七三，2；彩版三三，4）。

M28：位于发掘区的西部偏南，T0104东中部，被M27打破。开口于①层下，平面呈长方形，竖穴土坑墓，南北向，方向160°。长2.58、宽1.50~1.54米。墓口距地表1.20米，墓底距地表1.50米（图七四）。

内填花土，土质较松。未发现骨架，此墓已搬迁，未出土随葬品。

M29：位于发掘区的西部偏南，T0104西北部，南邻M30。开口于①层下，平面呈长方形，竖穴土坑墓，南北向，方向160°。南北长2.10、东西宽0.76~0.90米。墓口距地表1.40米，墓底距地表1.90米（图七五）。

内填花土，土质较松。经过清理，无骨架与葬具，未发现随葬品。

M30：位于发掘区的西部偏南，T0104内，北邻M29。开口于①层下，平面呈长方形，竖穴土坑墓，南北向，方向170°。南北长2.50、宽0.80~0.90米。墓口距地表1.50米，墓底距地表1.90米（图七六）。

内填花土，土质较松。内置单棺，长2.20、宽0.46~0.56、残高0.25米。未发现骨架，此墓已搬迁，未出土随葬品。

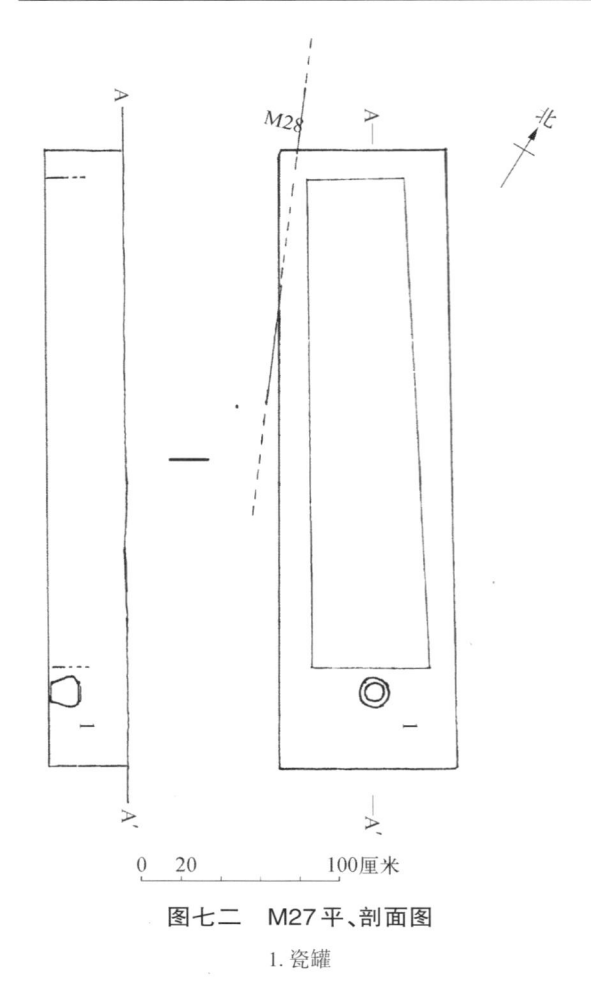

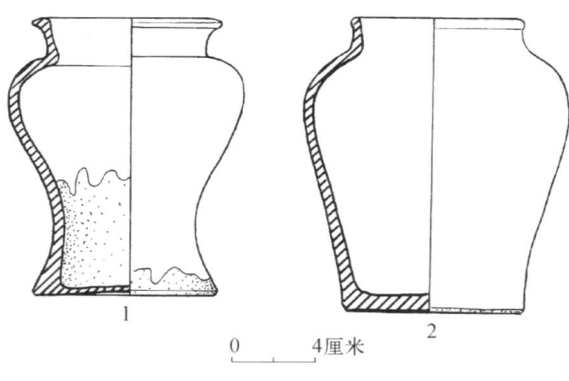

图七二　M27平、剖面图
1. 瓷罐

图七三　M26、M27随葬器物
1. 釉陶罐（M26：1）　2. 瓷罐（M27：1）

M31：位于发掘区的中部偏西，T0104内，东邻M30。开口于①层下，平面呈长方形，竖穴土坑墓，南北向，方向173°。南北长2.50、宽0.88~0.96米。墓口距地表1.50米，墓底距地表1.73米（图七七，彩版二七，3）。

图七四 M28 平、剖面图

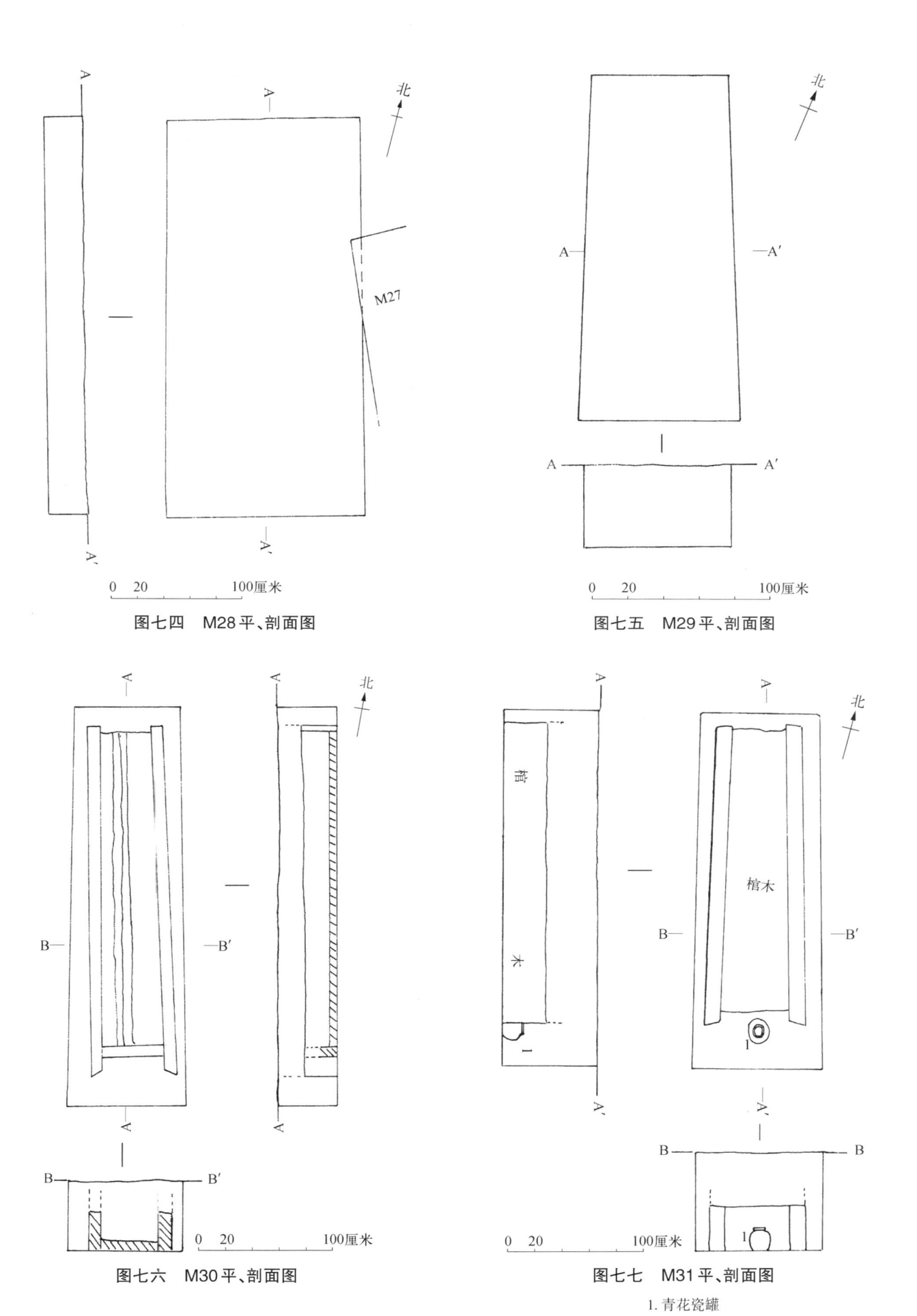

图七五 M29 平、剖面图

图七六 M30 平、剖面图

图七七 M31 平、剖面图
1. 青花瓷罐

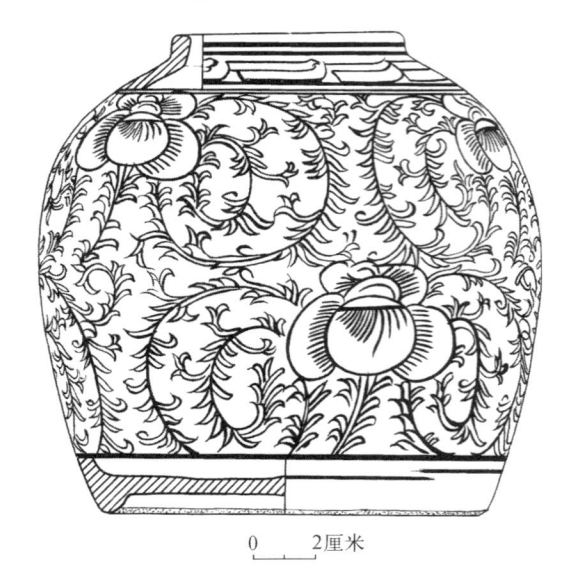

图七八 M31随葬青花瓷罐 M31:1

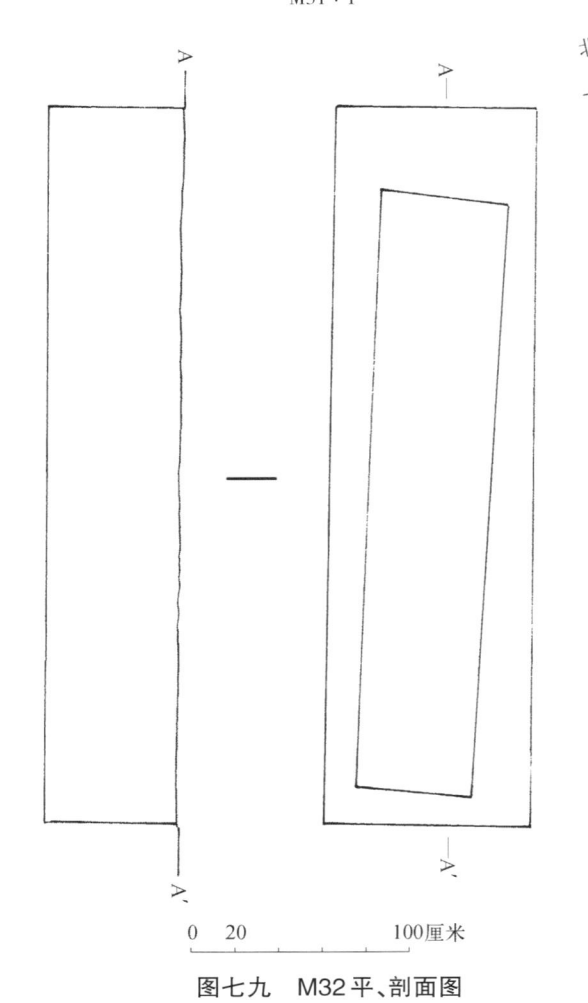

图七九 M32平、剖面图

内填花土，土质较松。内置单棺，长2.10、宽0.63~0.74、残高0.32米。此墓已搬迁，随葬器物有青花瓷罐。

青花瓷罐1件。M31:1，失盖，罐身完整。直口，溜肩，弧腹近直，圈足。肩上部饰一周连续折线几何纹，肩腹部满饰卷枝花卉图案，近底部饰弦纹两道。口径7.5、腹径16.2、底径12.5、通高16.1厘米（图七八；彩版三三，5）。

M32：位于发掘区的中部偏西，T0104内，南邻M33。开口于①层下，平面呈长方形，竖穴土坑墓，南北向，方向192°。南北长2.40、东西宽0.92米。墓口距地表1.50米，墓底距地表2.12米（图七九）。

内填花土，土质较松。内置单棺，长2.00、宽0.54~0.59、残高0.10米。此墓已搬迁，未出土随葬品。

M33：位于发掘区的中部偏西，T0103内，北邻M32。开口于①层下，平面呈长方形，竖穴土坑墓，东西向，方向75°。东西长2.62、南北宽1.00米。墓口距地表1.50米，墓底距地表1.85米（图八〇）。

内填花土，土质较松。葬具为单棺，长1.95、宽0.57~0.59、残高0.30米。此墓已搬迁，未出土随葬品。

M34：位于发掘区的西部偏南，T0404西南部，南邻M36。开口于①层下，平面呈长方形，竖穴土坑墓，东西向，方向270°。东西长2.70、南北宽0.80~0.84米。墓口距地表1.20米，墓底距地表1.50米（图八一；彩版二九，4）。

内填花土，土质较硬。内葬单棺，棺木已朽，残留有棺印痕迹。长1.86、宽0.40~0.50、残高0.10米。棺内骨架保存较好，头向西，面向北，仰身直肢。墓主为成年男性，未出土随葬品。

M35：位于发掘区的西部偏南，T0304东南角，南入T0303和T0403，东入T0404，东邻M36。

图八〇　M33平、剖面图

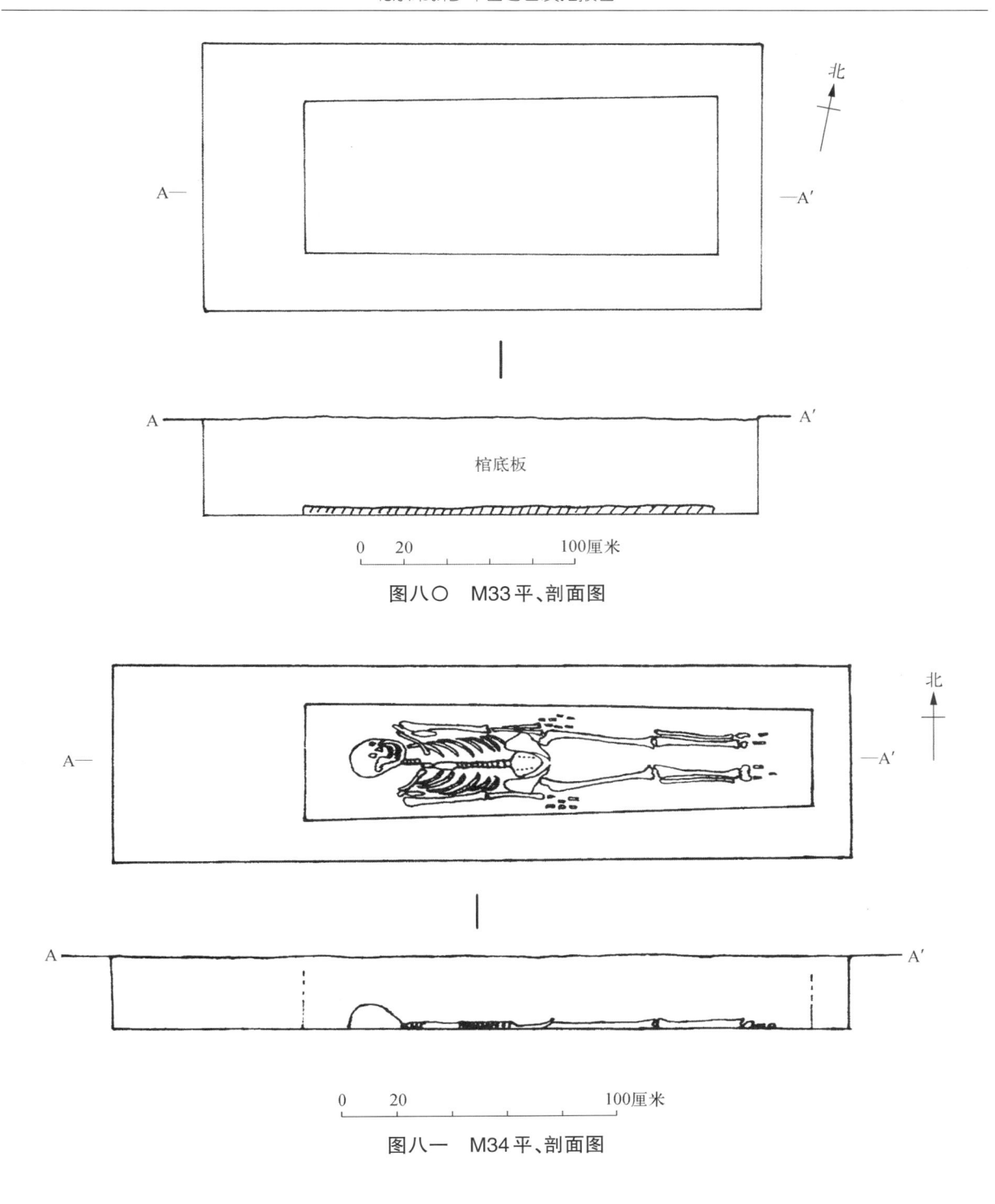

图八一　M34平、剖面图

开口于①层下，平面呈长方形，竖穴土坑墓，南北向，方向354°。南北长2.60、东西宽1.56~1.60米。墓口距地表1.30米，墓底距地表2.10米（图八二；彩版三〇，1）。

内填花土，土质稍硬。内葬双棺，西棺长1.94、宽0.44~0.62、残高0.30米。棺内骨架保存完整，墓主为成年男性，葬式为仰身屈上肢。东棺长2.00、宽0.50~0.56、残高0.20米。棺内骨架保存

图八二　M35平、剖面图

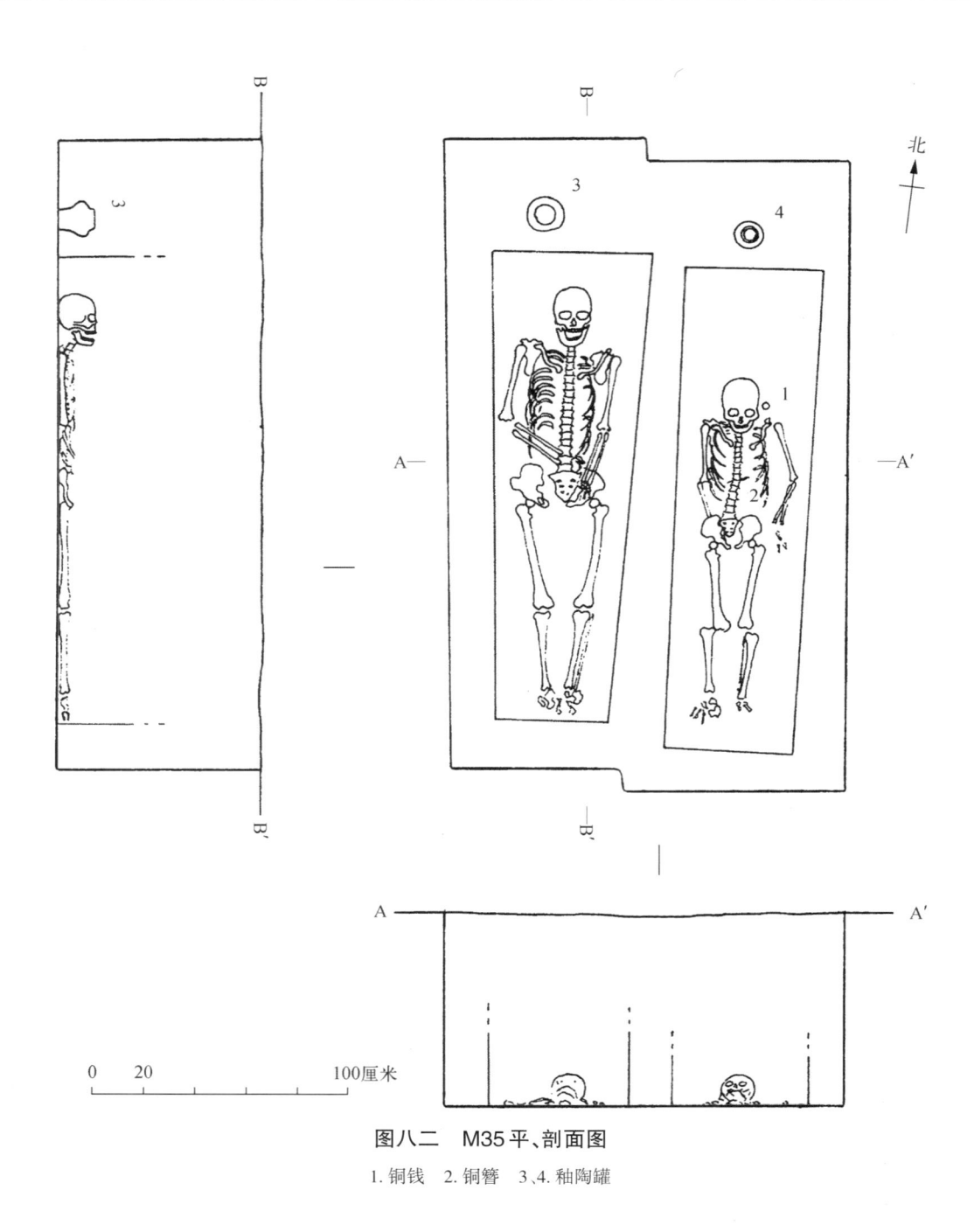

1. 铜钱　2. 铜簪　3、4. 釉陶罐

完整，墓主为成年女性，葬式为仰身直肢。随葬器物有铜簪、釉陶罐和铜钱。

釉陶罐2件。M35：3，直口，平沿，方圆唇，短直颈，圆肩，斜腹，平底微凹。施黄绿色釉，底部无釉。口径9、腹径13.9、底径9、通高13厘米（图八三，2；彩版三三，6）。

M35：4，直口微敞，平沿，圆唇，束颈，圆肩，斜腹束腰，平底内凹。腹部以上施浅黄色釉，下部有流釉。口径8.6、腹径12.5、底径8.2、通高14.2厘米（图八三，3；彩版三四，1）。

图八三　M35随葬器物

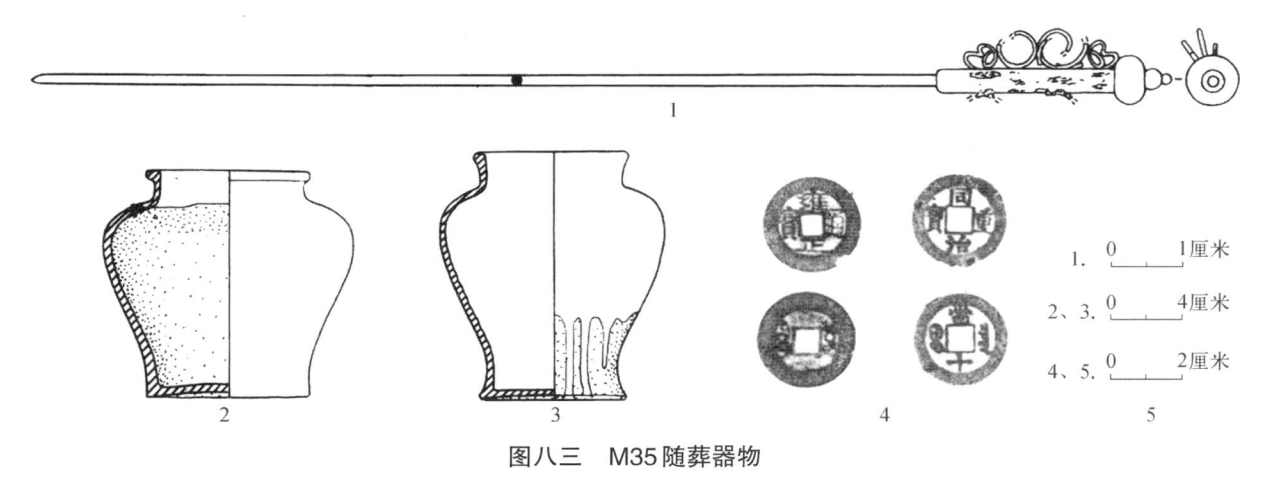

1. 铜簪（M35:2）　2、3. 釉陶罐（M35:3、M35:4）　4. 雍正通宝（M35:1-1）　5. 同治重宝（M35:1-2）

铜簪1件。M35:2，簪顶呈葫芦状，簪首呈九连环禅杖形，簪体呈锥状。通长15.9厘米（图八三，1）。

铜钱5枚，有雍正通宝、同治重宝两种。

雍正通宝1枚。M35:1-1，平钱，方穿，宽郭，钱面文为"雍正通宝"四字，上下右左对读，背穿左右为满文"宝泉"局名。钱径2.78、穿径0.58、郭厚0.11厘米（图八三，4）。

同治重宝4枚。标本M35:1-2，平钱，方穿，宽郭，钱体厚重，钱面文为"同治重宝"四字，上下右左对读，背穿上下楷书"当十"二字，左右为满文"宝泉"局名。钱径2.74、穿径0.54、郭厚0.14厘米（图八三，5）。

M36：位于发掘区的西部偏南，T0404西南部，南入T0403，北邻M34，西邻M35。开口于①层下，平面呈长方形，竖穴土坑墓，南北向，方向15°。南北长2.60、东西宽0.80~0.88米。墓口距地表1.30米，墓底距地表1.95米（图八四；彩版三〇，2）。

内填花土，土质稍硬。内葬单棺，棺长2.00、宽0.59~0.64、残高0.10米。棺内残留

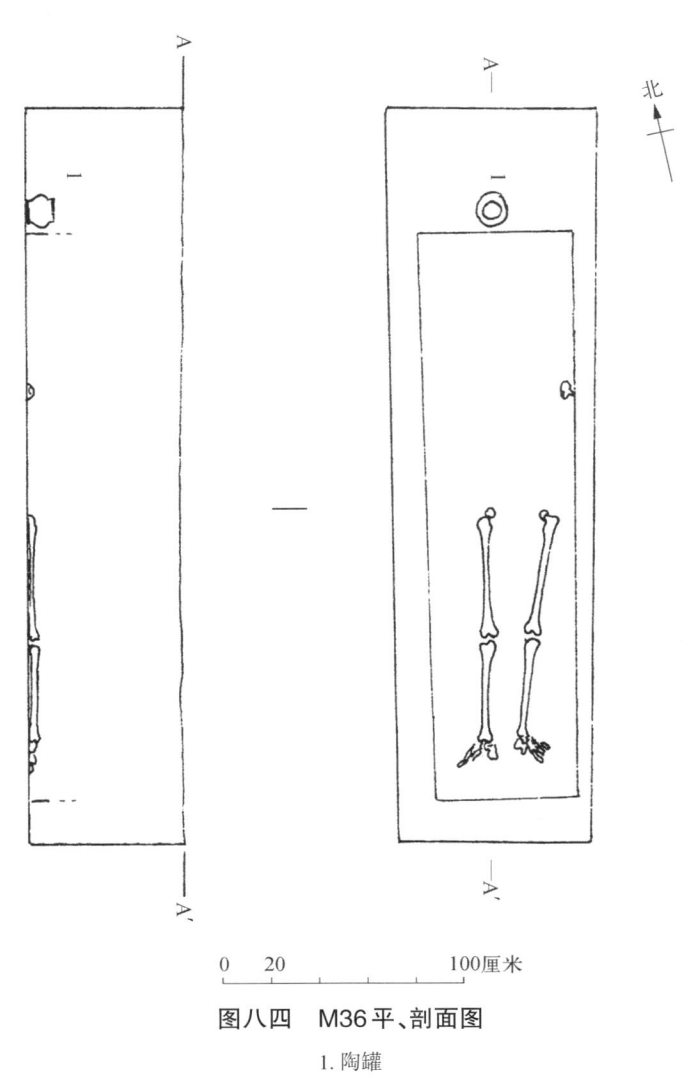

图八四　M36平、剖面图

1. 陶罐

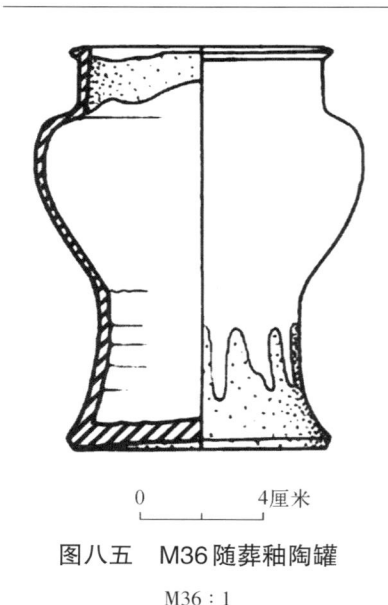

有下肢骨，随葬品有釉陶罐。

釉陶罐1件。M36:1，直口，平沿，尖圆唇，直颈，平折肩，圆弧腹，束腰，平底内凹。腹部以上施黄白色釉。口径8.7、腹径10.7、底径8.7、通高13.5厘米（图八五；彩版三四，2）。

M37：位于发掘区的北部偏西，T0506西南部，南端进入T0505。开口于①层下，平面呈长方形，竖穴土坑墓，东西向，方向252°。东西长2.56、南北宽1.10米。墓口距地表1.40米，墓底距地表1.90米（图八六）。

内填花土，土质较松。内葬单棺，棺木已朽，残留有棺印痕迹，长2.04、宽0.58~0.68、残高0.16米。此墓为迁葬墓，未出土随葬品。

M38：位于发掘区的西部偏南，T0404中部偏东，东邻M39。开口于①层下，平面呈长方形，竖穴土坑墓，南北向，方向350°。南北长3.00、东西宽0.88米。墓口距地表1.20米，墓底距地表2.10米（图八七）。

内葬单棺，棺底见白灰。棺长2.10、宽0.50~0.58、残高0.45米。内填花土，土质稍硬。未发现骨架，未出土随葬品。

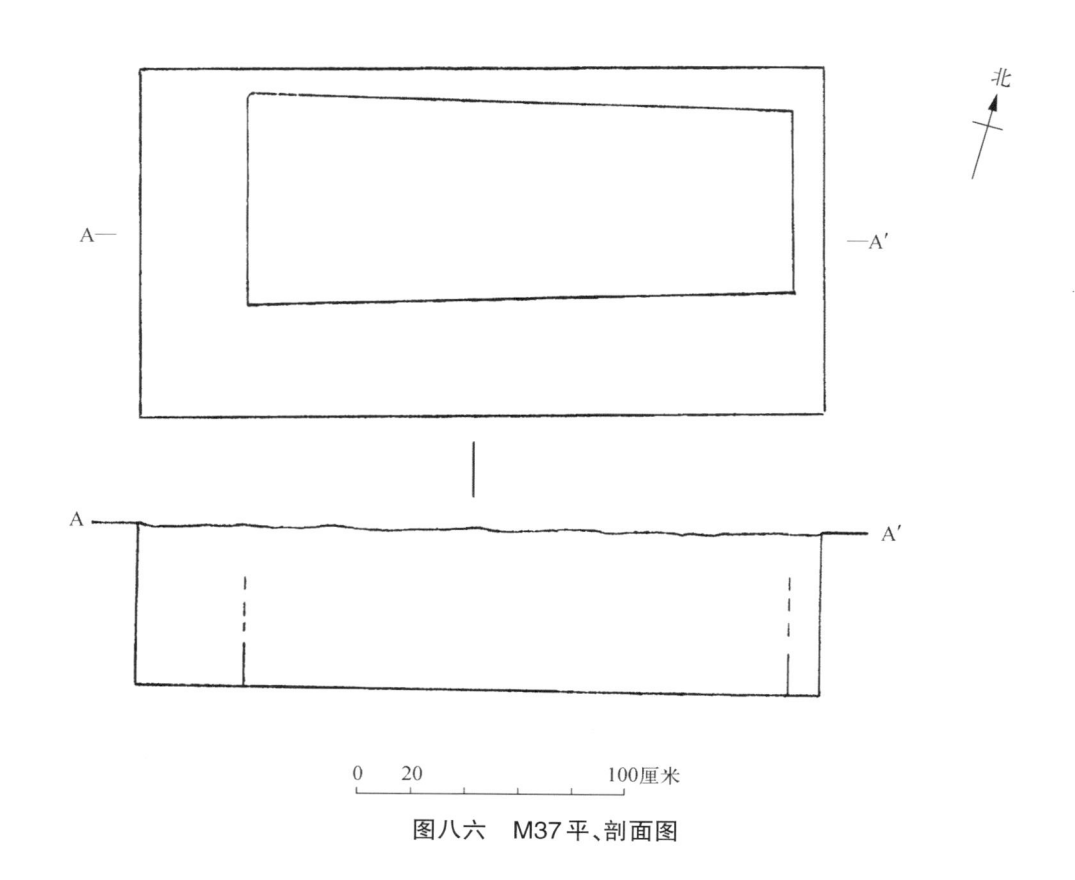

图八五　M36随葬釉陶罐　M36:1

图八六　M37平、剖面图

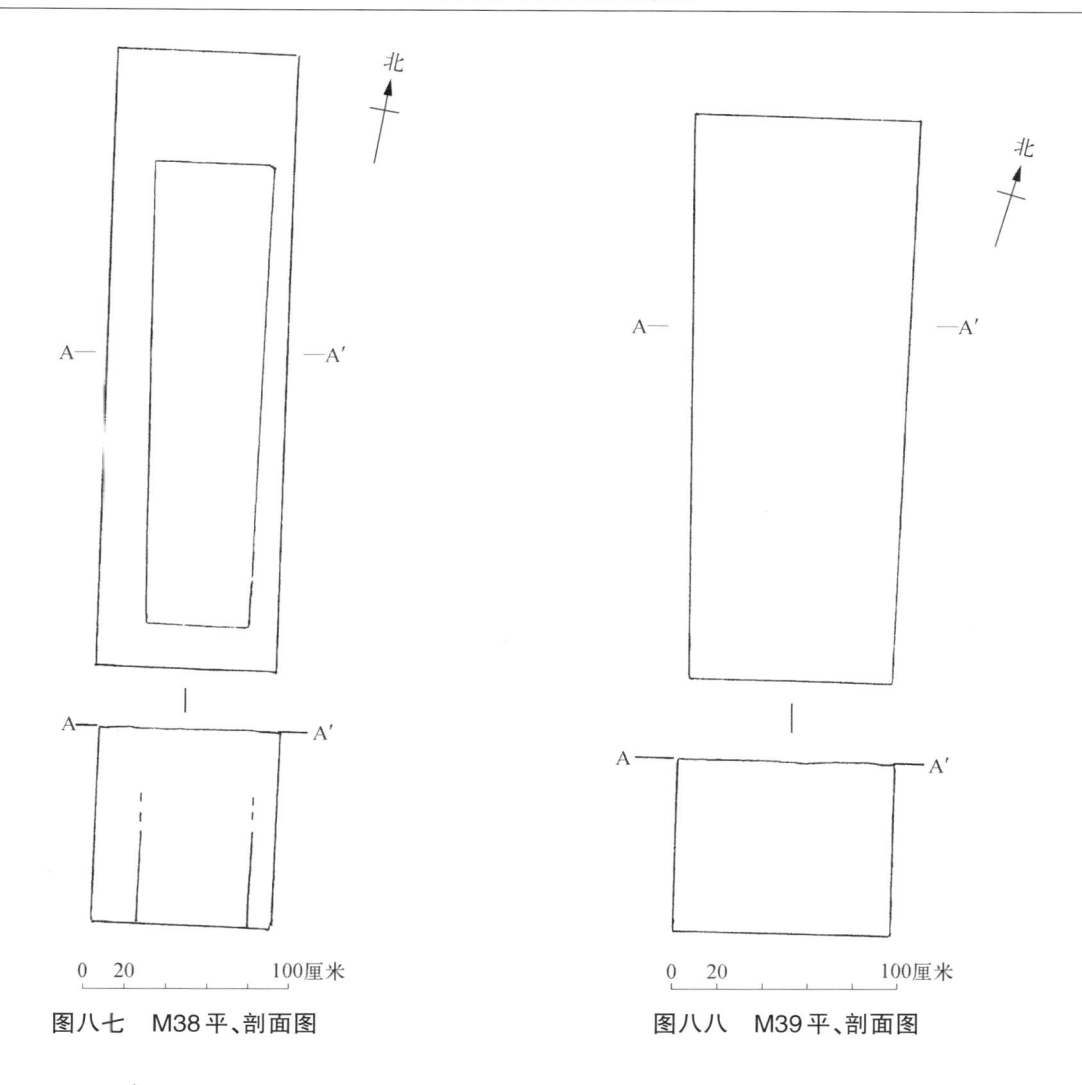

图八七　M38平、剖面图　　　　　　　图八八　M39平、剖面图

M39：位于发掘区的西部偏南，T0504西部，西入T0404内，西邻M38，东邻M40。开口于①层下，平面呈长方形，竖穴土坑墓，南北向，方向350°。南北长2.60、东西宽0.90~1.00米。墓口距地表1.20米，墓底距地表2.00米（图八八）。

墓室底部铺有一层白石灰，因历时已久，形成了一层硬面。内填花土，土质稍硬，未出土随葬品。

M40：位于发掘区的东部偏西，T0504西部偏北，西邻M39，东邻M41。开口于①层下，平面呈长方形，竖穴土坑墓，南北向，方向350°。南北长2.54、东西宽1.10~1.28米。墓口距地表1.20米，墓底距地表2.06米（图八九）。

内填花土，土质稍硬。墓底铺有白灰。此墓为搬迁墓，未出土人骨架及随葬品。

M41：位于发掘区的南部偏西，T0504中部偏北，西邻M40。开口于①层下，平面呈长方形，竖穴土坑墓，南北向，方向340°。长2.50、宽1.24~1.30米。墓口距地表1.20米，墓底距地表2.00米（图九〇）。

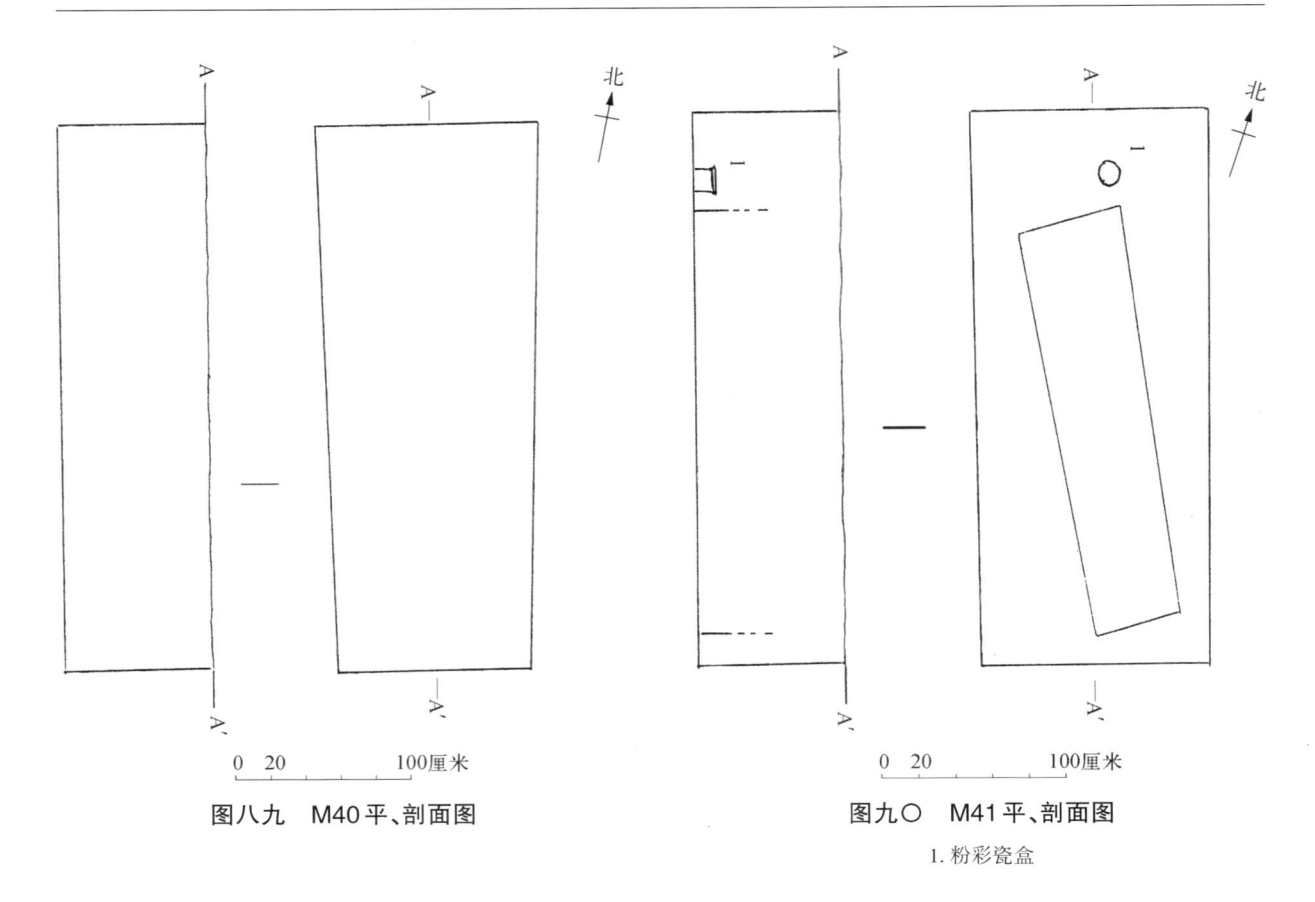

图八九　M40 平、剖面图

图九〇　M41 平、剖面图
1. 粉彩瓷盒

内填花土，土质稍松。内葬单棺，残留有棺木痕迹，棺长 1.88、宽 0.46~0.56、残高 0.26 米。此墓为搬迁墓，随葬品有粉彩瓷盒。

粉彩瓷盒 1 件。M41:1，整体呈筒状，子母口，盖平顶微弧，底为内圈足。通体施青白色（底）釉，盒壁及盖饰折枝花卉纹，花瓣为红彩，枝叶为绿彩，粉彩剥落严重。口径 9、盖口径 10、底径 10.3、通高 12.8 厘米（图九一；彩版三四，3）。

M42：位于发掘区的中部偏西，T0503 内，东邻 M43。开口于①层下，平面呈长方形，竖穴土坑墓，东西向，方向 255°。东西长 2.80、南北宽 1.00~1.10 米。墓口距地表 1.10 米，墓底距地表 2.40 米（图九二；彩版三〇，3）。

内填花土，土质较松。内葬单棺，棺长 2.04、宽 0.50~0.52、残高 0.46 米。此墓为搬迁墓，未出土人骨架及随葬品。

M43：位于发掘区的中部偏西，T0603 内，西邻 M42。开口于①层下，平面呈长方形，竖穴土坑墓，南北向，方向 155°。南北长 2.40、宽 1.50~1.58 米。东南部被现代墙基破坏，墓口距地表 1.10 米，墓底距地表 1.75 米（图九三；彩版三〇，4）。

内填花土，土质较松。内葬双棺，东棺长 1.93、宽 0.44~0.48、残高 0.10 米；西棺长 1.88、宽 0.50~0.60、残高 0.10 米。骨架保存较完整，墓主为成年女性，葬式为仰身直肢。出土随葬品有顶针、釉陶罐和铜钱。

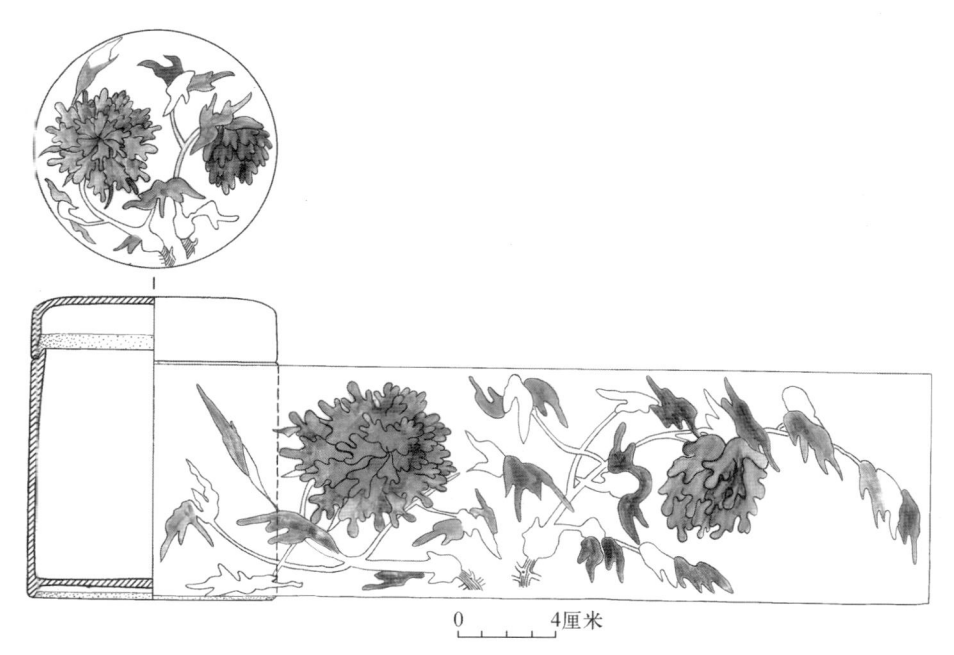

图九一　M41随葬粉彩瓷盒

M41∶1

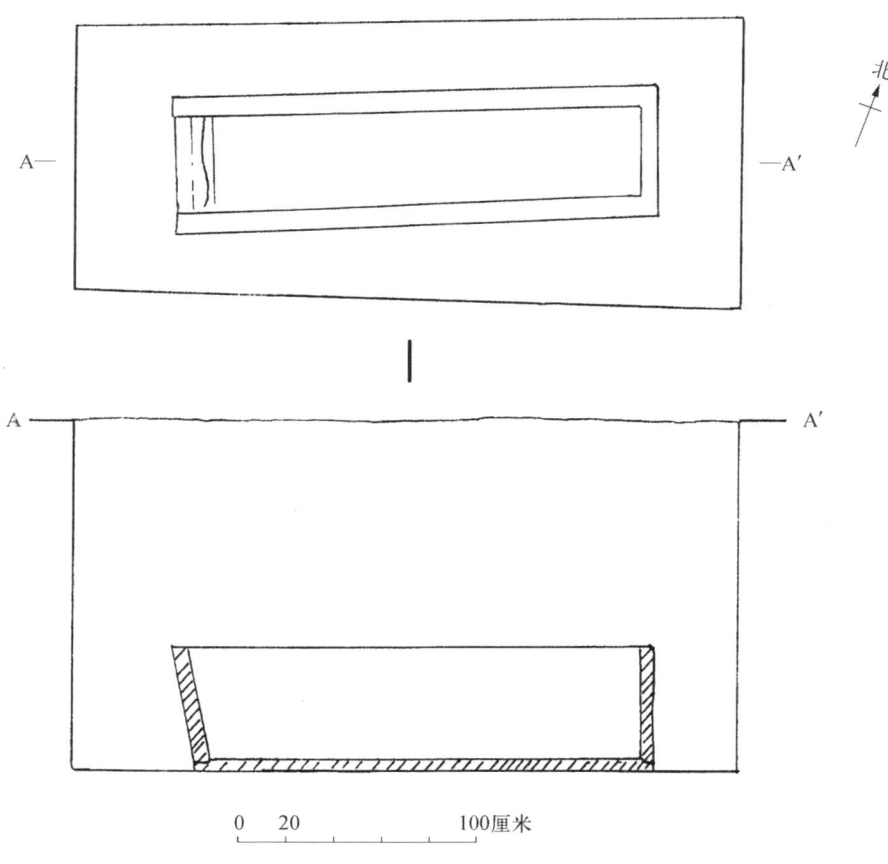

图九二　M42平、剖面图

图九三　M43平、剖面图

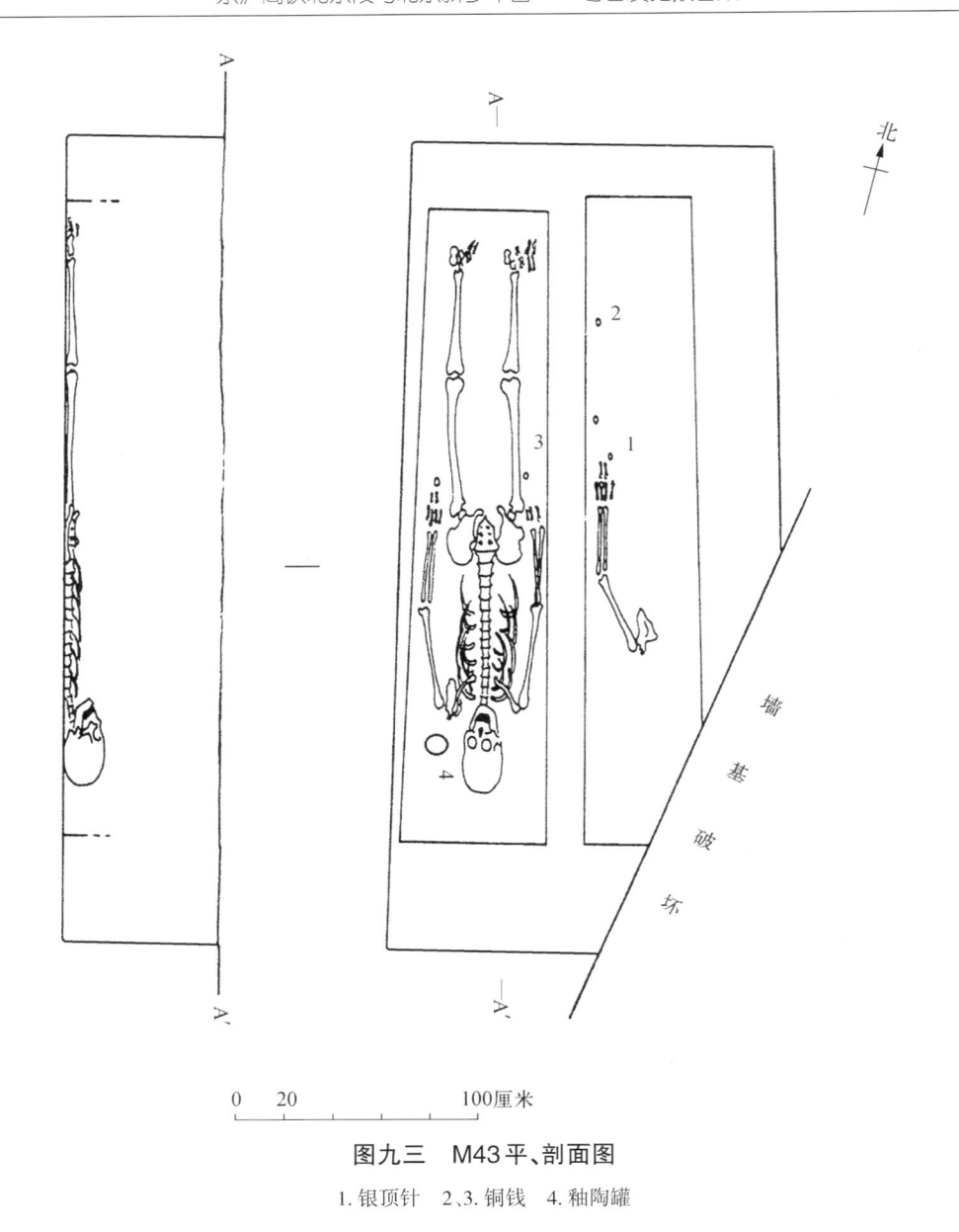

1. 银顶针　2、3. 铜钱　4. 釉陶罐

银顶针1件。M43：1，圆形，扁桶状，展开呈圆角长条状，直径1.7、高1厘米（图九四，2）。

釉陶罐1件。M43：4，侈口，平沿外斜，尖圆唇，斜颈略高，圆腹束腰，平底微凹。腹部以上及口径内壁施浅黄色釉，下部及底未施釉，有流釉现象。口径8.5、腹径10.1、底径8.3、通高13厘米（图九四，1；彩版三四，4）。

铜钱4枚。有乾隆通宝、嘉庆通宝两种。

乾隆通宝1枚。M43：2-1，平钱，方穿，钱面文为"乾隆通宝"四字，上下右左对读，背穿左右为满文"宝源"局名。钱径2.40、穿径0.60、郭厚0.12厘米（图九四，3）。

嘉庆通宝1枚。M43：2-2，平钱，方穿，钱面文为"嘉庆通宝"四字，上下右左对读，背穿左右

图九四　M43随葬器物

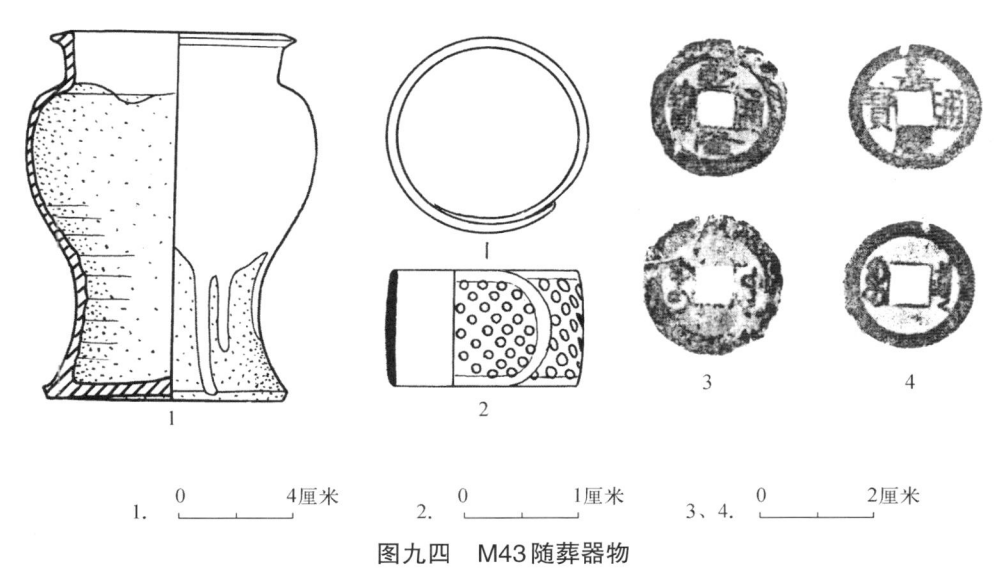

1. 釉陶罐（M43∶4）　2. 银顶针（M43∶1）　3. 乾隆通宝（M43∶2-1）　4. 嘉庆通宝（M43∶2-2）

为满文"宝泉"局名。钱径2.38、穿径0.54、郭厚0.15厘米（图九四，4）。

另外2枚铜钱破碎严重，字迹不清。

三、结　语

1. 对新少年宫工程用地的考古发掘，是近年来在北京旧城（二环路以内）内清理古代墓葬数量较多的一次，为研究南城一带汉代以来，特别是明清时期古代墓葬的形制、结构提供了真实可靠的实物资料。

2. 此次发掘的墓葬以迁出墓为主，有31座，占墓葬总数的58.18％；双棺墓9座，占墓葬总数的16.36％；单棺墓8座，占墓葬总数的14.55％。墓葬以头向南为主，有18座，占墓葬总数的32.73％；西向的有17座，占墓葬总数的30.91％；北向的有13座，占墓葬总数的23.64％；东向的有7座，占墓葬总数的12.73％。

在这次所发掘的古代墓葬中，搬迁墓较多，在以前是较为少见的。这种原因是源于葬俗，还是出自社会、政治等外部原因，还不易作出定论，有待于今后资料的证明。

3. 明代墓葬中出土了不少宋代铜钱。明墓中出明以前的铜钱是一个普遍的现象，特别是在北方地区。北京的董四村墓[①]、南苑夏儒墓[②]等就有所发现。有研究者认为，这与明前钱，特别是宋钱铸造数量大，本朝制钱贵于旧钱且对旧钱有限制有关。

---

① 考古研究所通讯组：《北京西郊董四村明墓发掘记第一号墓》，《文物参考资料》1952年2期。
② 北京市文物工作队：《北京南苑苇子坑明代墓葬清理简报》，《文物》1964年11期。

附　墓葬登记表

（单位：米）

墓号	所在探方	开口层位	方向	墓口长×宽—深	墓底长×宽—深	深度	葬式	人骨保存情况	头向	性别及年龄	随葬品	时代	备注
M1	T1104、T1105	②	180°	8.98×(2.35~3.18)—1.60	8.98×(2.35~3.18)—3.66	2.06						汉代	总长度
M2	T1004、T1005	②	184°	7.60×(2.75~3.20)—1.60	7.60×(2.75~3.20)—3.50	1.90						汉代	总长度
M3	T1003	②	175°	7.60×(2.10~2.70)—1.80	7.60×(2.10~2.70)—3.60	1.80						汉代	总长度
M4	T0702、T0701	②	185°	7.87×(2.74~3.28)—1.70	7.87×(2.74~3.28)—3.90	2.20						汉代	总长度
M5	T0407、T0307	②	185°	7.00×(3.06~3.20)—1.50	7.00×(3.06~3.20)—3.00	1.50						汉代	总长度
M6	T0901	①	28°	2.46×1.93—1.50	2.46×1.93—2.90	1.40	仰身直肢	较差	北		陶罐1	明代	合葬（东棺已迁出）
M7	T0801	①	15°	2.40×0.94—1.80	2.40×0.94—2.40	0.60	仰身直肢	较好	北	男	陶罐1	明代	单棺墓
M8	T0903、T0902	①	185°	(2.30~2.46)×(1.60~1.66)—1.70	(2.30~2.46)×(1.60~1.66)—2.50	0.80	东棺仰身屈下肢，西棺仰身直肢	较好	南	东女、西男	粗瓷瓶2	明代	合葬墓
M9	T0501	①	285°	2.96×(1.62~1.74)—1.40	2.96×(1.62~1.74)—2.30	0.90	两人均为仰身直肢	一般	西		粗瓷瓶1,铜钱2	明代	合葬墓
											铜钱6,粗瓷瓶1		
											料珠1,陶罐1,铜钱1	清代	合葬墓

续表

墓号	所在探方	开口层位	方向	墓口 长×宽—深	墓底长×宽—深	深度	葬式	人骨保存情况	头向	性别及年龄	随葬品	时代	备注
M10	T0501	①	285°	2.20×(0.84~0.88)—1.40	2.20×(0.84~0.88)—1.90	0.50	仰身直肢	较好	西		铜钱3	清代	单棺墓
M11	T0501	①	105°	2.30×(0.80~0.90)—1.40	2.30×(0.80~0.90)—1.60	0.20						清代	迁出墓
M12	T0501、T0502	①	290°	2.20×(1.91~2.00)—1.50	2.20×(1.91~2.00)—1.85	0.35	北棺仰身直肢,南棺为二次葬	较好	西	北男,南女	铜钱4、釉陶罐1	清代	合葬墓
M13	T0501、T0502	①	35°	2.46×(0.86~1.06)—1.40	2.46×(0.86~1.06)—1.70	0.30	仰身直肢	较差	北		铜钱1、釉陶罐1	清代	单棺墓
M14	T0301	①	85°	3.06×(1.08~1.44)—1.40	3.06×(1.08~1.44)—2.05	0.65						明代	迁出墓
M15	T0301	①	263°	2.60×1.04—1.50	2.60×1.04—2.15	0.65					陶罐1	明代	迁出墓
M16	T0301、T0401	①	13°	2.70×(1.15~1.22)—1.50	2.70×(1.15~1.22)—2.60	1.10	仰身直肢	较差	北	男	铜钱23	明代	单棺墓
M17	T0401	①	80°	2.25×(0.60~0.64)—1.40	2.25×(0.60~0.64)—1.90	0.50			东			明代	单棺墓（二次葬）
M18	T0401	①	275°	0.67×0.51—1.40	0.67×0.51—1.63	0.23		稍差			铜钱45	明代	砖室火化墓
M19	T0401	①	275°	(2.38~2.50)×(1.50~1.64)—1.40	(2.38~2.50)×(1.50~1.64)—1.90	0.50	南棺仰身直肢,北棺不明		西		釉陶罐2、铜钱35	明代	合葬墓

续表

墓号	所在探方	开口层位	方向	墓口长×宽-深	墓底长×宽-深	深度	葬式	人骨保存情况	头向	性别及年龄	随葬品	时代	备注
M20	T0401	①	265°	2.32×(0.92~1.00)—1.40	2.32×(0.92~1.00)—1.90	0.50	仰身直肢	较好	西		铜钱35、料饰件1、釉陶罐1	明代	单棺墓
M21	T0401	①	100°	2.35×(1.60~1.84)—1.40	2.35×(1.60~1.84)—2.10	0.70	北棺骨骼凌乱，南棺仰身直肢	较差	东		釉陶罐1、铜钱3、玛瑙环1	明代	合葬墓
M22	T0401	①	10°	2.60×1.10—1.40	2.60×1.10—3.20	1.80						明代	迁出墓
M23	T0202	①	75°	(2.36~2.46)×(1.48~1.52)—1.20	(2.36~2.46)×(1.48~1.52)—1.60	0.40						清代	迁出墓（双棺）
M24	T0302	①	265°	2.78×(1.04~1.08)—1.40	2.78×(1.04~1.08)—1.90	0.50					青花瓷罐	清代	迁出墓
M25	T0302、T0202	①	70°	2.60×0.92—1.40	2.60×0.92—2.00	0.60					铜钱2	清代	迁出墓
M26	T0104、T0204	①	260°	2.54×(0.90~0.96)—1.40	2.54×(0.90~0.96)—1.90	0.50					釉陶罐1	清代	迁出墓
M27	T0104	①	140°	2.46×(0.86~0.92)—1.20	2.46×(0.86~0.92)—1.60	0.40					瓷罐1	清代	迁出墓
M28	T0104	①	160°	2.58×(1.50~1.54)—1.20	2.58×(1.50~1.54)—1.50	0.30						清代	迁出墓

续表

墓号	所在探方	开口层位	方向	墓口长×宽—深	墓底长×宽—深	深度	葬式	人骨保存情况	头向	性别及年龄	随葬品	时代	备注
M29	T0104	①	160°	2.10×(0.76~0.90)—1.40	2.10×(0.76~0.90)—1.90	0.50						清代	迁出墓
M30	T0104	①	170°	2.50×(0.80~0.90)—1.50	2.50×(0.80~0.90)—1.90	0.40						清代	迁出墓
M31	T0104	①	173°	2.50×(0.88~0.96)—1.50	2.50×(0.88~0.96)—1.73	0.23					青花瓷罐1	清代	迁出墓
M32	T0104	①	192°	2.40×0.92—1.50	2.40×0.92—2.12	0.62						清代	迁出墓
M33	T0103	①	75°	2.62×1.00—1.50	2.62×1.00—1.85	0.35						清代	迁出墓
M34	T0404	①	270°	2.70×(0.80~0.84)—1.20	2.70×(0.80~0.84)—1.50	0.30	仰身直肢	较好	西	男		清代	单棺墓
M35	T0304、T0303、T0403、T0404	①	354°	2.60×(1.56~1.60)—1.30	2.60×(1.56~1.60)—2.10	0.80	西棺仰身屈上肢、东棺仰身直肢	较好	北	西棺男、东棺女	铜钱5、铜簪1、釉陶罐2	清代	合葬墓
M36	T0404、T0403	①	15°	2.60×(0.80~0.88)—1.30	2.60×(0.80~0.88)—1.95	0.65	仰身直肢	盆骨以上被破坏	北		釉陶罐1	清代	单棺墓
M37	T0505、T0506	①	252°	2.56×1.10—1.40	2.56×1.10—1.90	0.50						清代	迁出墓

续表

墓号	所在探方	开口层位	方向	墓口 长×宽—深	墓底 长×宽—深	深度	葬式	人骨保存情况	头向	性别及年龄	随葬品	时代	备注
M38	T0404	①	350°	3.00×0.88—1.20	3.00×0.88—2.10	0.90						清代	迁出墓
M39	T0504、T0404	①	350°	2.60×(0.90~1.00)—1.20	2.60×(0.90~1.00)—2.00	0.80						清代	迁出墓
M40	T0504	①	350°	2.54×(1.10~1.28)—1.20	2.54×(1.10~1.28)—2.06	0.86						清代	迁出墓
M41	T0504	①	340°	2.50×(1.24~1.30)—1.20	2.50×(1.24~1.30)—2.00	0.80						清代	迁出墓
M42	T0503	①	255°	2.80×(1.00~1.10)—1.10	2.80×(1.00~1.10)—2.40	1.30						清代	迁出墓
M43	T0603	①	155°	2.40×(1.50~1.58)—1.10	2.40×(1.50~1.58)—1.75	0.65	西棺仰身直肢	西棺保存较好,东棺保存较差	南	西棺女,东棺木清	粉彩瓷盒1	清代	合葬墓
M44	T0408、T0508	①	355°	(2.56~2.96)×(1.94~2.12)—1.40	(2.56~2.96)×(1.94~2.12)—2.70	1.30					顶针1、铜钱4、釉陶罐1	明代	迁出墓（双棺）
M45	T0708	①	15°	2.00×1.50—1.50	2.00×1.50—2.0	0.50						明代	迁出墓
M46	T0807	①	263°	2.30×(1.15~1.25)—1.50	2.30×(1.15~1.25)—2.20	0.70					铜钱20、粗瓷瓶1	明代	迁出墓

续表

墓号	所在探方	开口层位	方向	墓口长×宽—深	墓底长×宽—深	深度	葬式	人骨保存情况	头向	性别及年龄	随葬品	时代	备注
M47	T0808	①	245°	2.66×(1.04~1.16)—1.20	2.66×(1.04~1.16)—2.16	0.96					釉陶盖罐1	明代	迁出墓
M48	T0807	①	280°	2.86×(1.20~1.30)—1.20	2.86×(1.20~1.30)—2.14	0.94						明代	迁出墓
M49	T0807	①	190°	(2.38~2.48)×(1.36~1.48)—1.20	(2.38~2.48)×(1.36~1.48)—2.10	0.90					釉陶罐1	明代	迁出墓
M50	T0807	①	185°	2.32×(0.86~0.90)—1.40	2.32×(0.86~0.90)—2.20	0.80						明代	迁出墓
M51	T0807	①	260°	(1.85~2.40)×(1.68~1.70)—1.40	(1.85~2.40)×(1.68~1.70)—2.20	0.80					粗瓷瓶1	明代	迁出墓（双棺）
M52	T0807、T0707	①	250°	2.40×(1.76~1.94)—1.40	2.40×(1.76~1.94)—2.30	0.90	北棺仰身直肢，南棺不明	南棺较差	西		铜钱5、粗瓷瓶1	明代	合葬墓
M53	T0707	①	188°	(2.64~2.70)×2.20—1.50	(2.64~2.70)×2.20—2.50	1.00						明代	迁出墓
M54	T0707、T0706	①	182°	2.67×(0.90~0.96)—1.50	2.67×(0.90~0.96)—2.70	1.20						明代	迁出墓（双棺）
M55	T0706、T0806	①	182°	(2.26~2.70)×(2.50~2.92)—1.50	(2.26~2.70)×(2.50~2.92)—(2.10~2.20)	0.60~0.70	西棺侧身屈下肢，中、东迁出	较差	南		铜钱34、釉陶罐1	明代	三棺墓

铜钱标本统计表

（单位：厘米）

单位	编号	种类	钱径	穿径	郭厚	备注
M8	1	淳化元宝	2.40	0.53	0.09	
	2	咸平元宝	2.52	0.58	0.11	
	3	嘉祐元宝	2.28	0.58	0.12	
M9	1	明道元宝	2.46	0.66	0.11	
M10	1	皇宋元宝	2.32	0.66	0.10	
	2	治平通宝	2.38	0.66	0.10	
M12	1	乾元重宝	2.45	0.58	0.13	
	2	祥符通宝	2.38	0.56	0.12	
M13	1	嘉祐通宝	2.40	0.70	0.11	
M16	1	祥符元宝	2.46	0.58	0.13	
	2	皇宋通宝	2.46	0.68	0.10	
	3	大定通宝	2.30	0.50	0.13	
	4	洪武通宝	2.52	0.63	0.13	申
M18	1	开元通宝	2.48	0.68	0.13	星
	2	淳化元宝	2.48	0.58	0.11	
	3	咸平元宝	2.51	0.58	0.12	
	4	景德元宝	2.56	0.54	0.11	
	5	祥符元宝	2.48	0.54	0.10	
	6	祥符通宝	2.49	0.58	0.12	
	7	天禧通宝	2.58	0.64	0.12	
	8	天圣元宝	2.49	0.55	0.13	
	9	皇宋通宝	2.48	0.68	0.12	
	10	至和元宝	2.39	0.58	0.14	
	11	熙宁元宝	2.38	0.66	0.12	
	12	熙宁元宝	2.48	0.58	0.12	
	13	元丰通宝	2.52	0.68	0.14	
	14	元丰通宝	2.44	0.72	0.13	
	15	元祐通宝	2.49	0.68	0.15	
	16	元祐通宝	2.48	0.58	0.12	
	17	绍圣元宝	2.49	0.52	0.13	
	18	政和通宝	2.48	0.61	0.13	

续表

单位	编号	种类	钱径	穿径	郭厚	备注
M18	19	宣和通宝	2.49	0.58	0.12	
	20	正隆元宝	2.52	0.50	0.18	
	21	至元通宝	2.50	0.56	0.11	
M19	1	弘治通宝	2.36	0.53	0.13	
	2	嘉靖通宝	2.50	0.52	0.15	
	3	嘉靖通宝	2.52	0.54	0.13	
M20	1	嘉靖通宝	2.51	0.46	0.14	
	2	万历通宝	2.54	0.46	0.14	
M21	1	嘉靖通宝	2.52	0.48	0.15	
	2	万历通宝	2.58	0.48	0.12	
M25	1	宽永通宝	2.31	0.61	0.10	
	2	道光通宝	2.25	0.58	0.14	
M35	1	雍正通宝	2.78	0.58	0.11	
	2	同治重宝	2.74	0.54	0.14	当十
M43	1	乾隆通宝	2.40	0.60	0.12	
	2	嘉庆通宝	2.38	0.54	0.15	
M46	1	景德通宝	2.40	0.59	0.12	
	2	元丰通宝	2.42	0.64	0.13	
	3	圣宋元宝	2.46	0.54	0.14	
	4	大定通宝	2.44	0.56	0.11	
M55	1	崇宁通宝	3.49	0.82	0.22	
	2	崇宁重宝	3.46	0.76	0.16	
	3	永乐通宝	2.52	0.58	0.10	
	4	宣德通宝	2.54	0.49	0.12	
	5	嘉靖通宝	2.52	0.49	0.12	
	6	万历通宝	2.54	0.50	0.16	

* 本表中的编号为有对应线图标本的年代顺序号。

朝阳区中关村电子城西区F1望京综合酒店工程考古发掘报告

一、概　况

中关村电子城西区F1望京综合酒店工程位于朝阳区望京地区北部,东北与五环主路相邻,西北和望京主干道相接,南和北小河相连(图九五)。GPS数据为东经116°17′40″,北纬40°00′21″,海拔约24米。

2007年4月17日~4月28日,为配合该工程建设,北京市文物研究所对该区域范围内先期勘探出的清代墓葬进行了考古发掘。共清理墓葬12座,发掘面积达245平方米(图九六;彩版三五,1),出土各类文物90件。

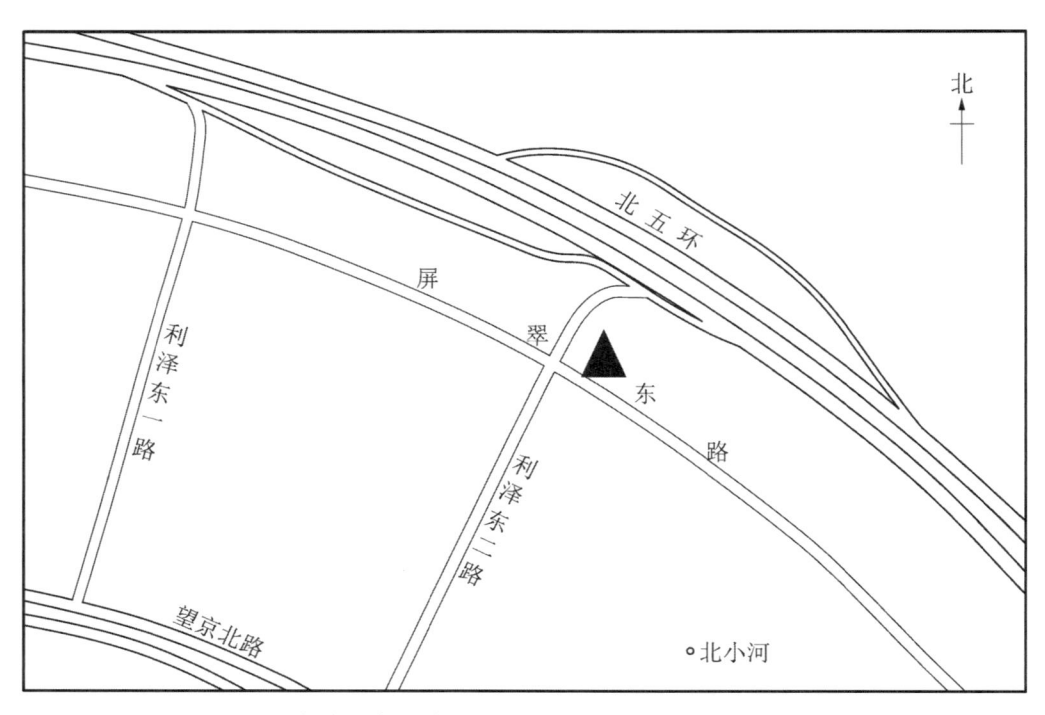

图九五　中关村电子城西区F1望京综合酒店工程位置示意图

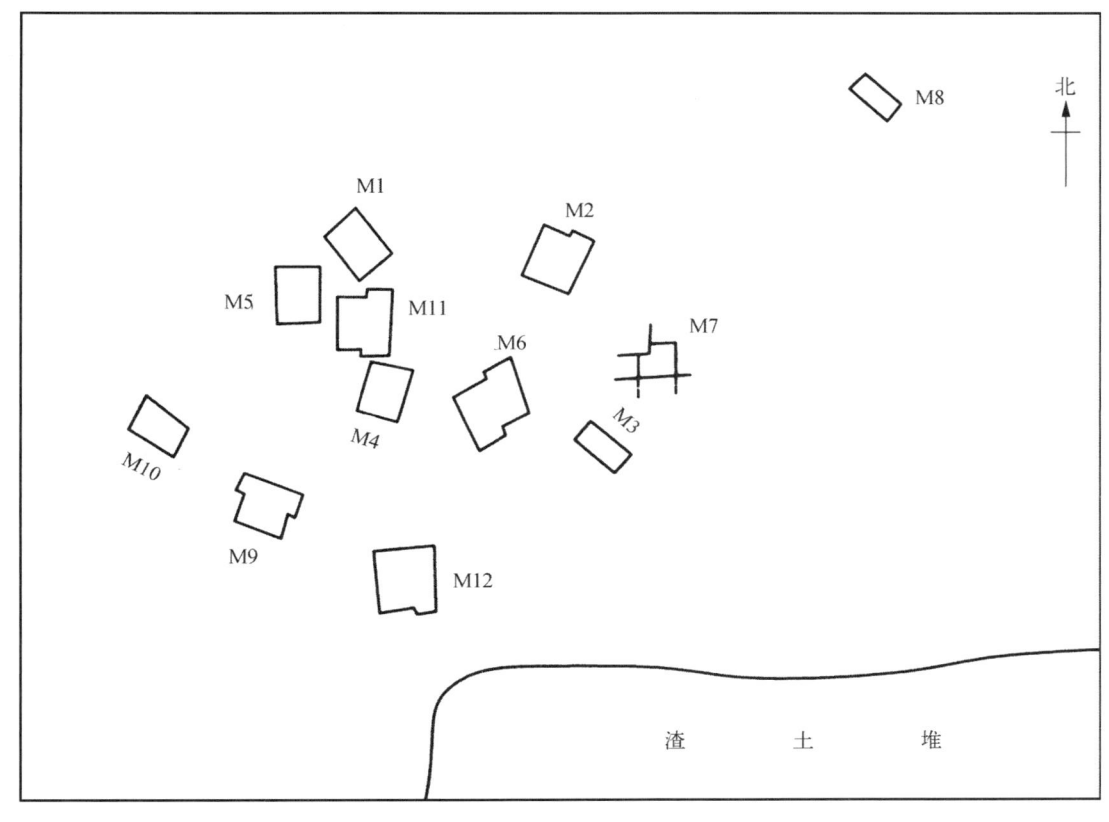

图九六　墓葬分布图

二、墓葬介绍

所有墓葬均为长方形竖穴土坑墓，可分为双棺、单棺、迁出墓三种形制。

（一）双棺墓

M1：位于发掘区的北部。南北向，方向340°。墓室南北长2.94、东西宽2.04~2.08、深0.60米。墓口距地表0.30米，墓底距地表0.90米。骨架保存凌乱，故分不清葬式（图九七；彩版三五，2）。内填花土，土质稍硬。

出土随葬器物有银簪1件、银耳环1件和铜钱4枚。

银簪1件。M1：1，为扁条形，两端宽扁呈圆形，中间束腰，两端錾刻花纹，一端为几案、盆和花图案，一端为几案和炉图案。通体鎏金。通长8、宽0.8~1.8、厚0.2~0.4厘米（图一〇〇，1；彩版四一，1）。

银耳环1件。M1：2，圆形，一端细长呈锥状，一端呈扁条状，中部錾刻梅花一朵，宽端錾刻花草图案。直径1.8厘米（图一〇〇，2；彩版四一，2）。

铜钱4枚。有光绪通宝、大清铜币、宣统通宝三种。

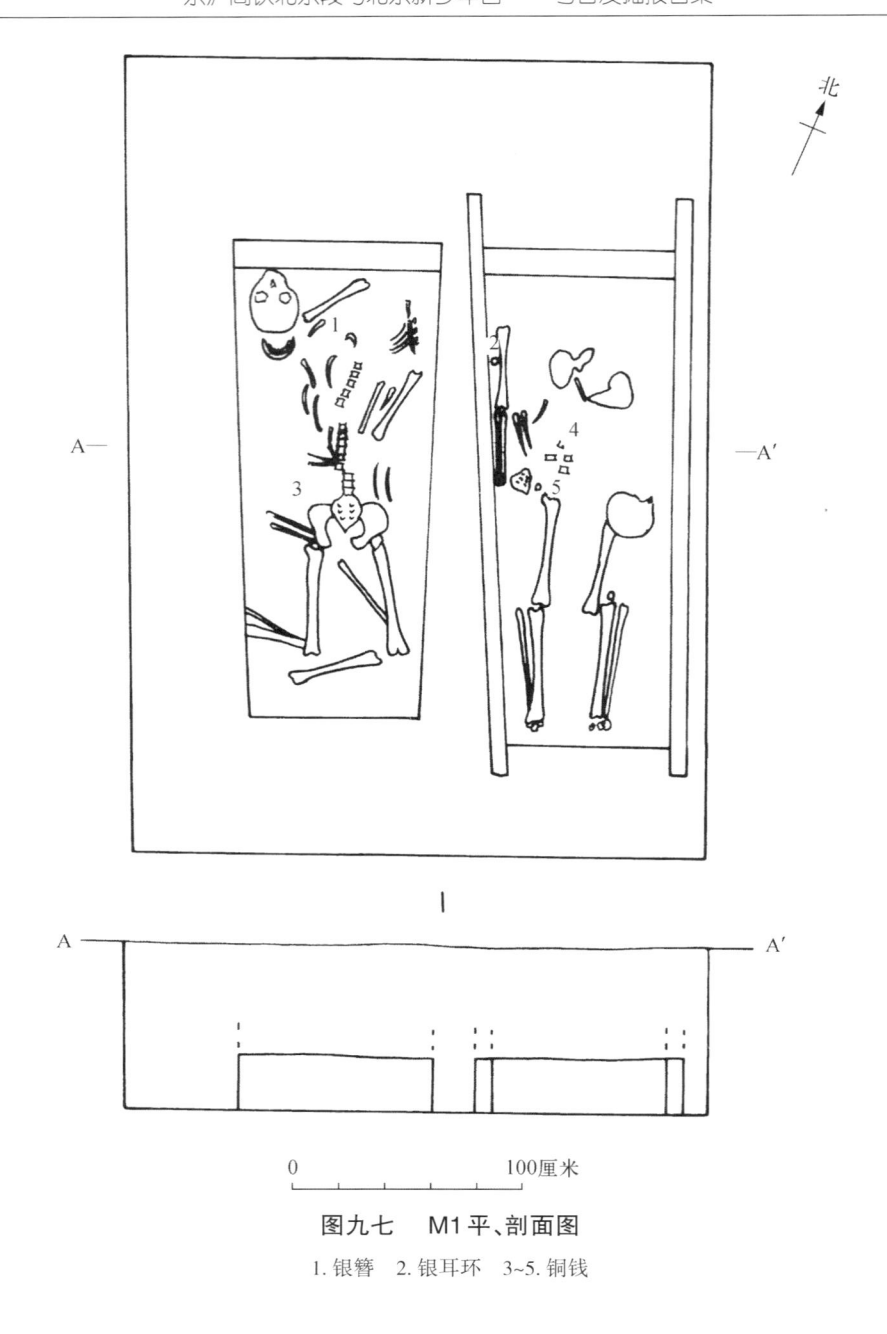

图九七　M1平、剖面图
1. 银簪　2. 银耳环　3~5. 铜钱

光绪通宝1枚。M1：3，圆形无穿，正面铸字，上为"光绪通宝"，下为"约"字，右左为"□申"，背面无文。钱径1.67厘米（图一〇二，1）。

大清铜币1枚。M1：4，圆形无穿，正面铸字，中为"大清铜币"，右左为"丁□"，上下文字不清，背面无文。钱径2.95厘米（图一〇二，2）。

宣统通宝2枚。标本M1：5，圆形方穿，双面有郭，正面铸"宣统通宝"，上下右左对读，背穿左右为满文。钱径1.9、穿径0.5厘米（图一〇二，3）。

M4：位于发掘区的中部，南邻M9，北邻M11，南北向，方向13°。墓室南北长2.70、东西宽

1.86~2.48、深0.60米。墓口距地表0.65米,墓底距地表1.25米。内填花土,土质稍硬。棺内骨架保存一般,均为仰身直肢葬(图九八;彩版三七,1)。

出土铜钱8枚,均为乾隆通宝。

标本M4:2、M4:3,圆形方穿,双面有郭,郭较宽,正面铸"乾隆通宝",上下右左对读,背穿左右为满文。钱径2.4、穿径0.66厘米(图一〇二,4、5)。

M5:位于发掘区的西部,南邻M11,南北向,方向360°。墓室南北长2.60、东西宽2.06、深1.50

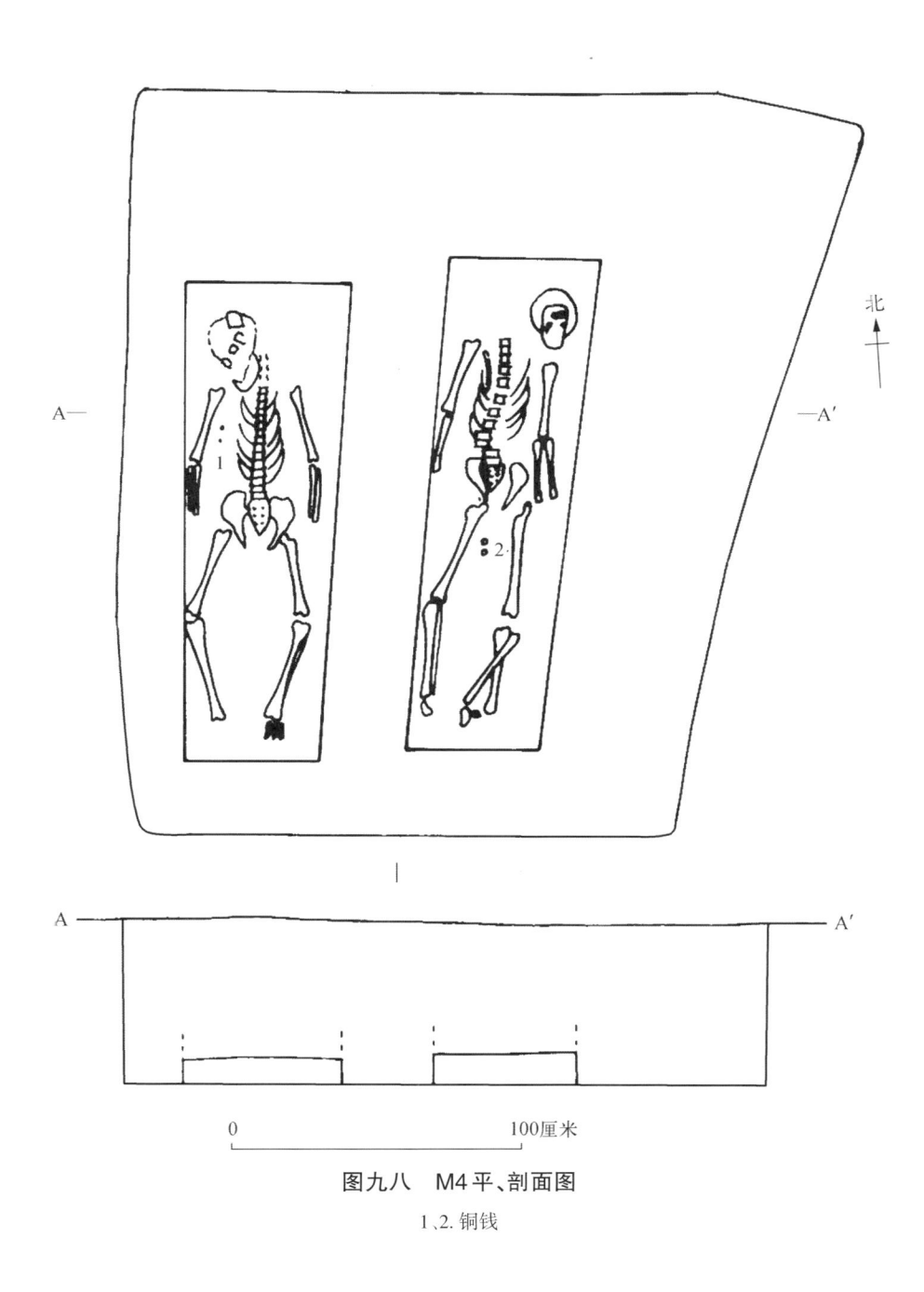

图九八 M4平、剖面图
1、2.铜钱

米。墓口距地表0.65米,墓底距地表2.15米。内填花土,土质稍硬。棺内骨架除头骨残缺外,其他部位基本完好,为仰身直肢葬(图九九;彩版三七,2)。

出土随葬器物有青瓷罐2件、金耳环2件、银簪9件、铜饰1件和铜钱26枚。

青瓷罐2件。M5:5,直口,平沿,矮颈微束,圆唇,圆肩,下腹弧收,平底内凹。内壁留有轮制痕迹。口径8、通高12、底径7.8厘米(图一〇〇,4;彩版四一,3)。

图九九　M5平、剖面图

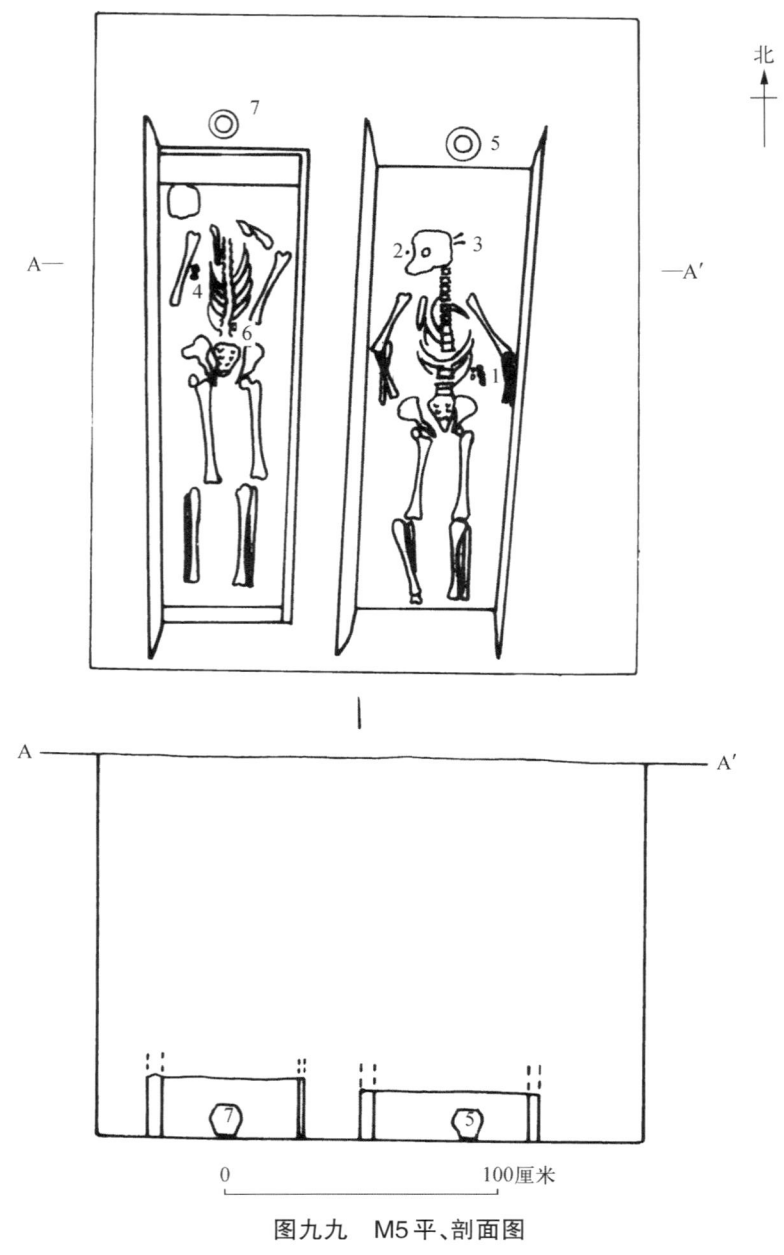

1. 铜钱　2. 金耳环　3. 银簪　4. 铜钱　5. 瓷罐　6. 铜饰　7. 瓷罐

M5：7，直口微敛，弧沿，圆唇，矮颈，弧肩，圆腹，下腹弧收，近底部折收，平底内凹。内壁下部有轮制痕迹。口径7.8、通高13.4、底径7.8厘米（图一〇〇，5；彩版四一，4）。

金耳环2件，式样相同。标本M5：2-1，呈圆形，一端为锥状，一端呈龙头形。直径1.9厘米（图一〇〇，3；彩版四一，5、6）。

银簪9件。M5：3-1，簪体呈扁条形，簪首卷曲，两端錾刻梅花图案，背面錾刻"万历"二字。通长18.8、宽0.8~1.2厘米（图一〇〇，6；彩版四二，1）。

M5：3-2、M5：3-3，两件式样相同。标本M5：3-2，簪体呈圆锥形，簪首呈梅花状。通长13.3厘米（图一〇一，1；彩版四二，2、3）。

M5：3-4，簪体呈圆锥形，簪首呈葵花状。通长12.9厘米（图一〇一，2；彩版四二，4）。

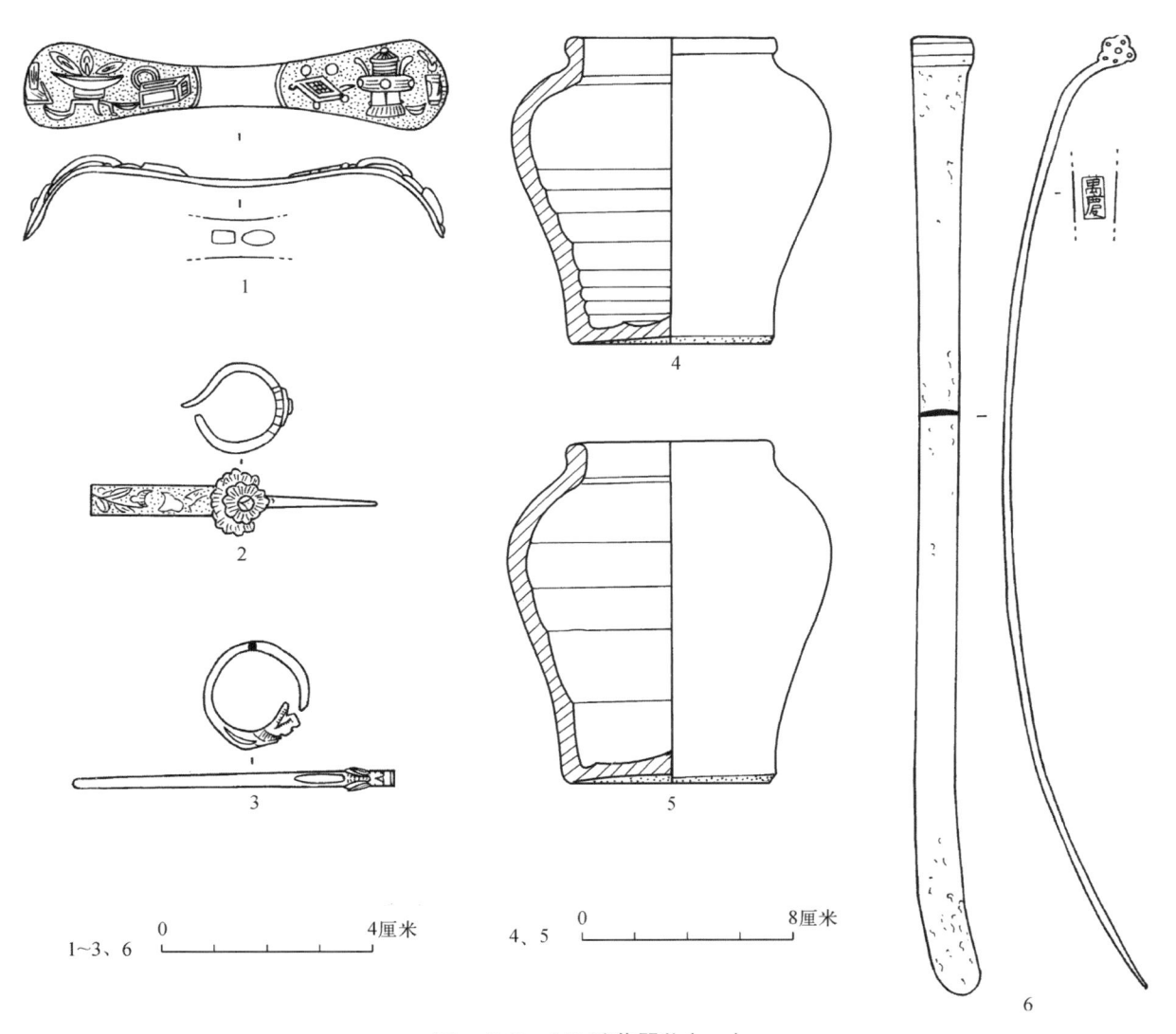

图一〇〇　M5随葬器物（一）

1. 银簪（M1：1）　2. 银耳环（M1：2）　3. 金耳环（M5：2-1）　4、5. 青瓷罐（M5：5、M5：7）　6. 银簪（M5：3-1）

M5：3-5、M5：3-6，两件式样相同。标本M5：3-5，簪体呈扁条锥状，簪首呈扁半圆形，下部残，上部錾刻梅花花纹。残长11、宽0.2~0.4厘米（图一〇一,3；彩版四二5、6）。

M5：3-7，簪体呈圆锥形，簪首呈莲花包珠状，下有竹节状凸棱与簪体连接。通长11.8厘米（图一〇一,4；彩版四三,1）。

M5：3-8、M5：3-9，两件式样相同。标本M5：3-8，簪体扁平，尾部尖锐，簪首呈花叶状，錾刻如意云龙花纹，簪首中部为二龙戏珠。通长15.1厘米（图一〇一,5；彩版四三2、3）。

铜饰件1件。M5：6，圆形呈饼状，背面錾刻"夏囗"。直径2.6~2.8、厚0.8厘米（图一〇一,6；彩版四三,4）。

铜钱26枚。有康熙通宝、乾隆通宝两种。

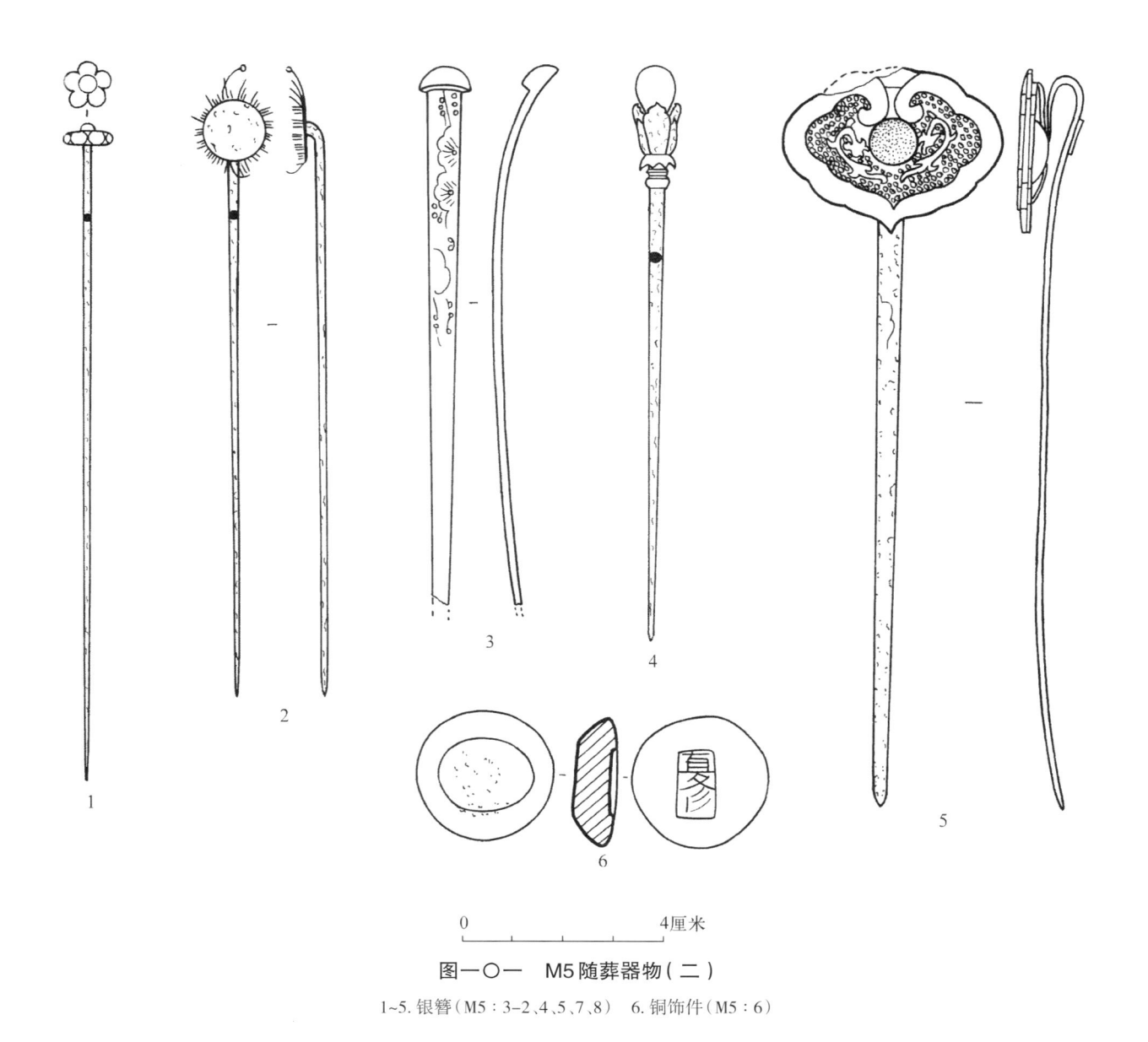

图一〇一　M5随葬器物（二）

1~5. 银簪（M5：3-2、4、5、7、8）　6. 铜饰件（M5：6）

康熙通宝14枚。标本M5：4-1，双面有郭，背面郭较宽，正面铸"康熙通宝"，上下右左对读，背穿左右为满文。钱径2.90、穿径0.66厘米（图一〇二，6）。

乾隆通宝12枚。标本M5：1、M5：4-2，双面有郭，正面铸"乾隆通宝"，上下右左对读，背穿左右为满文。M5：1钱径2.15、穿径0.66厘米（图一〇二，7）。M5：4-2钱径2.32、穿径0.66厘米（图一〇二，8）。

M6：位于发掘区的中部，东邻M3，南北向，方向345°。墓室南北长2.50~3.00、东西宽2.25~2.74、深0.90米。墓口距地表0.7米，墓底距地表1.60~2.16米。内填花土，土质较硬。西棺棺内骨架凌乱，已分辨不清葬式；东棺已朽，棺内骨架除头部残缺外，其他部位保存较好，墓主为成年男性，仰身直肢葬，头枕一残砖块（图一〇三；彩版三八，1）。

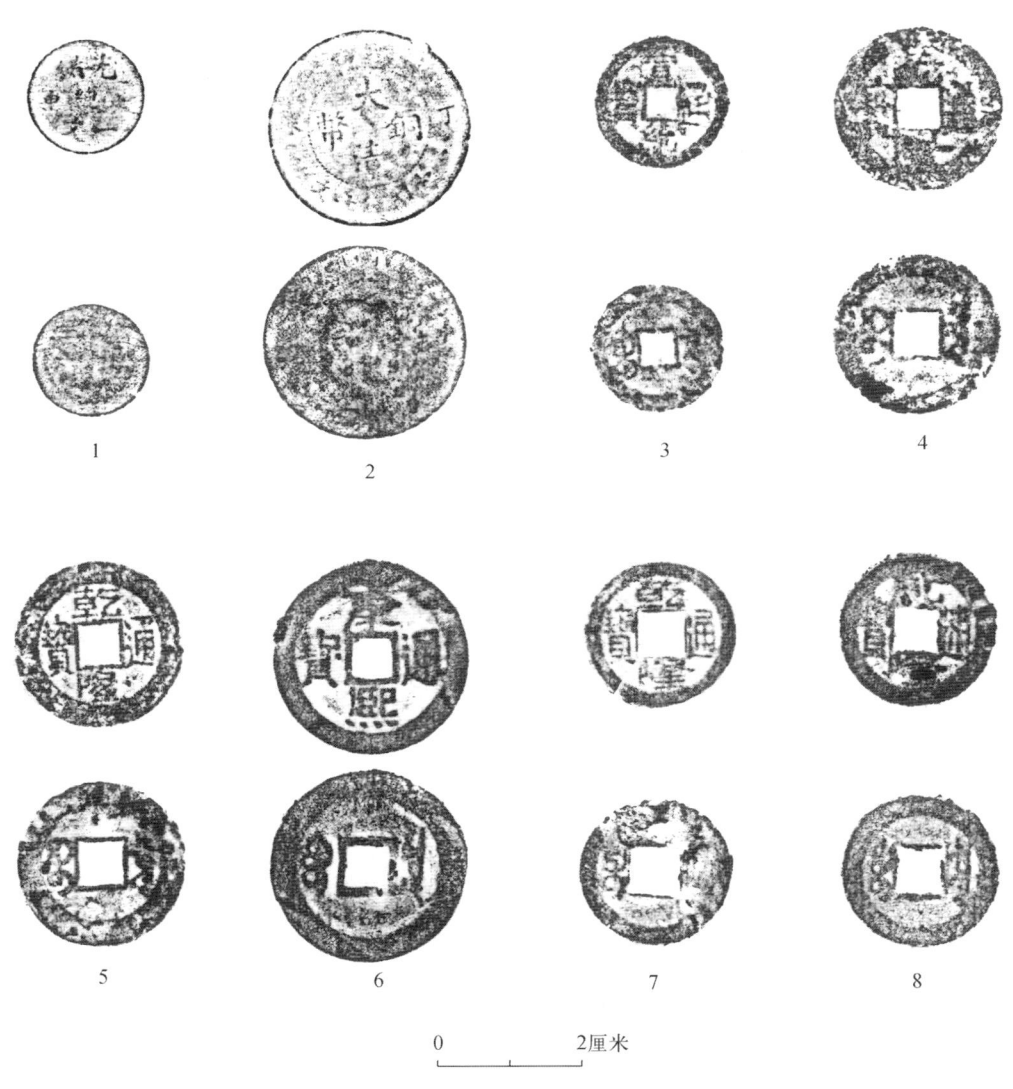

图一〇二　M1、M4和M5随葬铜钱

1. M1：3　2. M1：4　3. M1：5　4. M4：2　5. M4：3　6. M5：4-1　7. M5：1　8. M5：4-2

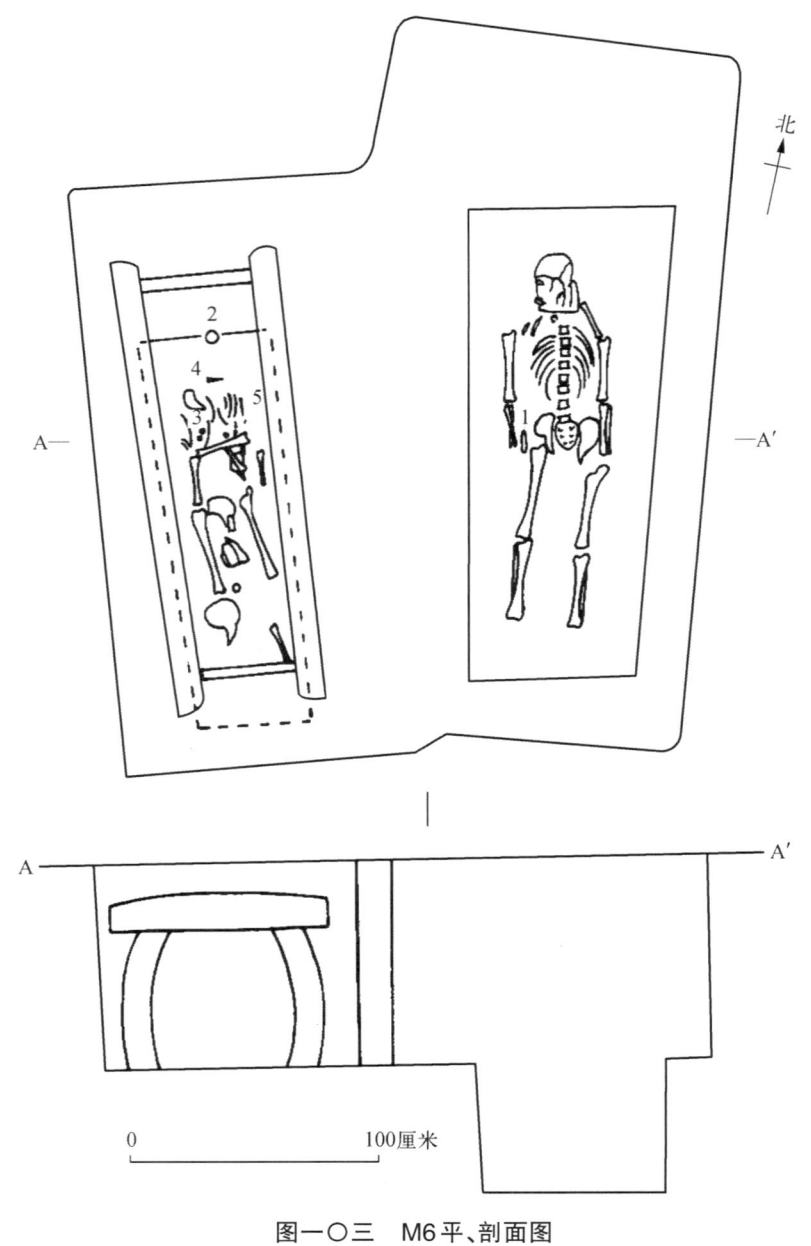

图一〇三　M6平、剖面图
1.鼻烟壶　2.铜钱　3.铜耳环　4.银扁方　5.铜簪

出土随葬器物有鼻烟壶1件、铜簪3件、银扁方1件、铜耳环2件和铜钱3枚。

鼻烟壶1件。M6:1，直口，圆唇，斜肩，直壁，矮圈足。盖已失。胎土细白，白色底釉。瓶身以粉彩绘游鱼、水草图案，壶底有篆书"乾隆年制"四字款。内插骨质小勺1把。口径1.3、高7.8、底径2.4厘米（图一〇四,1；彩版四三,5）。

铜簪3件。簪体呈圆锥形，均鎏金。M6:5-1，簪首为一佛手，手指粗短，拇指与食指合拢，内有一圆环，簪手与簪身之间为云头形手腕。通长16.5厘米（图一〇五,1；彩版四三,6）。

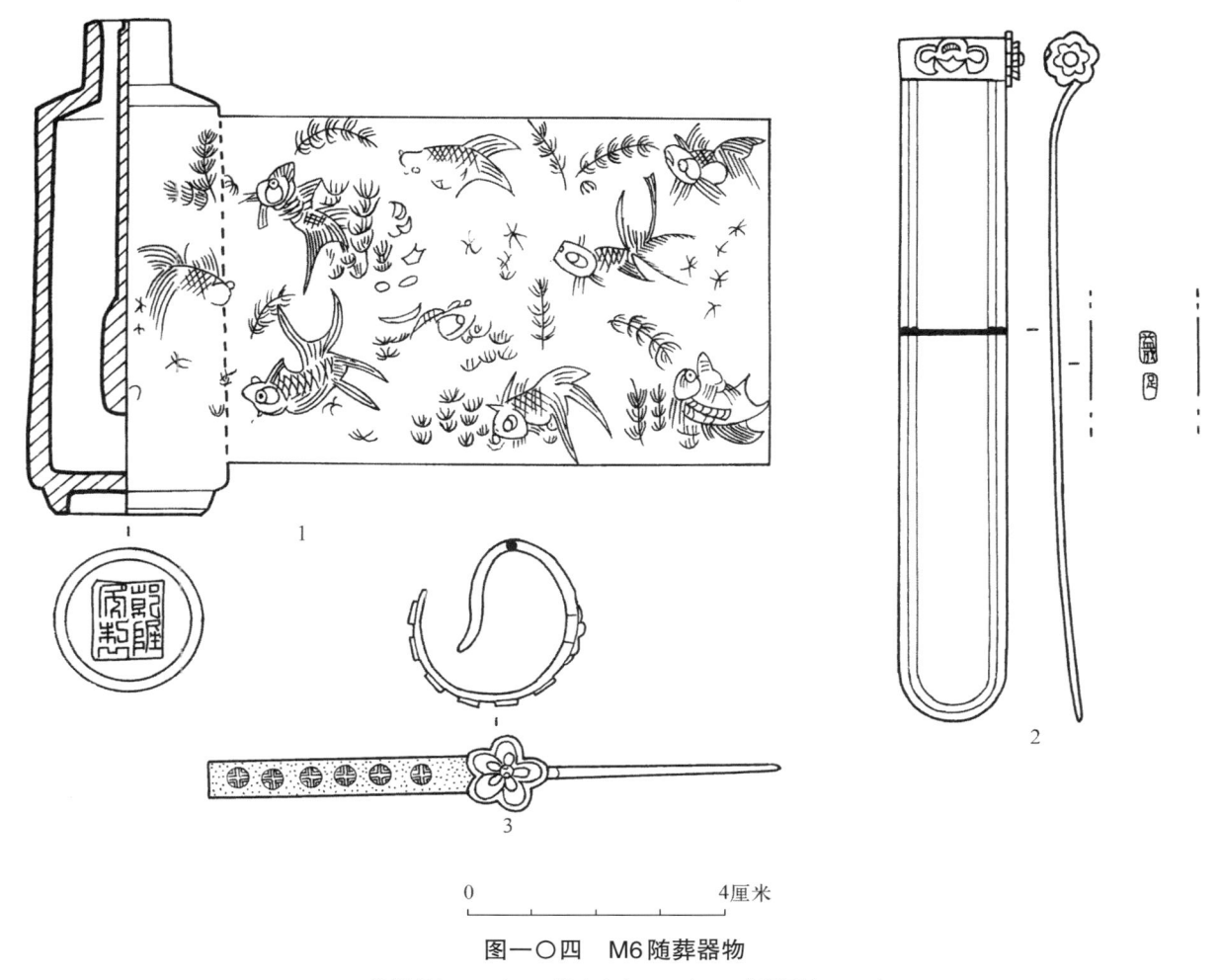

图一〇四　M6随葬器物
1. 鼻烟壶（M6：1）　2. 银扁方（M6：4）　3. 铜耳环（M6：3）

M6：5-2，簪首为一握拳式佛手，拇指与食指合拢，内有一圆环，节状手腕式。通长11.9厘米（图一〇五，2；彩版四四，1）。

M6：5-3，簪首为铜丝绕成的六面形禅杖，由多个小铜球组成葫芦形簪顶，簪首与簪身之间为竹节状手腕。通长14.4厘米（图一〇五，3；彩版四四，2）。

银扁方1件。M6：4，呈扁条形，簪首卷曲，上面錾刻一蝙蝠，卷首两端各镶嵌一錾刻梅花，下部呈弧形，背面錾刻"意成"二字。通长11、宽1.7厘米（图一〇四，2；彩版四四，3）。

铜耳环2件，形制相同，均鎏金。标本M6：3，近圆形，一端细长呈锥状，中部錾刻梅花一朵，宽端錾刻吉祥图案6个。直径2.7厘米（图一〇四，3；彩版四四，4）。

铜钱3枚　均为光绪重宝。标本M6：2，双面有郭，郭较宽，正面铸"光绪重宝"，背穿左右为满文。钱径2.70、穿径0.60厘米（图一一五，1）。

M9：位于发掘区的西部，东邻M12，东西向，方向330°。墓室南北长2.60~2.95、东西宽3.32~3.36、深0.50米。墓口距地表0.60米，墓底距地表1.10米。内填花土，土质稍硬。棺内骨架

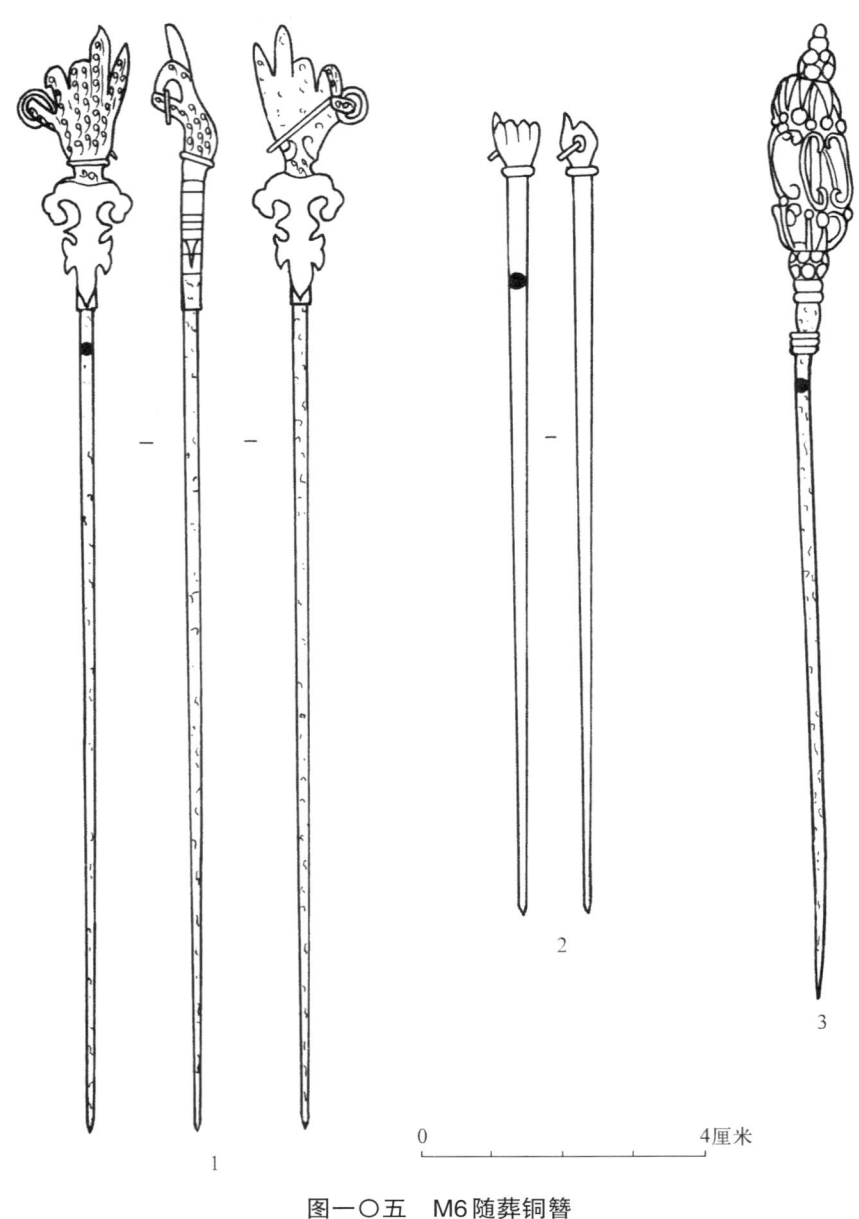

图一〇五　M6 随葬铜簪

1. M6：5-1　2. M5：5-2　3. M6：5-3

保存一般，均为仰身直肢葬（图一〇六；彩版三九，1）。西棺的墓主为成年女性，东棺的墓主为成年男性。

出土随葬器物有银扁方1件、银簪2件和铜钱3枚。

银扁方1件。M9：1-1，呈扁条形，首卷曲，下部呈圆弧形，上部錾刻一吉祥（寿）图案，下部纹饰模糊不清。通长11.9、宽2.4厘米（图一一四，2；彩版四四，5）。

银簪2件。标本M9：1-2，簪首为禅杖形，簪体细长呈圆锥状，簪首鎏金。通长15厘米（图一一四，1；彩版四四，6）。

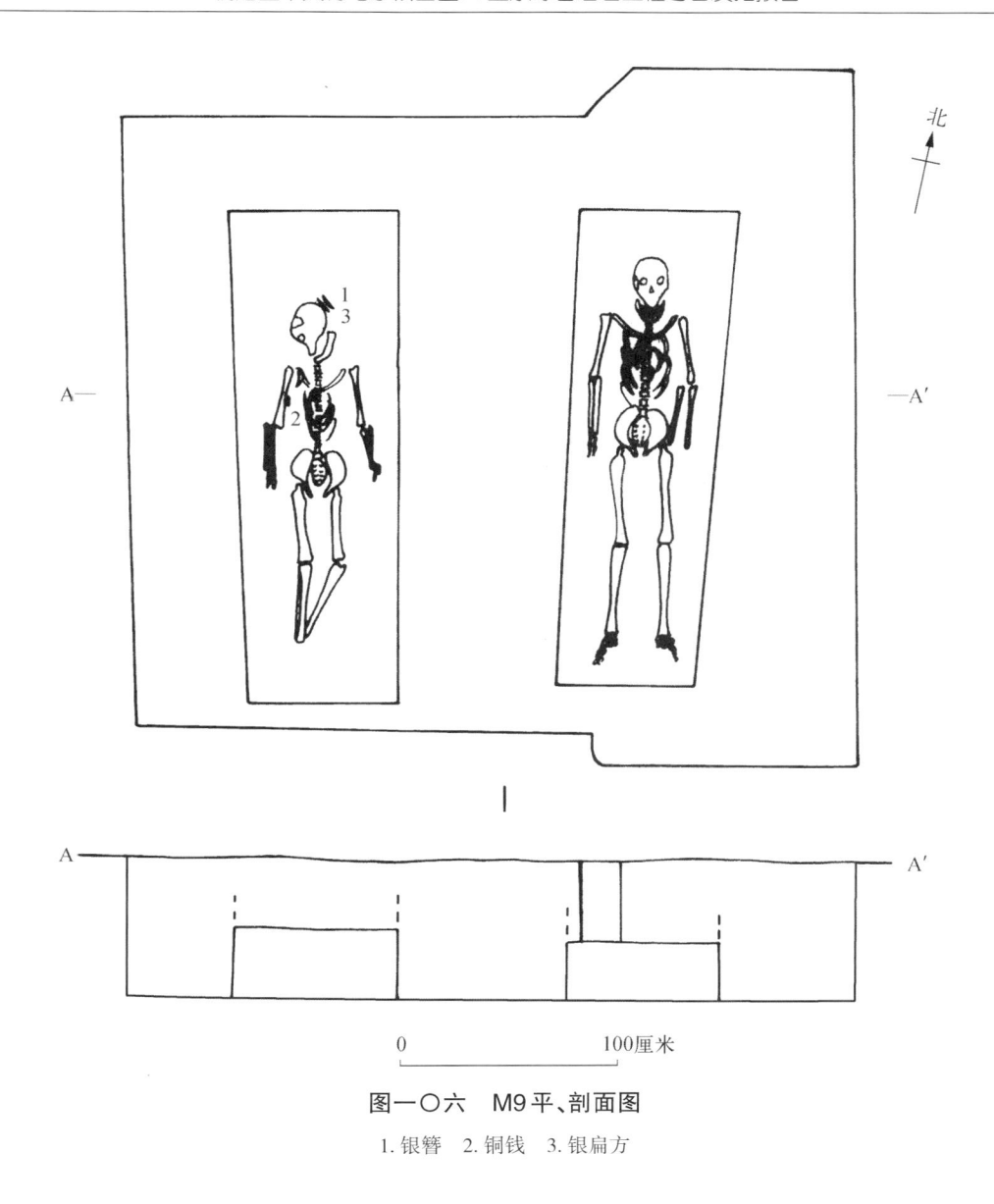

图一〇六　M9平、剖面图
1. 银簪　2. 铜钱　3. 银扁方

铜钱3枚。

嘉靖通宝。M9:2-1，双面有郭，正面铸"嘉靖通宝"，背穿左右为满文。钱径2.20、穿径0.60厘米。（图一一五，2）。

道光通宝。M9:2-2，双面有郭，正面铸"道光通宝"，背穿左右为满文。钱径1.90、穿径0.70厘米。（图一一五，3）。

咸丰通宝。M9:2-3，双面有郭，郭较窄，正面铸"咸丰通宝"，背穿左右为满文。钱径2.00、穿径0.60厘米。（图一一五，4）。

M11：位于发掘区的中部，南邻M4，南北向，方向0°。墓室南北长2.28~2.60、东西宽1.76~1.90、深0.94~1.14米。墓口距地表0.50米，墓底距地表1.44~1.64米。

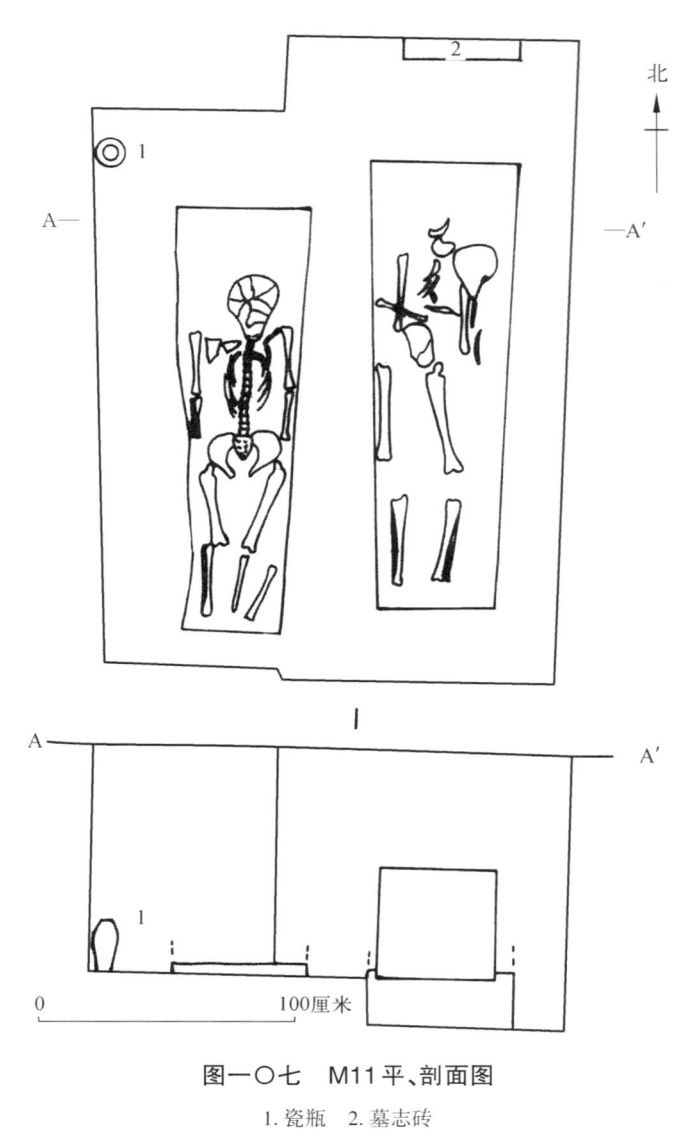

内填花土，土质稍硬。西棺内骨架保存较好，为仰身直肢葬；东棺内骨架保存凌乱，葬式不清。在东棺墓室北壁上放一方砖墓志，正面字迹已被腐蚀，背面画有八个方位的图样，中间写有"中宫"二字，其他八个方位各写一字。方砖规格为0.46×0.46×0.07米（图一〇七；彩版四〇，1）。

出土随葬器物有瓷瓶1件、墓志砖1块。

瓷瓶1件。M11：1，粗瓷，酱色釉，整体呈枣核形，口、底均较小，直口微敛，平唇，颈部有一周凸棱，弧肩，鼓腹，小平底。腹下部饰数道凹弦纹。口径4.2、底径4.8、通高21.4厘米（图一一四，3；彩版四五，1）。

墓志砖1件。M11：2，方形，上面绘有红色的八卦图案（☰ ☱ ☲ ☳ ☴ ☵ ☶ ☷），中间写有"中宫"二字，外写"乾、坎、艮、震、巽、离、坤、兑"八字。墓志砖规格为0.46×0.46×0.07米。

M12：位于发掘区的南部，南北向，方向355°。墓室南北长2.70~2.88、东西宽2.38~2.59、深2.00米。墓口距地表0.50米，墓底距地表2.50米。内填花土，土质稍硬。骨架保存凌乱，葬式不清（图一〇八；彩版四〇，2）。

出土随葬器物有料珠3件、铜钱12枚。

图一〇七 M11平、剖面图
1. 瓷瓶 2. 墓志砖

料珠3件。大小相同，呈浅蓝色。标本M12：2，整体呈球形，中间有穿孔。直径1.1、孔径0.4厘米（图一一四，4；彩版四五，2）。

铜钱12枚。均为乾隆通宝。标本M12：1-1，双面有郭，正面铸"乾隆通宝"，背穿左右为满文。钱径2.20、穿径0.60厘米（图一一五，5）。

（二）单棺墓葬

M3：位于发掘区的东部，东北邻M7，南北向，方向330°。墓室南北长2.46、东西宽1.00、深0.50米。墓口距地表0.65米，墓底距地表1.15米。内填花土，土质稍硬。棺内骨架除头部移位外，其他部位保存较好，为仰身直肢葬（图一〇九；彩版三六，1）。

出土随葬器物有陶罐1件。

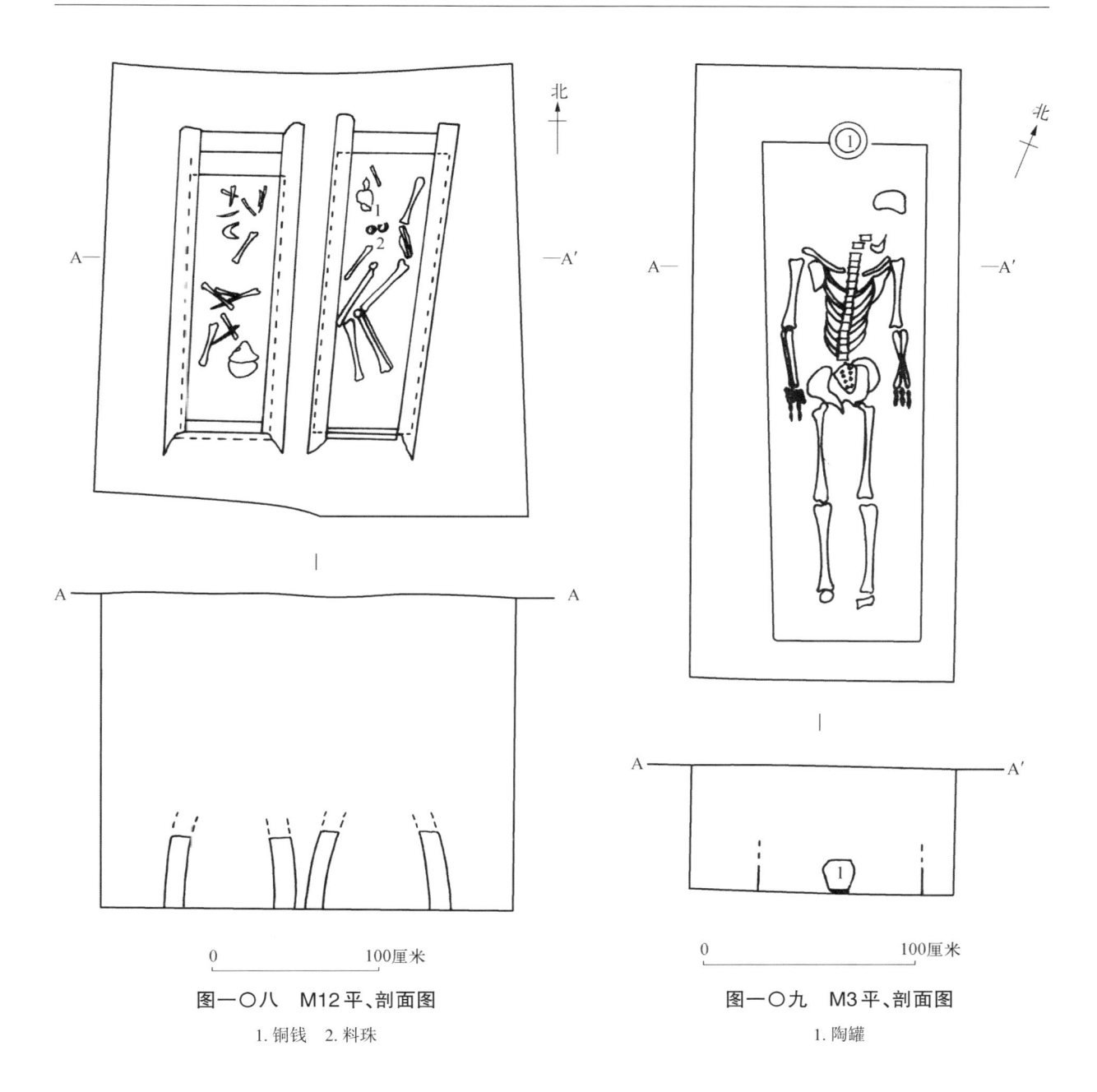

图一〇八 M12平、剖面图
1. 铜钱 2. 料珠

图一〇九 M3平、剖面图
1. 陶罐

陶罐1件。M3：1，侈口，近平沿，尖圆唇，束颈，圆腹，束腰，平底。通体施黄色釉。内壁下半部留有轮制痕迹。口径8.6、底径8.6、通高11.8厘米（图一一四，6）。

（三）迁出墓

M2：位于发掘区的北部，东西向，方向50°。墓室东西长2.70~2.82、南北宽2.16~2.20、深1.10米。墓口距地表0.60米，墓底距地表1.70米。内填花土，土质稍硬。未发现骨架。未发现随葬品（图一一〇；彩版三六，2）。

图一一〇　M2平、剖面图

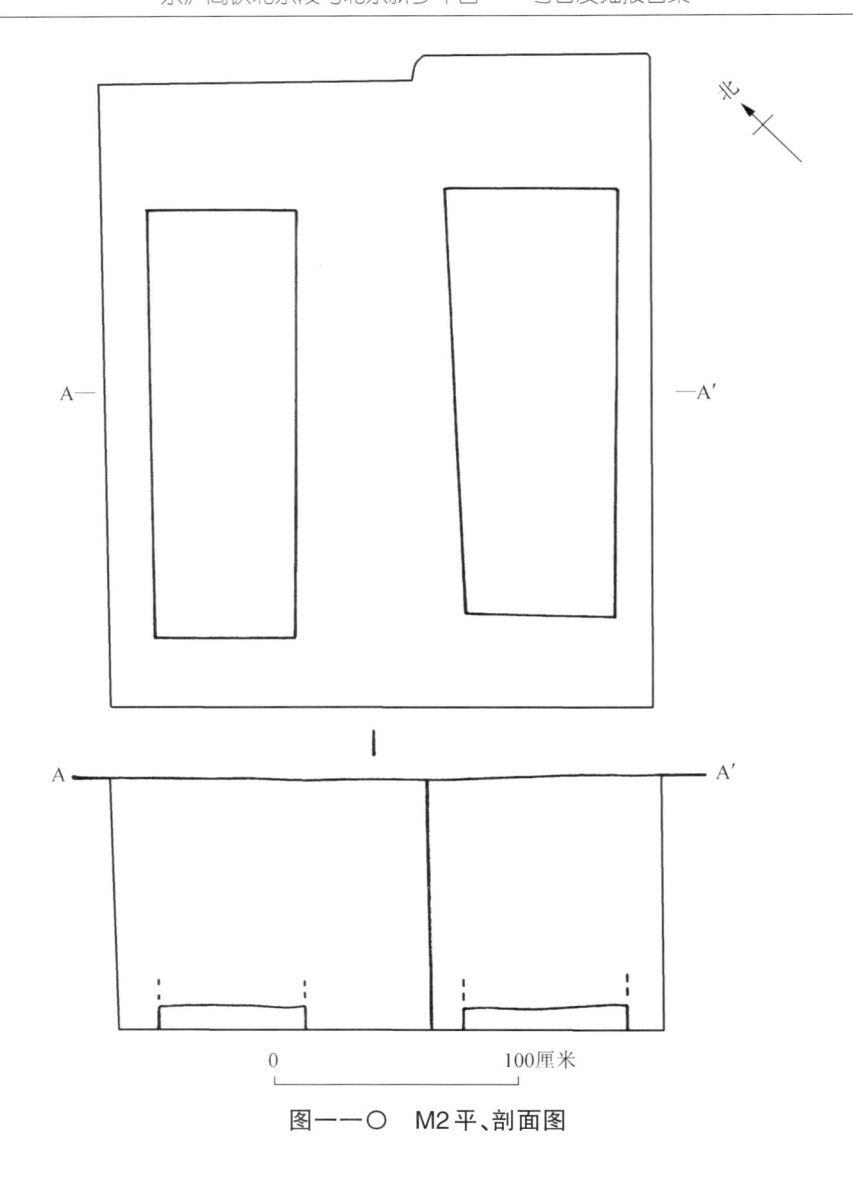

M7：位于发掘区的东部，南邻M3，南、北部被两近代坑打破，南北向，方向357°。墓室南北残长1.20~1.30、东西宽1.30、深0.60米。墓口距地表0.65米，墓底距地表1.25米。内填花土，土质稍硬。未发现骨架及葬具（图一一一）。

M8：位于发掘区的东北部，南北向，方向330°。墓室南北长2.95、东西宽1.20~1.26、深0.30米。墓口距地表0.60米，墓底距地表0.90米。内填花土，土质稍硬。未发现骨架及葬具（图一一二；彩版三八，2）。

M10：位于发掘区西部，南北向，方向335°。墓室南北长2.70、东西宽1.40~1.76、深0.60米。墓口距地表0.60米，墓底距地表1.20米。内填花土，土质稍硬。未发现骨架（图一一三；彩版三九，2）。

出土随葬器物有陶罐1件和铜钱2枚。

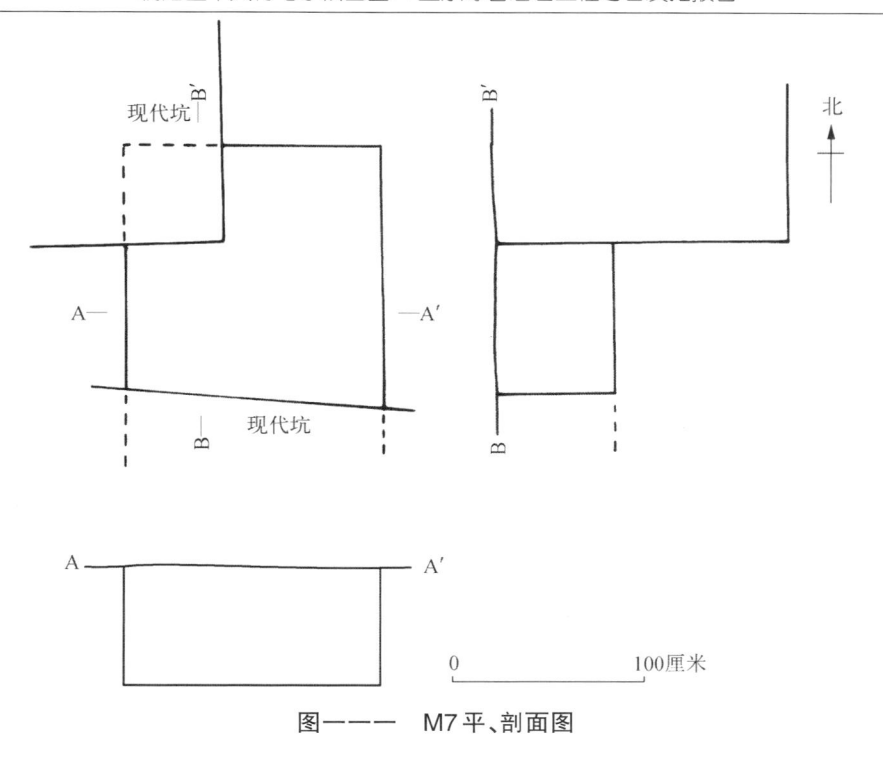

图一一一 M7平、剖面图

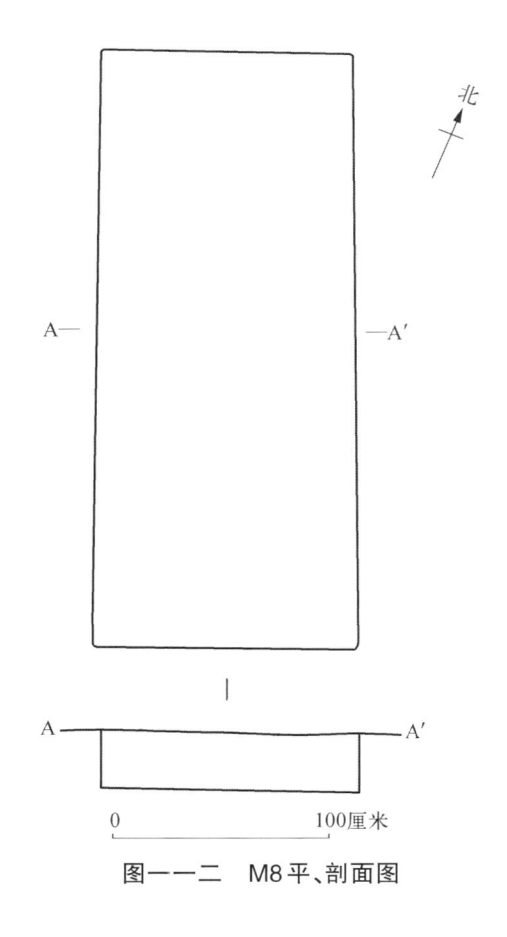

图一一二 M8平、剖面图

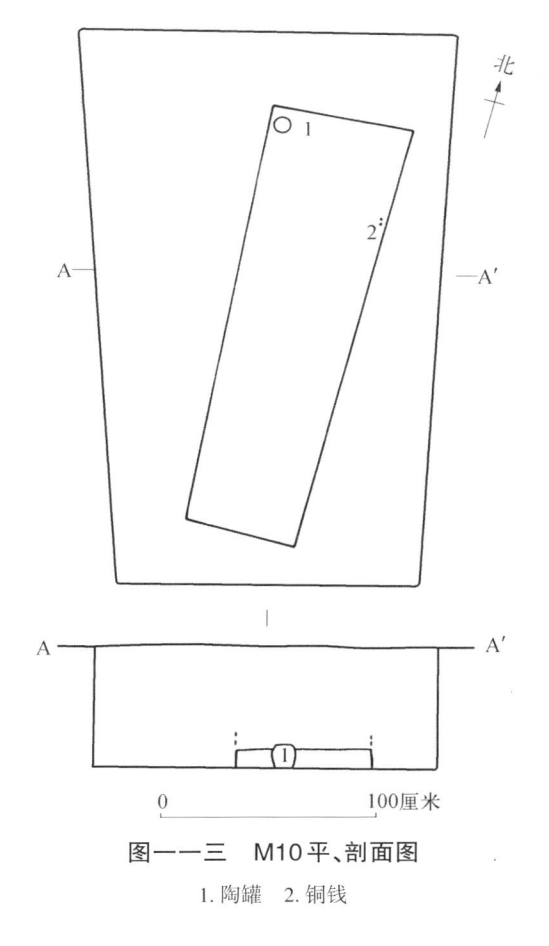

图一一三 M10平、剖面图

1. 陶罐 2. 铜钱

陶罐1件。M10：1，侈口，斜直沿，尖唇，束颈，圆腹，束腰，平底内凹。通体施黄色釉，已脱落。内壁下半部留有轮制痕迹。口径8.6、底径8.6、通高11.8厘米（图一一四，5；彩版四五，3）。

铜钱2枚，光绪通宝和宣统通宝各1枚。

光绪通宝。M10：2-1，双面有郭，正面铸"光绪通宝"，背穿左右为满文。钱径1.80、穿径0.60厘米（图一一五，6）。

宣统通宝。M10：2-2，双面有郭，正面铸"宣统通宝"，背穿左右为满文。钱径1.85、穿径0.50厘米（图一一五，7）。

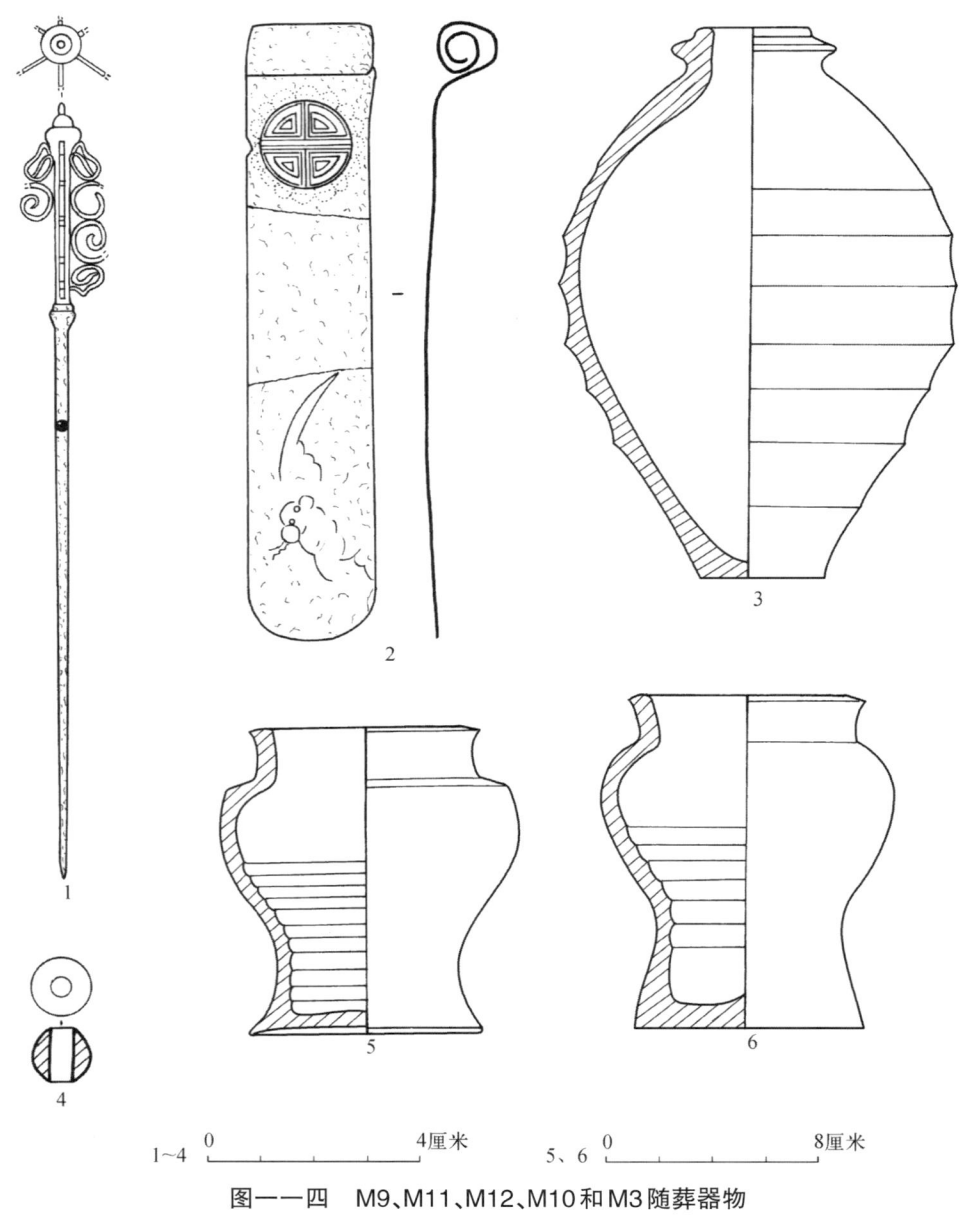

图一一四　M9、M11、M12、M10和M3随葬器物

1. 银簪（M9：1-2）　2. 银扁方（M9：1-1）　3. 瓷瓶（M11：1）　4. 料珠（M12：2）　5. 陶罐（M10：1）　6. 陶罐（M3：1）

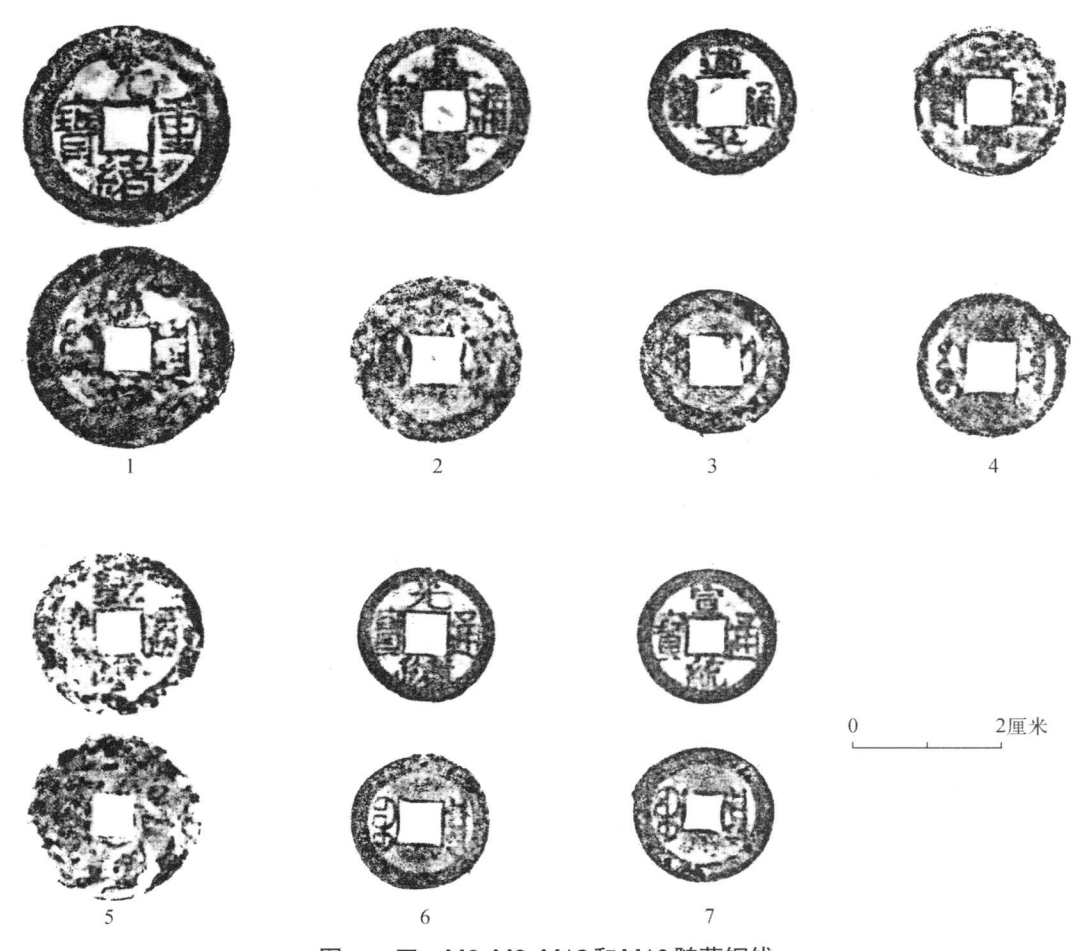

图一一五　M6、M9、M12和M10随葬铜钱
1. M6:2　2. M9:2-1　3. M9:2-2　4. M9:2-3　5. M12-1-1　6. M10:2-1　7. M10:2-2

三、小　结

本次发掘的墓葬以双棺墓为主，有7座，占墓葬总数的58.3%；迁出墓次之，为4座，占墓葬总数的33.3%；单棺墓仅1座，占墓葬总数的8.4%。

从墓葬的形制、出土器物，特别是随葬铜钱看，这批墓葬的时代应为清代中晚期。特别是M1已出"宣统通宝"，年代下限已至近代。这批墓葬的方向、排列似无规律，较为散乱。在发掘区以东位置，也曾发现过多座清代晚期墓葬[①]。所以这里有可能是清代中晚期以来望京地区的公共墓地。

---

① 北京市文物研究所2009年5月发掘资料。

附 墓葬登记表

单位：米

墓号	层位	方向	墓口 长×宽-深	墓底 长×宽-深	深度	葬式	人骨保存情况	头向及面向	性别及年龄	随葬品	备注
M1	②层下	340°	2.94×(2.04~2.08)—0.30	2.94×(2.04~2.08)—0.90	0.60		较差	北		银簪1、铜钱4、银耳环1	合葬
M2	②层下	50°	(2.70~2.82)×(2.16~2.20)—0.60	(2.70~2.82)~(2.16~2.20)—1.70	1.10						迁出
M3	②层下	330°	2.46×1.00—0.65	2.46×1.00—1.15	0.50	仰身直肢	较好	北		陶罐1	单棺
M4	②层下	13°	2.70×(1.86~2.48)—0.65	2.70×(1.86~2.48)—1.25	0.60	仰身直肢	一般	北		铜钱8	合葬
M5	②层下	360°	2.60×2.60—0.65	2.60×2.60—2.15	1.50	仰身直肢	头骨残缺，其他基本完好	北		青瓷罐2、金耳环3、铜簪9、铜饰1、铜钱26	合葬
M6	②层下	345°	(2.50~3)×(2.25~2.74)—0.70	(2.50~3.00)×(2.25~2.74)—(1.60~2.16)	0.90~1.46	仰身直肢	较差	北	东棺男	鼻烟壶1、铜耳环3、铜簪3、银扁方1	合葬
M7	②层下	357°	(1.20~1.30)×1.30—0.65	(1.20~1.30)×1.30—1.25	0.60						迁出
M8	②层下	330°	2.95×(1.20~1.26)—0.60	2.95×(1.20~1.26)—0.90	0.30						迁出
M9	②层下	330°	(2.60~2.95)×(3.32~3.36)—0.60	(2.6~2.95)×(3.32~3.36)—1.10	0.50	仰身直肢	一般	北	西棺女、东棺男	铜钱3、银扁方1、铜簪2	合葬
M10	②层下	335°	2.7×(1.40~1.76)—0.60	2.7×(1.40~1.76)—1.20	0.60					铜钱2、陶罐1	迁出
M11	②层下	0°	(2.28~2.60)×(1.76~1.90)—0.50	(2.28~2.60)×(1.76~1.90)—(1.44~1.64)	0.94~1.14	仰身直肢	较差	北		瓷瓶1、墓志砖1	合葬
M12	②层下	355°	(2.70~2.88)×(2.38~2.59)—0.50	(2.70~2.88)×(2.38~2.59)—2.50	2.00		凌乱	北		铜钱12、料珠3	合葬

大兴区亦庄博兴七路（凉水河一街——泰河路）综合市政工程考古发掘报告

2008年6月7日，在北京市大兴区亦庄镇博兴七路（凉水河一街——泰河路）的综合市政工程建设中，发现了4座被破坏的古代墓葬。接到举报后，北京市文物研究所于7日~9日对其进行了抢救性发掘。

发掘区东邻中心路花园，北邻凉水河一街，西邻鹿海园小区，南邻泰河路（图一一六）。

图一一六　博兴七路发掘地点位置示意图

一、墓葬及出土物介绍

共清理汉代墓葬4处（图一一七）。

M1：位于发掘区中部，方向355°。开口于②层下，为长方形砖室墓。内填花土，土质较软，含有少量残砖块。底部平铺一层青砖，墓室顶部已被破坏，结构不详。墓室的西壁已坍塌，墓室南部已被施工破坏，未发现墓道，仅残存部分墓室（彩版四六，1、2）。

墓室南北长2.80、东西宽1.14、残高0.90米。墓室的东、北、西三面均用青砖相互错缝平砌而成，砖为素面青砖，用砖规格为0.26×0.14×0.05米。底部同样用青砖相互错缝平铺而成（图一一八）。

随葬器物有铜钱、陶壶。

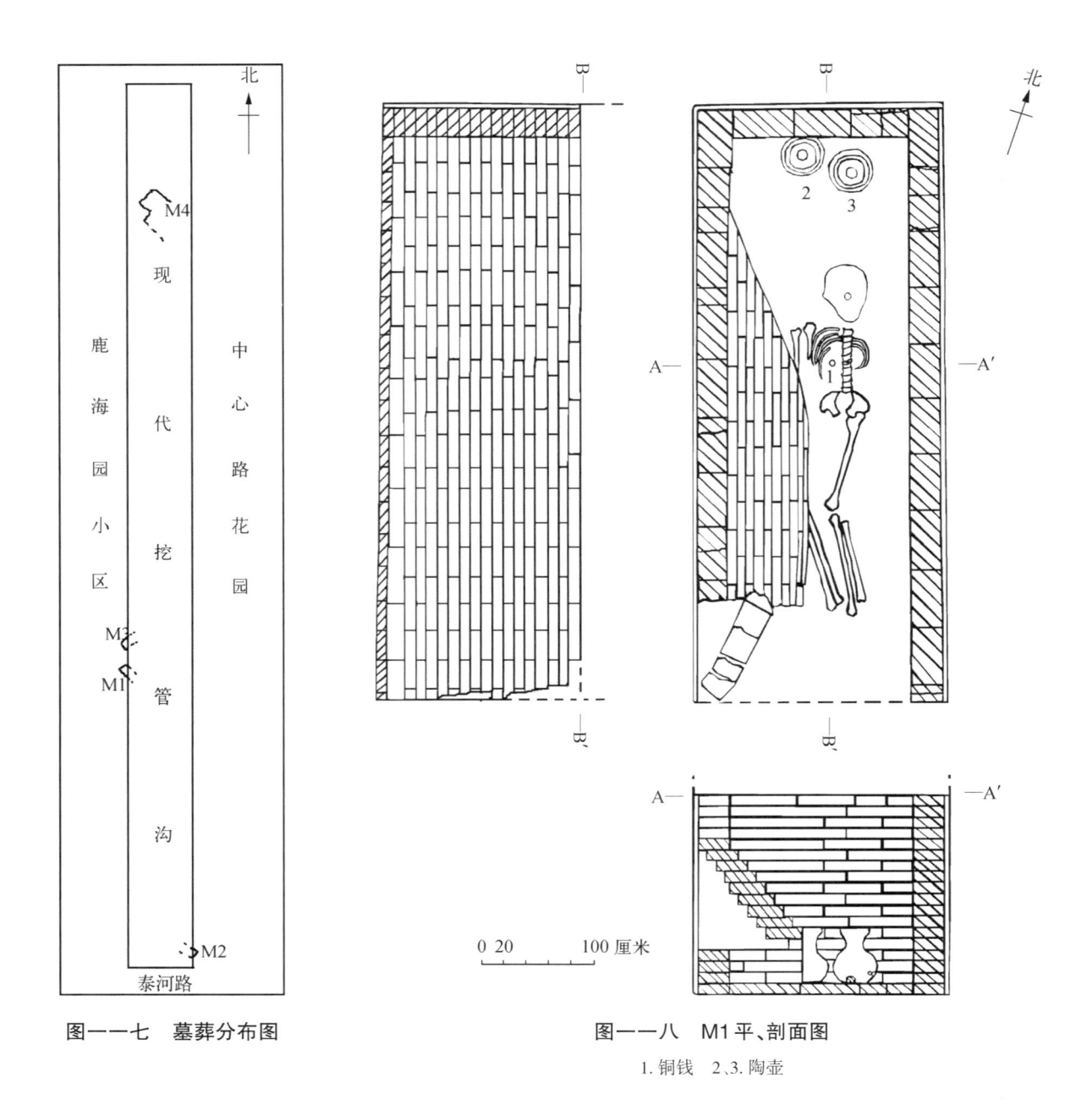

图一一七　墓葬分布图

图一一八　M1平、剖面图
1. 铜钱　2、3. 陶壶

铜钱1枚。M1：1，小平钱，圆形，方穿，双面无郭，字迹模糊不清。钱径1.3、穿径0.5厘米（图一二四，5）。

陶壶2件。M1：3，泥质灰陶，盘状口，平沿、尖圆唇、高束颈，溜肩、弧腹、平底。壶体轮制，口覆博山式盖，模制。壶腹饰四道按压窝纹。盖口径12.4、高5.8厘米，壶口径13.6、底径12.6、通高31厘米（图一一九，1；彩版四八，1）。

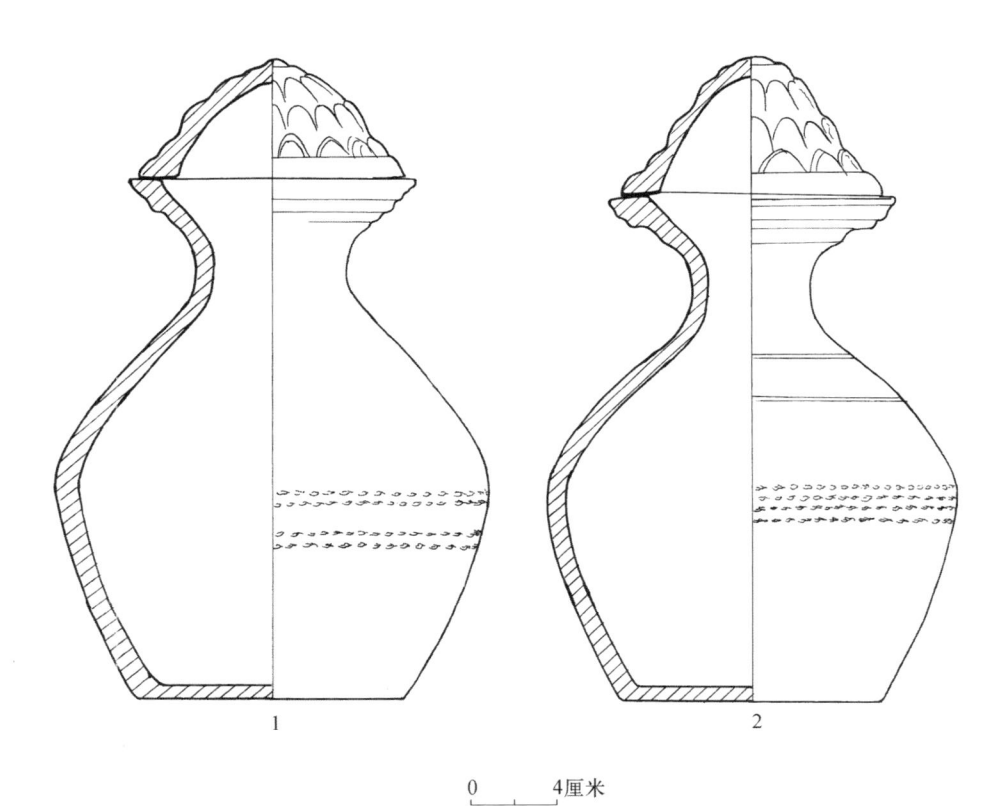

图一一九　M1随葬陶壶
1. M1：3　2. M1：4

M1：4，泥质灰陶，盘状口，平沿、尖圆唇、高束颈，溜肩、弧腹、平底。壶体轮制，口覆博山式盖，模制。肩上部饰两道凹弦纹，腹部饰四道按压窝纹。盖口径12.4、高6.6厘米，壶口径13.6、底径12.4、通高31.5厘米（图一一九，2；彩版四八，2）。

M2：位于发掘区的南部，南北向，方向355°。开口于②层下，为长方形砖室墓，四壁用青砖相互错缝平砌而成（彩版四七，1）。南北长2.44、东西宽1.15、残高0.50米。底部平铺一层青砖，铺法为一横一顺（图一二〇）。用砖规格为0.28×0.14×0.05米。

随葬器物有铜钱、玉片、陶罐。

铜钱2枚。

M2：1-1，圆形方穿，两面有郭。正面铸文"大泉五十"四字，上下右左对读。"大"字横笔

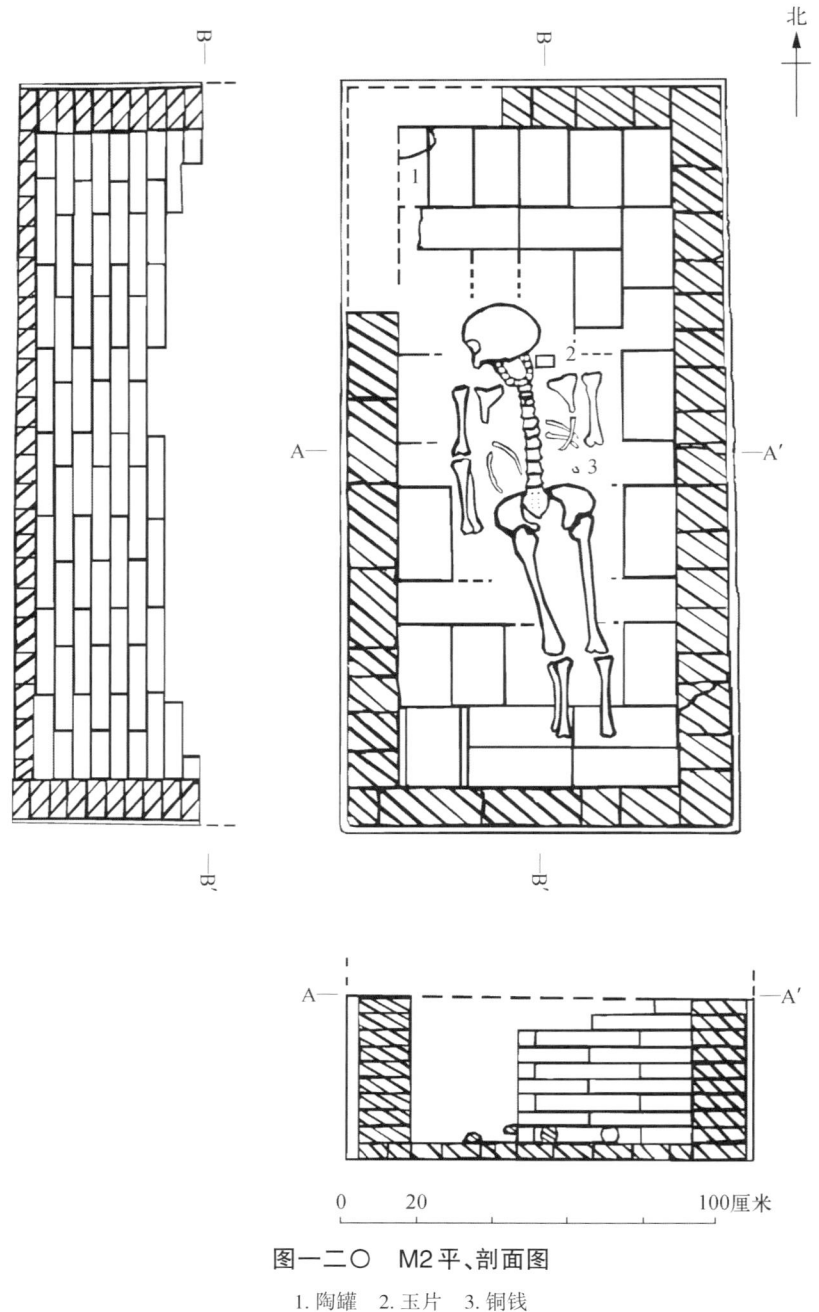

图一二〇 M2 平、剖面图
1. 陶罐 2. 玉片 3. 铜钱

两端向下弯曲呈弧状，撇捺呈竖笔，"泉"字竖笔短小，"五"字交笔弯曲，"十"字横短竖长。钱径2.6、穿径0.8厘米（图一二四，1）。

M2：1-2，圆形方穿，两面有郭，正面铸文"大泉五十"四字，上下右左对读。"大"字横笔两端向下呈斜笔，撇捺近似竖笔，"泉"字竖笔为断笔，"五"字交笔弯曲，"十"字横短竖长。钱径2.5、穿径0.8厘米（图一二四，2）。

玉片1件。M2:2，青绿色，方形，截面呈扁条状，四角各有一穿孔。正面打磨光亮，背面略粗糙。长4.4、宽4.2、厚0.4厘米（图一二一，3；彩版四八，3）。

陶罐1件。M2:3，泥质灰陶，侈口，平沿，重唇，矮束颈，溜肩，弧腹，小平底。轮制。肩至上腹部饰凹弦纹数道，腹下部饰斜向沟条纹。口径13.6、底径6.6、高26.6厘米（图一二一，1；彩版四八，4）。

M3：位于发掘区中部，方向340°。开口于②层下，为长方形竖穴土坑墓。内填花土。墓室的南部被现代管沟破坏，墓室南北残长0.70~1.10、东西宽0.60、残深0.40米（图一二二，彩版四七，2）。

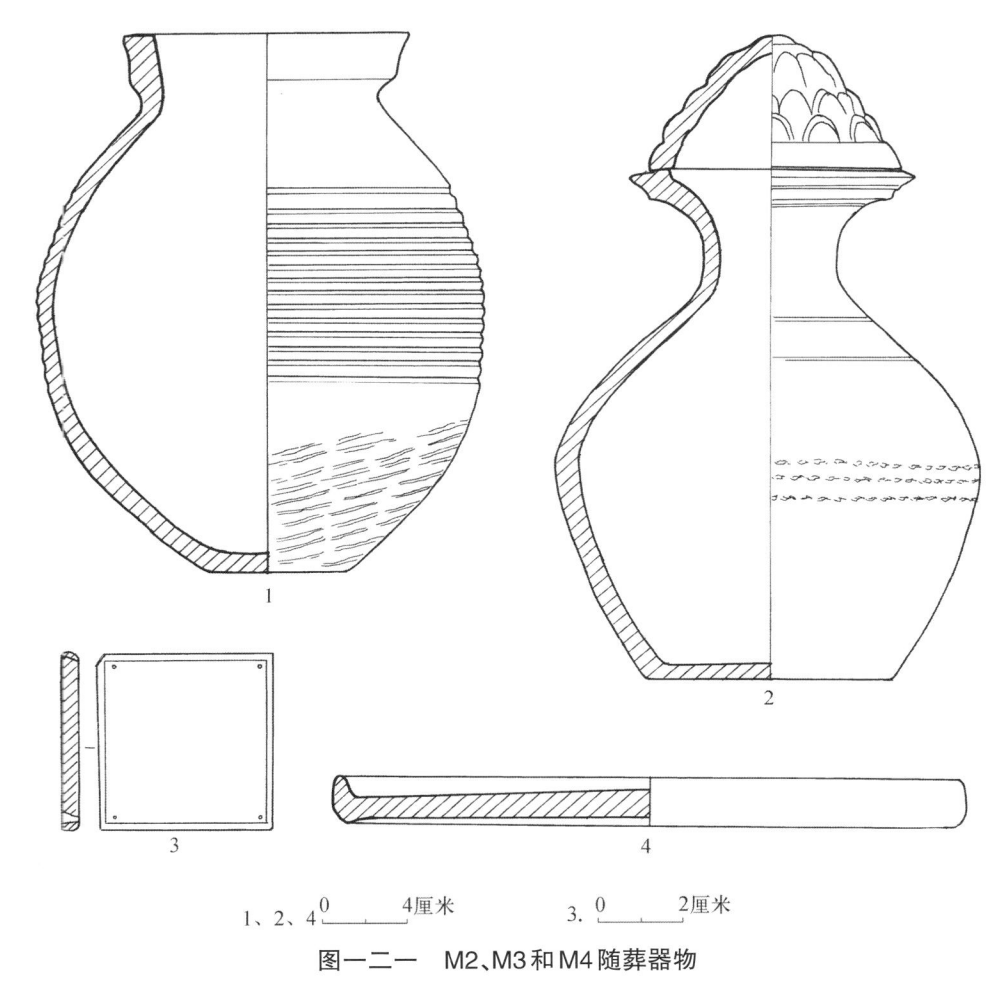

图一二一　M2、M3和M4随葬器物

1.陶罐（M2:3）　2.陶壶（M3:1）　3.玉片（M2:2）　4.陶盘（M4:2）

随葬器物有陶壶。

陶壶1件。M3:1，泥质灰陶，盘状口，平沿，尖唇，高束颈，溜肩，弧腹，平底。壶体轮制，口覆博山式盖，模制。肩上部饰两道凹弦纹，腹部饰三道按压窝纹。盖口径12、高6.6厘米，壶口径13.6、底径11.8、通高32厘米（图一二一，2；彩版四八，5）。

图一二二　M3平、剖面图
1.陶壶

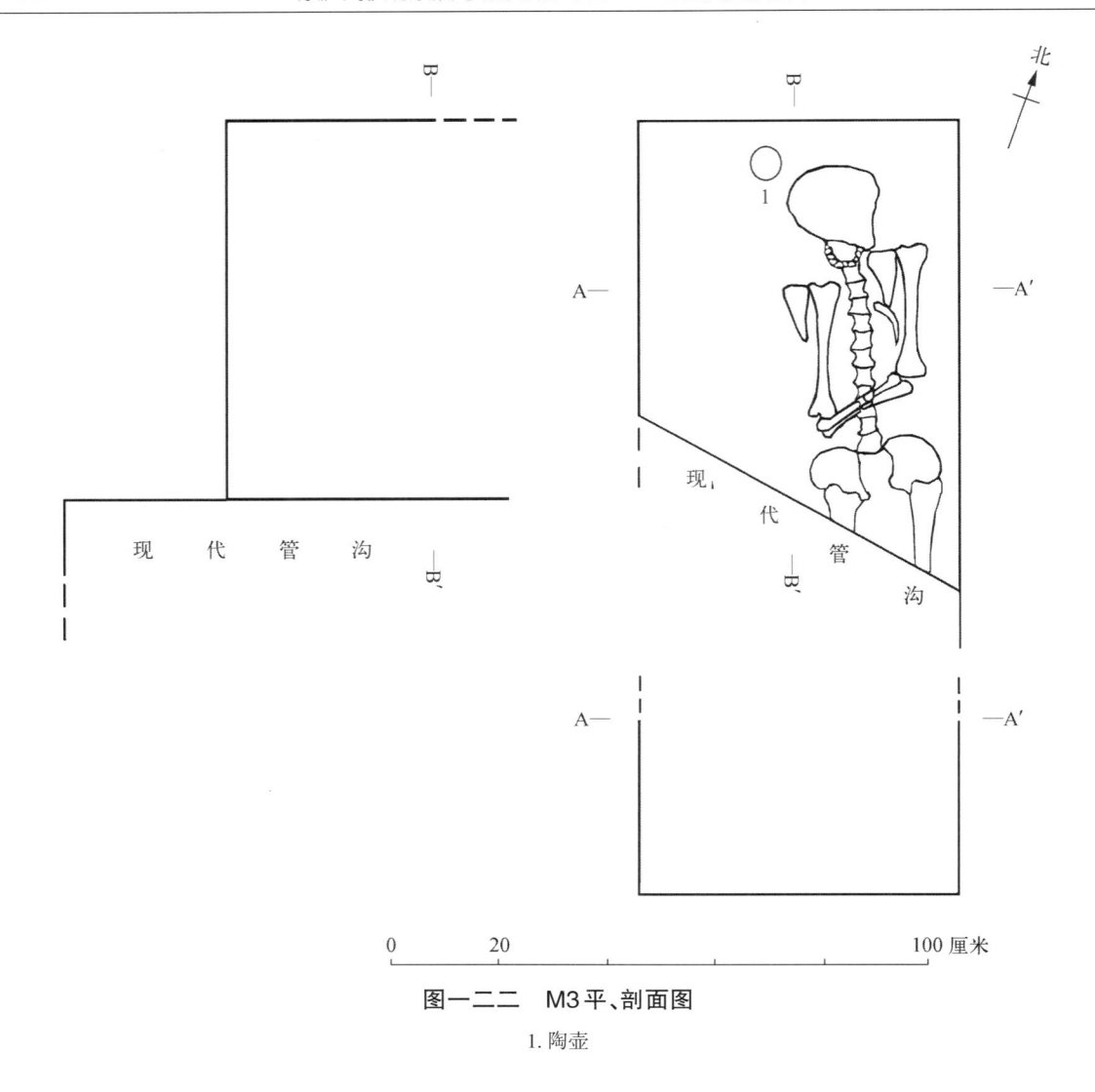

M4：位于发掘区北部，方向350°。开口于②层下，平面呈长方形，为土洞墓，底部平铺一层素面青砖。内填花土，土质较硬，含有少量残砖块、骨渣。由于该墓破坏严重，顶部已坍塌，仅残存部分墓室与少量墓道（图一二三）。

墓道：位于墓室的南部，残宽0.10、深2.3米，由于已被严重破坏，长度不详。墓室内的填土为五花土，土质较硬，含有较多残碎的灰陶片和青砖残块。

墓室：位于墓道的北部，分前厅和后室。前厅南侧和墓道相连，北侧与后室相连。顶部已被破坏，仅残存底部一部分，东西长4.25、南北宽3.40、残高0.20米。前厅平面为长方形，用素面青砖平铺，大部分铺底砖为残砖块。用砖规格为0.30×0.16×0.06米。

后室位于前厅的北部，南北向，南部与前厅相连。顶部已被破坏，仅残存底部。南北长3.45、东西宽2.40、残高0.2米。底部用素面青砖平铺。用砖规格为0.30×0.16×0.06米。

随葬器物有铜钱、陶盘。

图一二三 M4平、剖面图

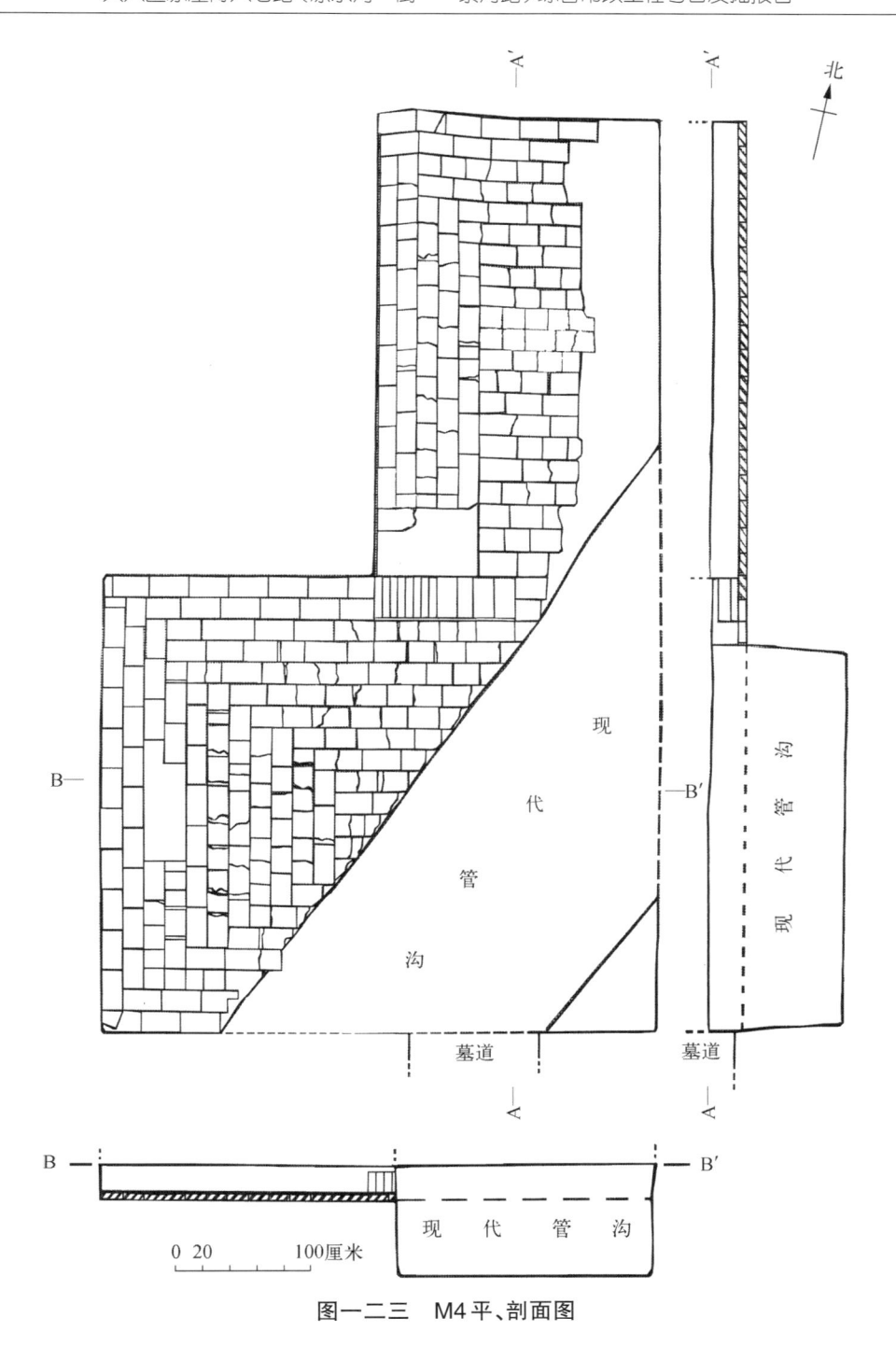

铜钱4枚。标本M4：1-1，五铢，圆形方穿，两面有郭，正面铸文"五铢"二字，"五"字交笔弯曲，"铢"字模糊不清。钱径2.5、穿径1.1厘米（图一二四，3）。

标本M4：1-2，剪轮五铢，圆形方穿，正面铸文"五铢"二字，"五"字交笔弯曲，"铢"字模糊不清。钱径2.3、穿径1.1厘米（图一二四，4）。

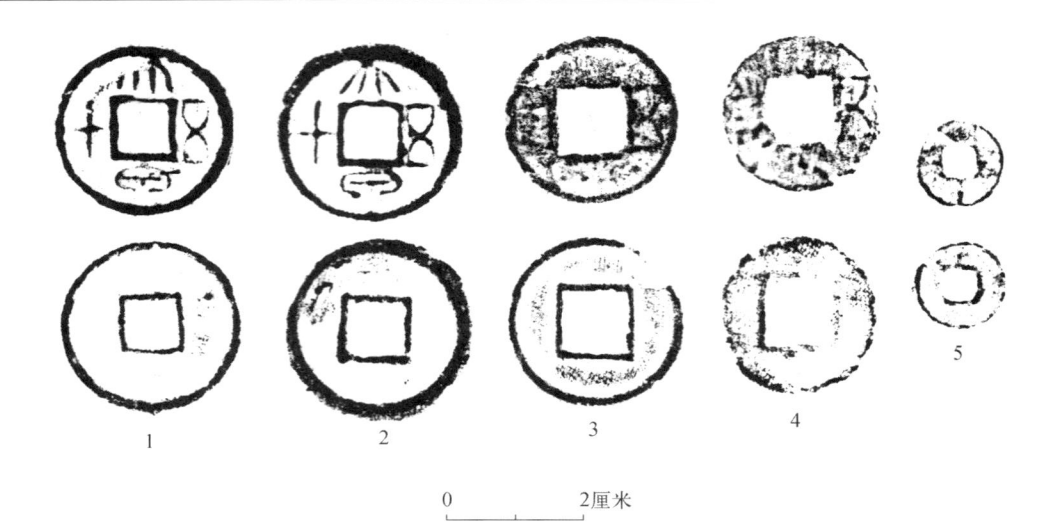

图一二四　M2、M4和M1随葬铜钱

1. 大泉五十（M2∶1-1）　2. 大泉五十（M2∶1-2）　3. 五铢（M4∶1-1）　4. 剪轮五铢（M4∶1-2）　5. 小平钱（M1∶1）

陶盘1件。M4∶2，泥质灰陶，圆形，周边起沿，侈口，尖圆唇，近直壁，平底内凹。轮制。口径29.8、底径29、高2.2厘米（图一二一，4；彩版四八，6）。

二、小　结

亦庄曾多次发现汉代以来的墓葬[①]。这次为配合市政工程发掘了4座墓葬，可惜其形制多被破坏。从残存的随葬器物看，陶壶M1∶3、M1∶4、M3∶1与亦庄X10M17∶4、M43∶1[②]，79号地M11∶1，M11∶2，M11∶3[③]等相近；陶盘M4∶2与博兴路M2∶17、新凤河路M4∶2[④]等相近；陶罐M2∶3与79号地M37∶3[⑤]相近。从以上形态分析，这几座墓葬的时代应属东汉早期。此次发掘为研究该地区汉代的葬俗、随葬器物增添了新的资料。

[①] 北京市文物研究所：《北京亦庄考古发掘报告》，科学出版社，2009年；北京市文物研究所：《北京亦庄X10号地》，科学出版社，2011年；《北京亦庄X11号地考古发掘报告》，科学出版社，2012年。
[②] 北京市文物研究所：《北京亦庄X10号地》，科学出版社，2011年。
[③] 北京市文物研究所：《北京亦庄考古发掘报告》，科学出版社，2009年。
[④] 北京市文物研究所：《北京亦庄考古发掘报告》，科学出版社，2009年。
[⑤] 北京市文物研究所：《北京亦庄考古发掘报告》，科学出版社，2009年。

朝阳区新世纪商业中心明代驸马公主合葬墓考古发掘报告

一、前　言

新世纪商业中心工程位于北京市朝阳区西南部的弘燕一街，东北邻山水文园小区，西邻十里河宾馆，南邻十里河城灯饰批发市场（图一二五）。

2008年5月，在施工过程中发现了古代墓葬。考古人员接举报后赴现场进行勘探和抢救性发掘。通过勘探，考古人员确认了墓葬的范围并在周边发现有夯土遗迹。

2008年6月13日~6月26日，经国家文物局批准，北京市文物研究所对该区域内的1座明代驸马公主合葬墓（M1）及2处夯土遗迹进行了发掘，执照号为考执字〔2008〕第238号，发掘面积计750平方米（图一二六）。

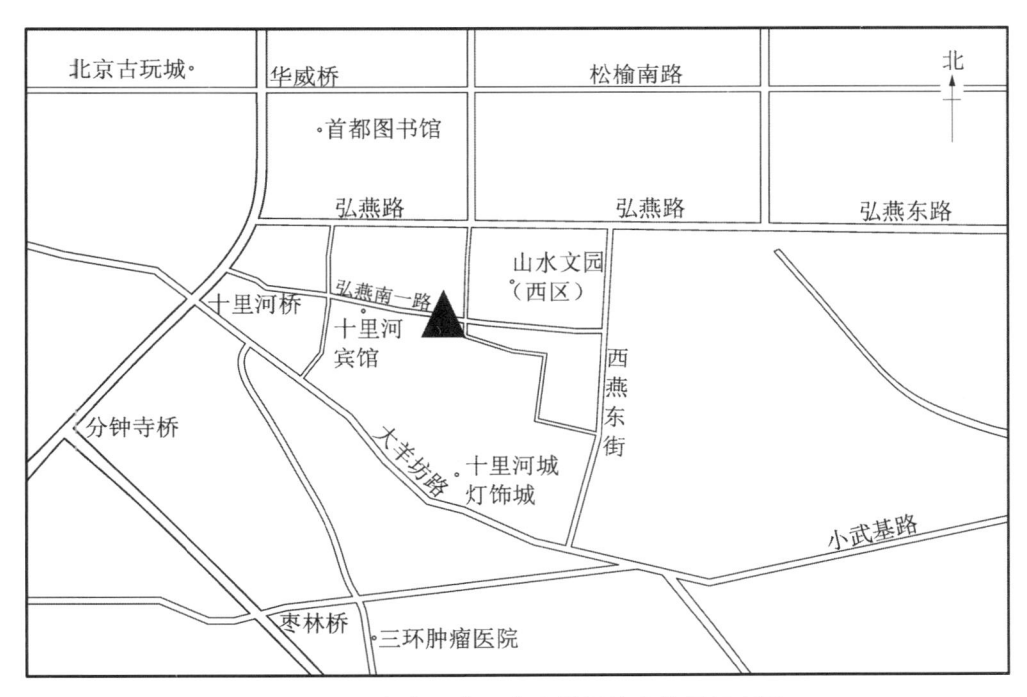

图一二五　新世纪商业中心发掘地点位置示意图

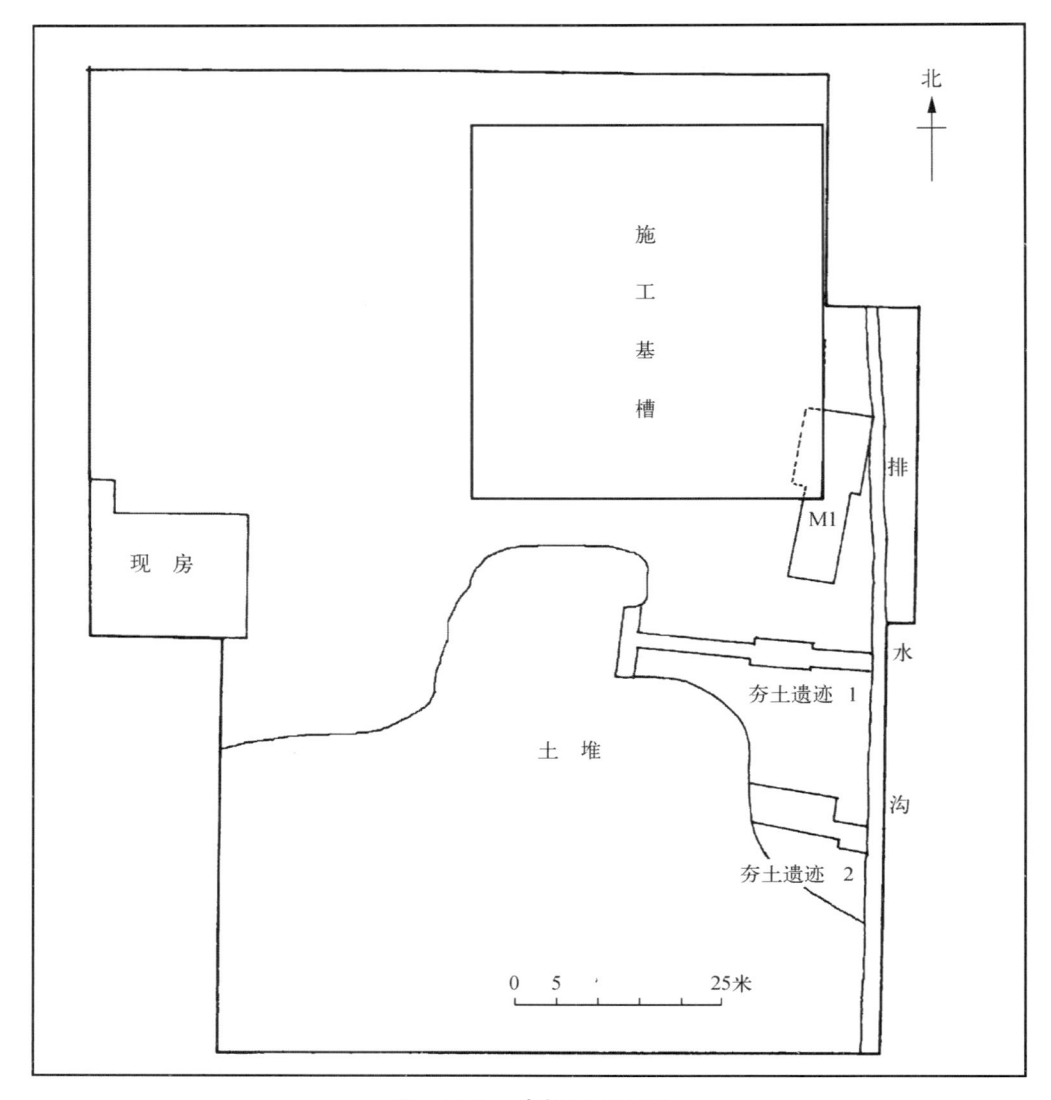

图一二六　发掘区平面图

二、M1

位于发掘区东北部，整体近甲字形，为三合土砖室墓，南北向，方向165°。考古人员到现场时，表土已被挖去近一半。墓葬开口于①层下，南北长21.54、东西宽4.60~8.20米，墓口距地表0.60米，墓底距地表2.90米。该墓顶部塌落，由墓道、甬道、墓门、墓室四部分组成（图一二七，彩版四九，1、2）。

墓道：位于墓门的南部，平面呈长方形。长10.02、宽0.46~4.88、深0.14~0.19米。内填花土，土质较硬。墓道两壁用青砖残块错缝砌成，用砖规格有0.30×0.24×0.12米、0.24×0.20×0.12米两种。

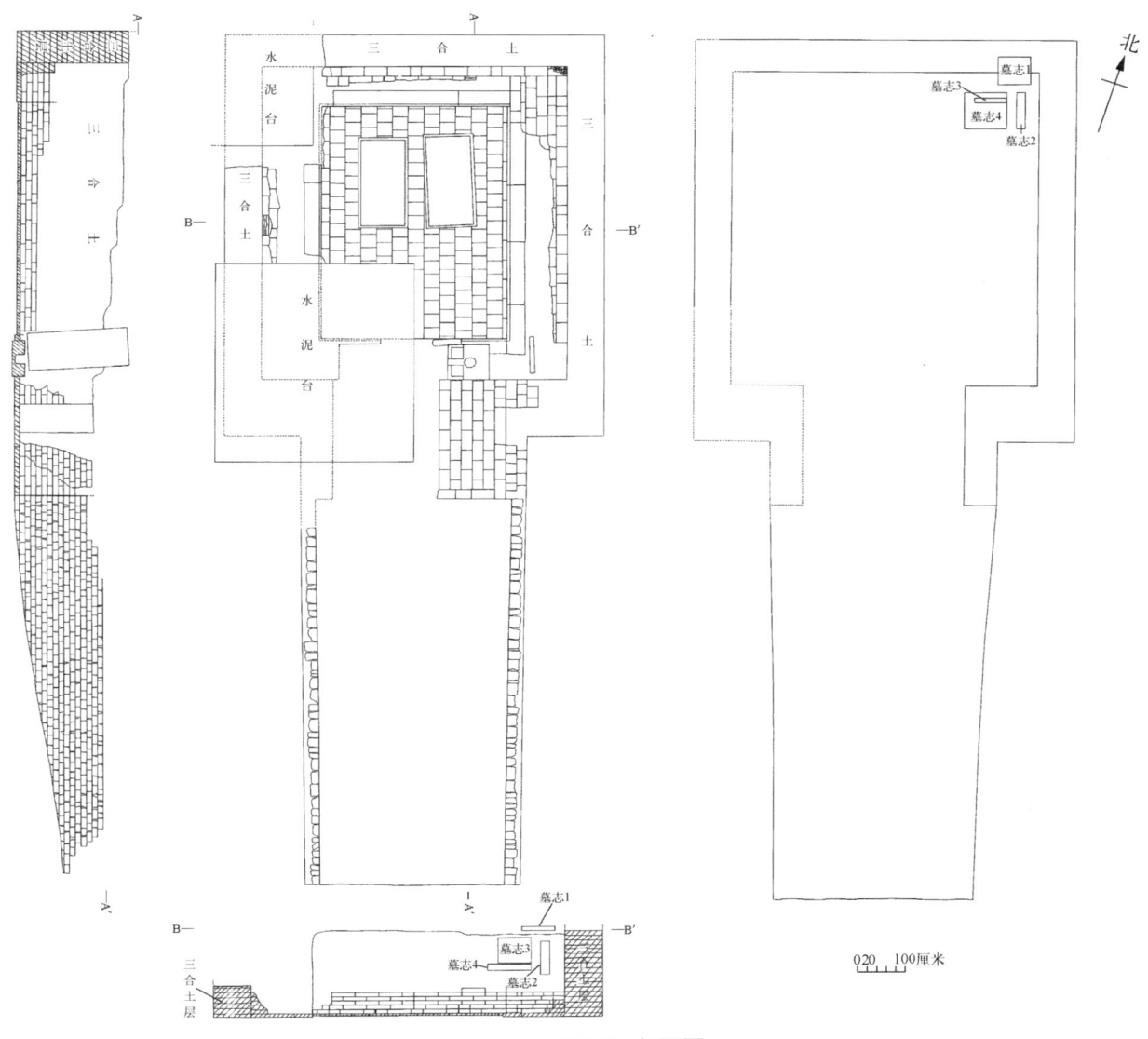

图一二七　M1平、剖面图

甬道：位于墓道的北部，墓门的南部。南北长3、东西宽3.48、残高0.24~1.56米。东部三合土残高1.58米，西部被破坏。甬道东部用青砖和三合土砌成，砌法是用青砖砌墙，再打三合土。三合土残存11层，每层厚约0.10~0.16米。底部用青砖平铺而成，用砖规格为0.50×0.24×0.12米。

墓门：位于墓室的南部。残存东半部，西半部被破坏。墓门已被移至墓室的东南角，仅残存一方形门磴。门磴边长为0.90×0.90、厚0.28米。门磴中间凹深0.20、径宽0.24米。门框南北进深1.00、残宽1.20米。墓门高2.16、宽0.96、厚0.10米，底部已残。在墓门的中部饰有兽头衔环铺首，门上饰以朱砂，门框和门槛已被破坏。

墓室：位于墓门的北部，平面呈长方形。土坑南北长7.76、宽8.02、残高2.30米。墓室内南北长5.9、宽4米。

墓室中部清理出两处棺痕：东棺痕长2.16、宽0.96米；西棺痕长2.18、宽0.96米。

墓室已被严重破坏，仅残存东壁、北壁和西壁，残高0.36~0.72、残宽0.24~1.24米。室内用青砖砌成后再打三合土，砌法是用青砖错缝平砌。在砖墙底部有一层石条，石条长1.43~2.72、宽0.38~0.40、厚0.10米。三合土宽0.80、残高0.60~2.30米，仅残存5~17层，每层厚约0.10~0.16米。墓室内用砖规格为0.50×0.24×0.12米。墓室底部用方形青砖铺底，铺法是错缝平铺，方砖规格为0.34×0.34×0.06米。

此墓已被严重破坏，室内填土均为现代填土，内有碎砖块、三合土残块、青花瓷残片和陶器残片等。

在墓室上部的填土中清理出墓志两盒（志文见附，图版一、二）。

驸马墓志一盒：盖位于墓室东北角，距东部三合土0.20、北部三合土0.30米处，距地表0.40米（彩版五〇，1）；底距地表0.70米，在盖的西部0.20米处。

盖底同形，边长0.7、厚0.12米。志盖篆书"明故驸马都尉柏冈林公之墓"12字，竖排4行，每行3字。志文楷书，竖排，共37行，满行41字，全文981字。

据墓志记载，驸马林岳，字镇卿，别号柏冈，为浙江宁海人，卒于正德十三年（1518年）九月二十二日，享年38岁，"卜其年十二月二十日，权厝于都城东水碓村祖茔之次"。

本方墓志有传世本，见《国朝献征录》卷四的《驸马都尉柏冈林公墓志铭》。经过比勘发现，出土墓志与传世本墓志铭大致相似，但传世本较出土墓志缺两段文字：一是对驸马安葬及请墓铭之事的记载，一是对驸马女儿的交待及墓铭文字。

公主墓志一盒：盖位于墓室东北角，距东部三合土0.32、北部三合土0.50米处，距地表0.80米；底出自距地表1.6米的填土中。

盖底同形，边长0.92、厚0.18米。志盖篆书"明德清大长公主圹志"9字，竖排3行，每行3字。志文楷书，竖排，共24行，满行28字，全文345字。

志载，墓主人为明宪宗第三女德清公主，生于成化十四年（1478年）七月二十日，弘治九年（1496年）十二月十三日下嫁驸马都尉林岳，薨于嘉靖二十八年（1549年）六月二十四日，"葬顺天府大兴县魏村社十里河"。

三、夯土遗迹

1. 夯土1

位于发掘区东南部，南邻夯土2，两遗迹相距约8.00米左右，方向340°（图一二八；彩版五〇，2）。

夯土1位于①层下，距地表1.00米左右。东西残长28.60、南北残宽1.7~2.05米。西段呈"丁"字形，向南北延伸10.00米，东西宽1.90~2.05米。在"丁"字形夯土向东15.25米处，有一块长方形夯土。这块长方形夯土东西长6.5、南北宽3.35、厚0.88米。

夯层面上残存夯窝，相距0.05~0.15、直径0.06~0.07、深0.02米左右。土质较硬，纯净无包

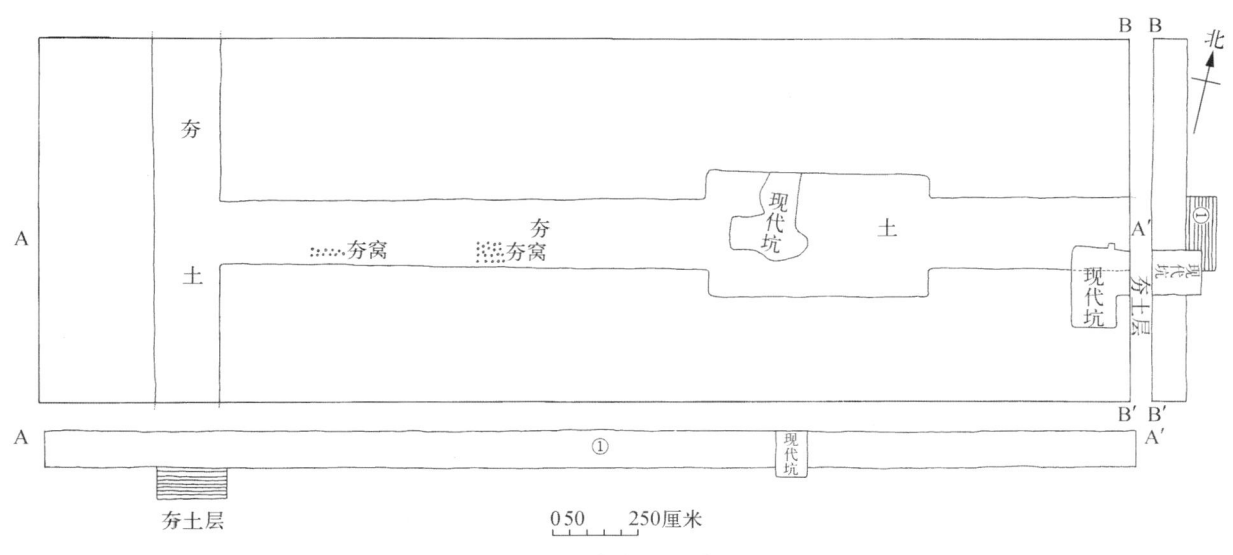

图一二八　夯土1平、剖面图

含物。

夯土共分8层。

第①层：夯土厚0.10米，夯层较硬，呈浅黄色。夯面上加有碎瓦片，厚0.02米。

第②层：夯土厚0.15米，夯层较硬，呈浅黄色。夯面上加有碎瓦片，厚0.03米。

第③层：夯土厚0.10米，夯层较硬，呈黄褐色。夯面上加有碎瓦片，厚0.02米。

第④层：夯土厚0.11米，夯层较硬，呈浅黄色。

第⑤层：夯土厚0.10米，夯层较硬，呈浅黄色。

第⑥层：夯土厚0.11米，夯层较硬，呈浅黄色。夯面上加有碎瓦片，厚0.03米。

第⑦层：夯土厚0.10米，夯层较硬，呈浅黄色。

第⑧层：夯土厚0.11米，夯层较硬，呈浅黄色。

⑧层以下为生土层。

2. 夯土2

位于发掘区东南角，开口于①层下，深约1.00米，北邻夯土1约8.00米。方向340°（图一二九；彩版五一，1）。

夯土东西残长15.00、南北残宽3.60~5.40米，方式为素夯。夯层上有不规则的小夯窝，分布在长3.80、宽1.60米的范围内，相距0.05~0.15米左右，残存有7排。夯窝直径0.06~0.07、深0.02米。南北向夯窝约20~22行，东西向夯窝约6~7列。

在夯土2中部布一长方形解剖沟。探沟长1.50、宽1.00米。夯土层总深0.88米，自上而下分为8层（彩版五一，2）。

第①层：夯土厚0.10米，夯层较硬，呈浅黄色。夯面上加有碎瓦片，厚0.02米。

图一二九　夯土2平、剖面图

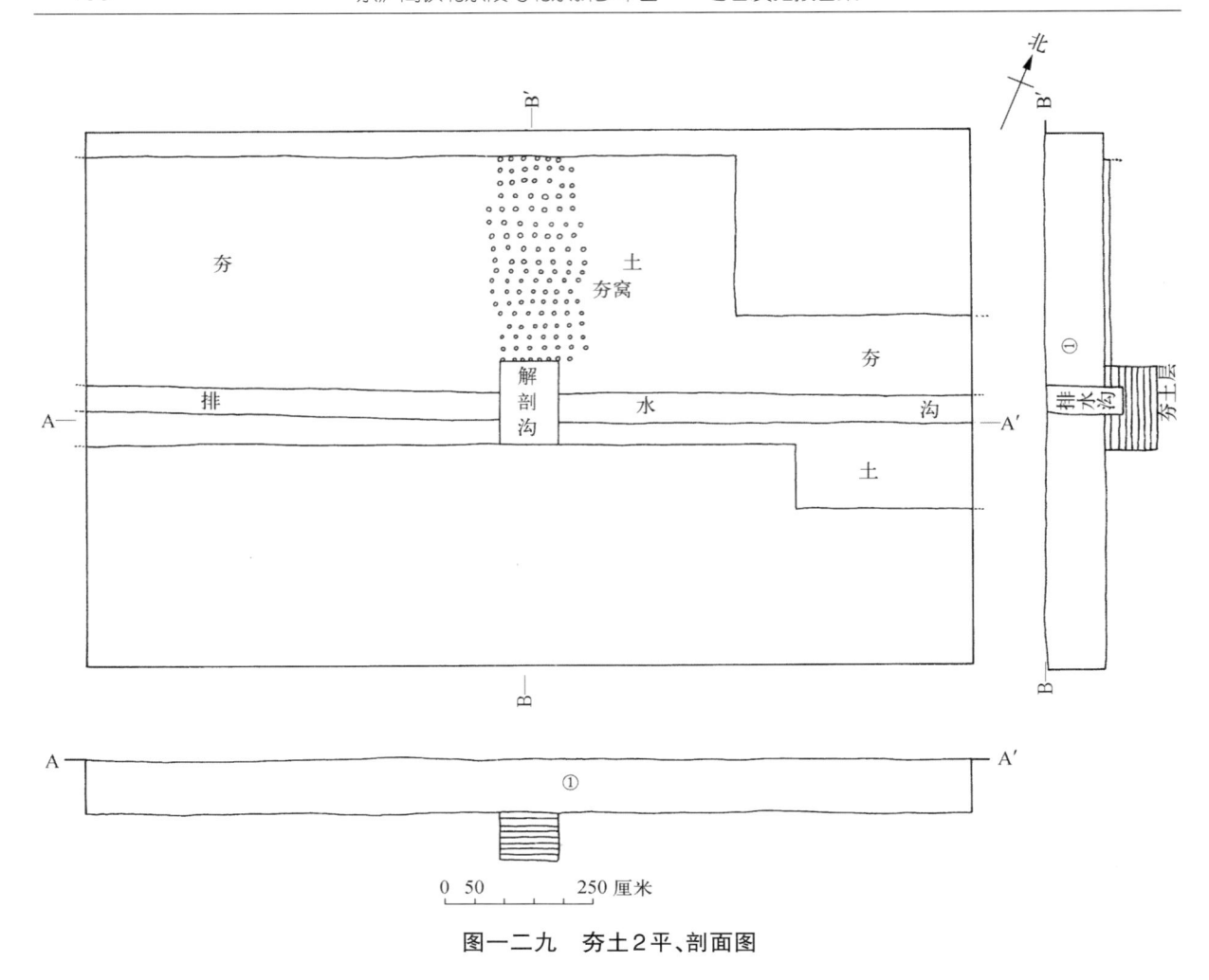

第②层：夯土厚0.15米，夯层较硬，呈浅黄色。夯面上加有碎瓦片，厚0.02米。
第③层：夯土厚0.10米，夯层较硬，呈黄褐色。夯面上加有碎瓦片，厚0.02米。
第④层：夯土厚0.11米，夯层较硬，呈浅黄色。
第⑤层：夯土厚0.10米，夯层较硬，呈浅黄色。
第⑥层：夯土厚0.11米，夯层较硬，呈浅黄色。夯面上加有碎瓦片，厚0.02米。
第⑦层：夯土厚0.10米，夯层较硬，呈浅黄色。
第⑧层：夯土厚0.11米，夯层较硬，呈浅黄色。
⑧层以下为生土层。

四、小　结

据墓志记载，墓主人为明宪宗的第三女德清公主和驸马林岳。林岳，字镇卿，别号柏冈，曾任礼部尚书。其人"为人温雅，不欲以富贵骄人"。墓志的考释及相关问题，将另文进行研究①。

志文的记载能印证和补证《明史》、《明实录》、《明会要》、《弇山堂别集》、《宛署杂记》等文献的内容。该墓的发掘对明代皇室的葬所、葬制、葬仪等的研究有重要价值。据文献记载,该墓"葬顺天府大兴县魏村十里河",但一直不知其具体所在,此次发现填补了这一空白。

在朝阳区十八里店地区,此前曾发现嘉靖年间的"明故恩荣官锦衣蓬菴胡先生墓志",葬"都城外魏村社之原"②。德清公主合葬墓的发现,再次从考古资料上验证了"魏村"的名称。

墓葬南面的夯土遗迹,与墓葬层位相同,属同一时期,可能与墓主人的园寝有关。

---

① 《德清公主与驸马林岳相关事考》,待刊。
② 以上见北京市文物研究所《北京市文物研究所藏墓志拓片》,北京燕山出版社,2003年。

附　公主与驸马墓志录文

1. 德清公主墓志录文

　　德清大長公主壙誌
　　公主
憲宗純皇帝第三女也，母
　　昭順麗妃章氏，公主生於成化戊戌七月二十日，弘治丙辰十二月十
　　　　三日册封為德清長公主，下嫁駙馬都尉林岳。正德改元，進封為德
　　　　清大長公主。辛巳，
今上登極，歲加祿米一百石。嘉靖己酉六月二十四日薨，享年七十有二。
　　　　訃聞，
上悼惜，輟視朝一日，遣官致祭，命有司營葬事。
　　裕王
　　景王
　　公主
涇簡王妃各遣祭，皇親、公、侯、伯、文武官、命婦各致祭焉。以是年九月二
　　　　十四日，奉
敕葬順天府大興縣魏村社十里河之原。葬之日，
上復輟視朝一日。子男二，鹿，錦衣衞指揮僉事，先卒。鳶，正千户，今例授指
　　　　揮同知。女二，長適鎮遠侯顧寰。次幼卒。孫男二，體乾，鹿出，繼父職。體
　　　　元，鳶出，應襲舍人。孫女五。嗚呼！
　　公主為
　　國懿親，早授榮封，安享貴富，而恪遵
　　　訓戒，孝敬仁慈之德著聞戚畹，善教諸子孫，詩禮彬彬。且承
累朝恩賚，有隆無替。
皇上存問，錫賚尤為篤厚，壽躋高年，戀膺完福，休光慶澤，異於等夷。可謂
　　　　生榮死哀也已，爰述其槩，納諸幽壙，用垂不朽云。

2. 驸马林岳墓志录文

　　明故駙馬都尉栢岡林公墓誌銘
　　資善大夫禮部尚書前翰林院學士　經筵日講官兼修　國史太倉毛澄譔
　　宗人府掌府事駙馬都尉奉　敕續修　玉牒鳳陽蔡震書
　　中憲大夫太常寺少卿兼　經筵　國史官東吳劉榮篆

　　　　正德戊寅九月二十二日,駙馬都尉林公以疾卒,訃
聞,
上震悼,輟視朝一日,賜米百石,布百疋,寶鏹萬緡,命有司治葬,
　遣官諭祭者十有三,
　諸親王皆祭如制,蓋優典云。公弟,錦衣千戶巒,卜其年十二月二十日,權厝于都城東水碓村祖塋之次,
　　前期率公子鹿等,奉周太僕子庚狀,請予銘,予與公生相知,不可辭,為敘而銘之。公林姓,諱岳,字邦鎮,
　　別號栢岡,其先浙江寧海人,洪武初徙實京師,隸水軍左衛。曾祖普。祖貴。父芳,應天府學生,以公貴,授
　　兵馬副指揮,　贈承事郎。母汪氏, 封太孺人。公生而秀穎,方數歲,輒知向學。稍長,通尚書大義,習為
　　舉子文,明暢可讀,鄉先生以遠器目之,年十七,選尚
憲廟德清大長公主,授駙馬都尉,
　賜誥命及玉帶蟒衣。蓋自始被選,
　廷謁畢入覲。
兩宮賜賚已優厚,皆異數也。弘治壬戌,
天子有事於
南郊,命公分守　長安右門。迨
今上命乘肩輿出入時節,若
帝后忌辰,數遣祀
山陵。正德丁丑孟春,享
太廟礼益嚴,公實承
　詔攝行,將事祇慎。公立　朝寖久,
　国家任使當益重,
　眷顧方隆,夫何不能待其得年,纔三十有八而已,惜哉!公為人溫雅,不欲以富貴驕人,與士大夫處,敬恭
不怠。暇日閉戶焚香讀書,不輕出事。親孝承事。公沒,哀毀骨立,蓋臥病久而後能起。太孺人少有不豫,
　　晝夜躬視湯藥。及已病篤,值太孺人亦有疾,懼其聞而傷也,戒勿以告。家人不得已告之,比臨視,哀感
　　憒亂,絕而復蘇。戒其子鹿曰:吾母,若母,若等當務孝養。厲志讀書,勉自成立,毋徒恃寵祿為。與錦衣相
　　好甚,凡宴集遊衍必偕,視季父茂猶父,供奉殷勤,每先其意念。從兄應天府學生山,遠在南都,使逆至

京邸,相見甚懽,留數月不忍別。至待諸族黨,率從厚云。公二子:長即麂,次鷹。女亦二:長許適顧寰,總督漕運鎮遠侯之子。次尚幼,子女皆德清主出也。觀公之外,而知德之克合於內矣!銘曰:

相古高岡,言樹之栢,烜以朝陽,沃以天澤,實嘉實茂,望之鬱然,厥材孔良,有待而全。如何中宵風雨驟至,木壞岡存,過者興喟,匪木之惜,我懷若人,戚畹之榮,公侯其倫,富貴非樂,滿盈為慮,孝友謙恭,美矣

多譽,未見其止,孰詰彼蒼,

恩之渥矣,終始輝光,勵于没齒,揚于身後,已乎栢岡,是謂不朽。

门头沟区潭柘寺镇中心区B地块土地一级开发项目考古发掘报告

2013年7月19日~8月10日,为配合门头沟区潭柘寺镇中心区B地块土地一级开发项目,北京市文物研究所对占地范围内的古代遗存进行了考古发掘。

潭柘寺镇中心区B地块土地一级开发项目位于北京市门头沟区潭柘寺镇的东北部,其北依山脉,南邻该项目的D地块,东邻东村。(图一三〇)。

共发掘汉代窑址2座、辽金窑址1座(图一三一)。发掘面积共计100平方米。

汉代窑址:Y1、Y2。

Y1:位于发掘区的西部,东距Y3约260米,东西向,方向120°。开口于②层下,窑口距地表1米。窑址近似长条状,由于已被破坏,顶部无存。因西部有果树,未作清理。清理部分长12.7、宽1.05~1.38米。该窑由火门、窑室和烟室三部分组成(图一三二;彩版五二,1)。

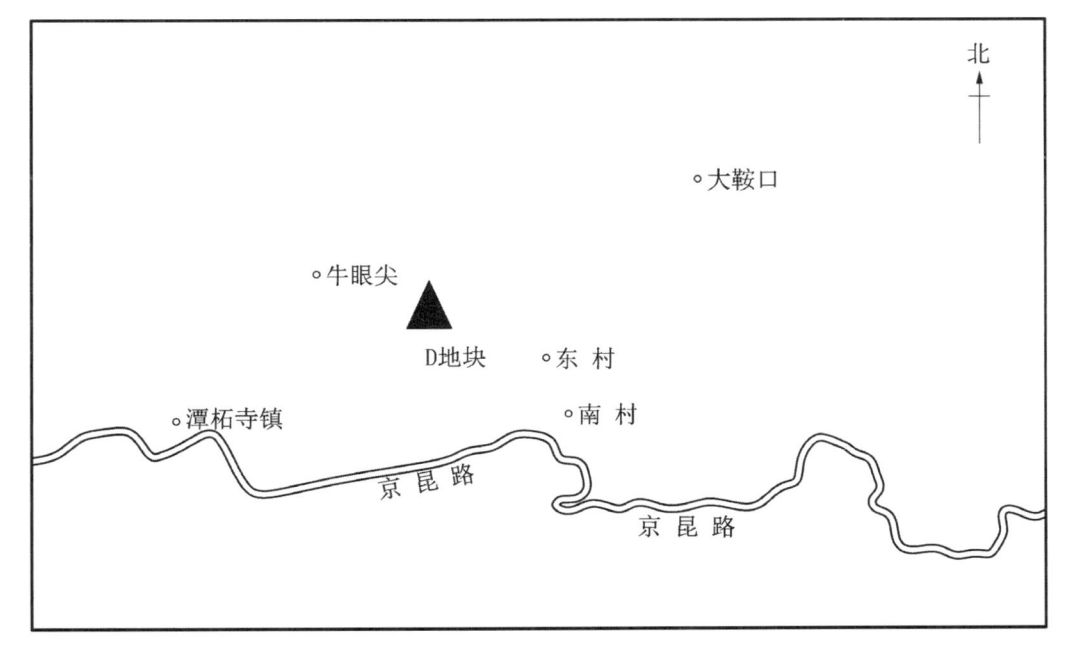

图一三〇 门头沟区潭柘寺镇中心区B地块发掘地点位置示意图

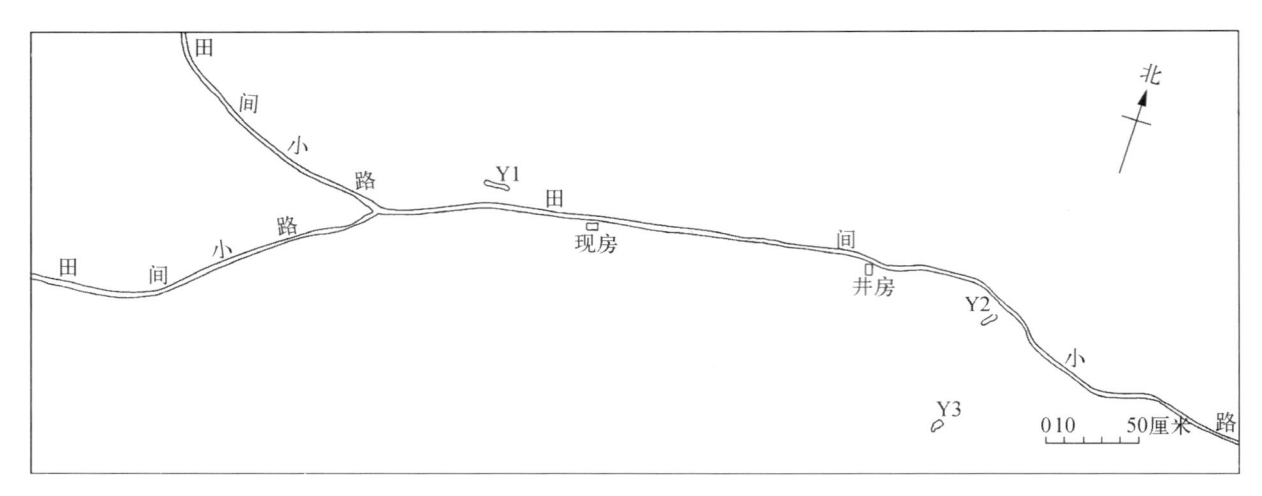

图一三一　遗迹分布平面图

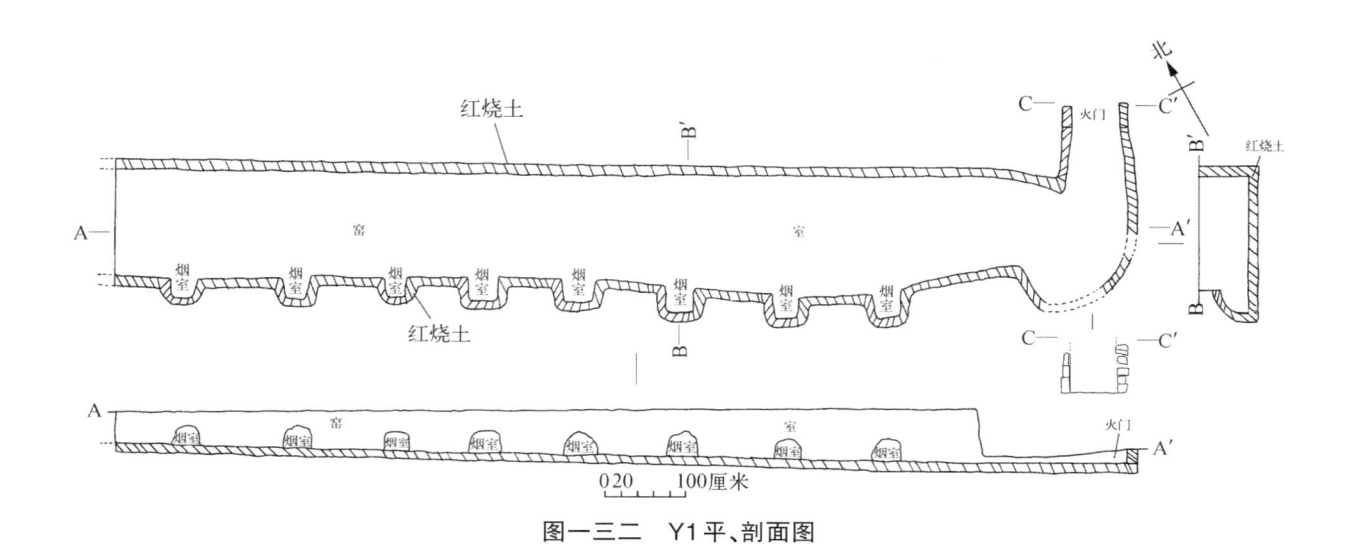

图一三二　Y1平、剖面图

火门：位于窑室的东端北侧，由于已被破坏，顶部无存。东西宽0.60、进深1.10、残高0.52~0.62米。火门外侧的东、西两壁用大小不等的石块垒砌。火门外未发掘，情况不明。

窑室：位于火门内西侧，近似长条状，仅残留底部，西部因有果树未发掘。发掘部分长12.80、宽1.05~1.38米。底部为青色烧结硬面，呈西高东低状。南、北、西三壁为红烧土硬面，并有明显的工具痕迹，长0.2~0.3、宽0.05、残高0.40~0.70米。窑室外围的红烧土厚约0.09、青色土厚约0.04米。

窑室内填黄灰色杂土、红色烧土块、青色烧土块和草木灰等，土质稍松，包含物极少，仅有少许木炭块。

烟室：分布在南壁的下方（彩版五二，2），由东向西共8个。以1号烟室为例：位于窑室的东部，距东壁2.72，高0.32、宽0.37米、进深0.32米。

8个烟室之间相距0.75~1.05米。烟室的口部近似拱顶形，宽0.30~0.44、进深0.24~0.32、高0.25~0.32米。烟室内壁为红烧土壁，内填黄灰色土，含木炭灰颗粒。

Y2：位于发掘区的东北部，西南距Y3约50米，东西向，方向255°。开口于②层下，窑口距地表0.4米。该窑近似长条状，仅残留底部。长6.30、宽0.96~1.20米。该窑由火门、窑室和烟室三部分组成（图一三三；彩版五三，1）。

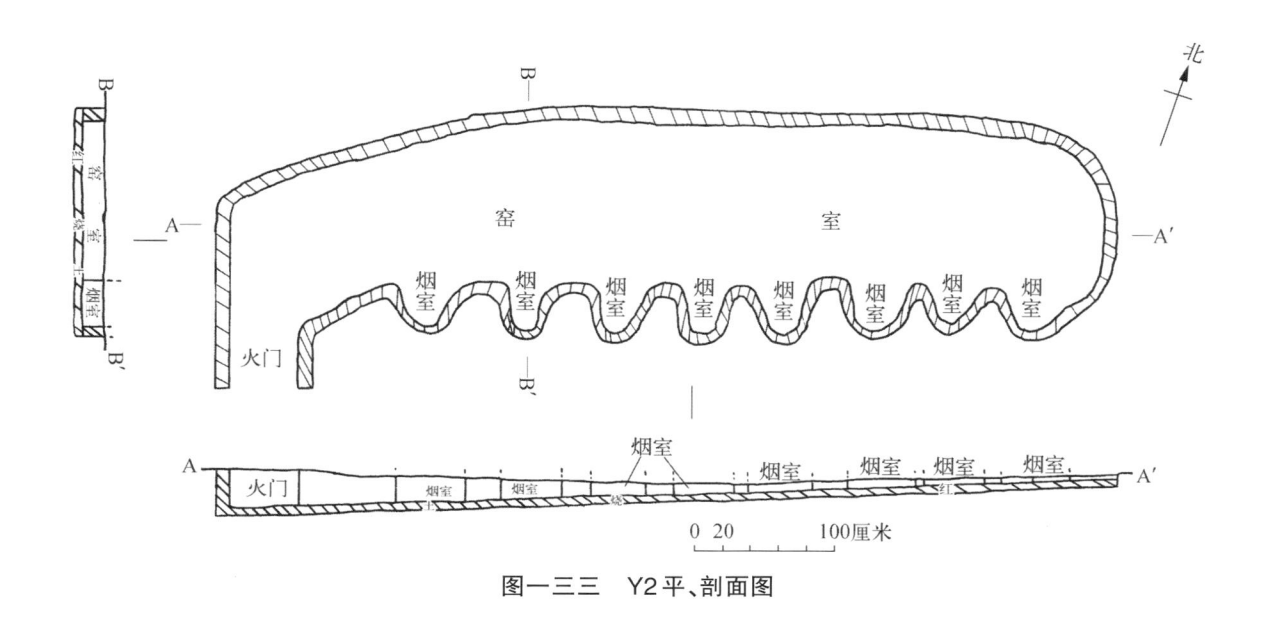

图一三三　Y2平、剖面图

火门：位于窑室的西端南侧，仅残留底部。东西宽0.6、进深0.46、残高0.3米。内填黄灰色杂土、红烧土残块和炭灰颗粒等，底部为青灰色烧结面。

窑室：位于火门内的东侧，近似长条状，仅残留底部。东西长6.30、南北宽0.96~1.20米。底部为青色烧结硬面，呈东高西低状，周壁为红烧土硬壁，残高0.03~0.30米。窑室外围红烧土厚0.06~0.12米。

窑室内填黄灰色杂土、烧土块和草木灰等，土质稍松，包含物较少，含有少量的夹云母红陶片和盆口沿。

烟室：分布在窑室的南壁下方（彩版五三，2），由西向东共8个。以1号烟室为例：位于窑室的西部，西距西壁1.20米，东距2号烟室0.26米，残高0.20、宽0.50、进深0.31米。

8个烟室之间相距0.10~0.26米。烟室口部近似拱顶形，宽0.40~0.50、进深0.30~0.38、残高0.03~0.20米。烟室内壁为红烧土壁。内填黄灰色杂土，含木炭灰颗粒。

辽金窑址：Y3。

Y3：位于发掘区的东南部，东北距Y2约50米，南北向，方向25°。开口于①层下，窑口距地表0.60米。呈不规则状，仅残留底部。长5.30、宽1.60~2.10、残高1.25米。该窑由窑室、烟洞、窑门、操作间四部分组成（图一三四；彩版五四，1）。

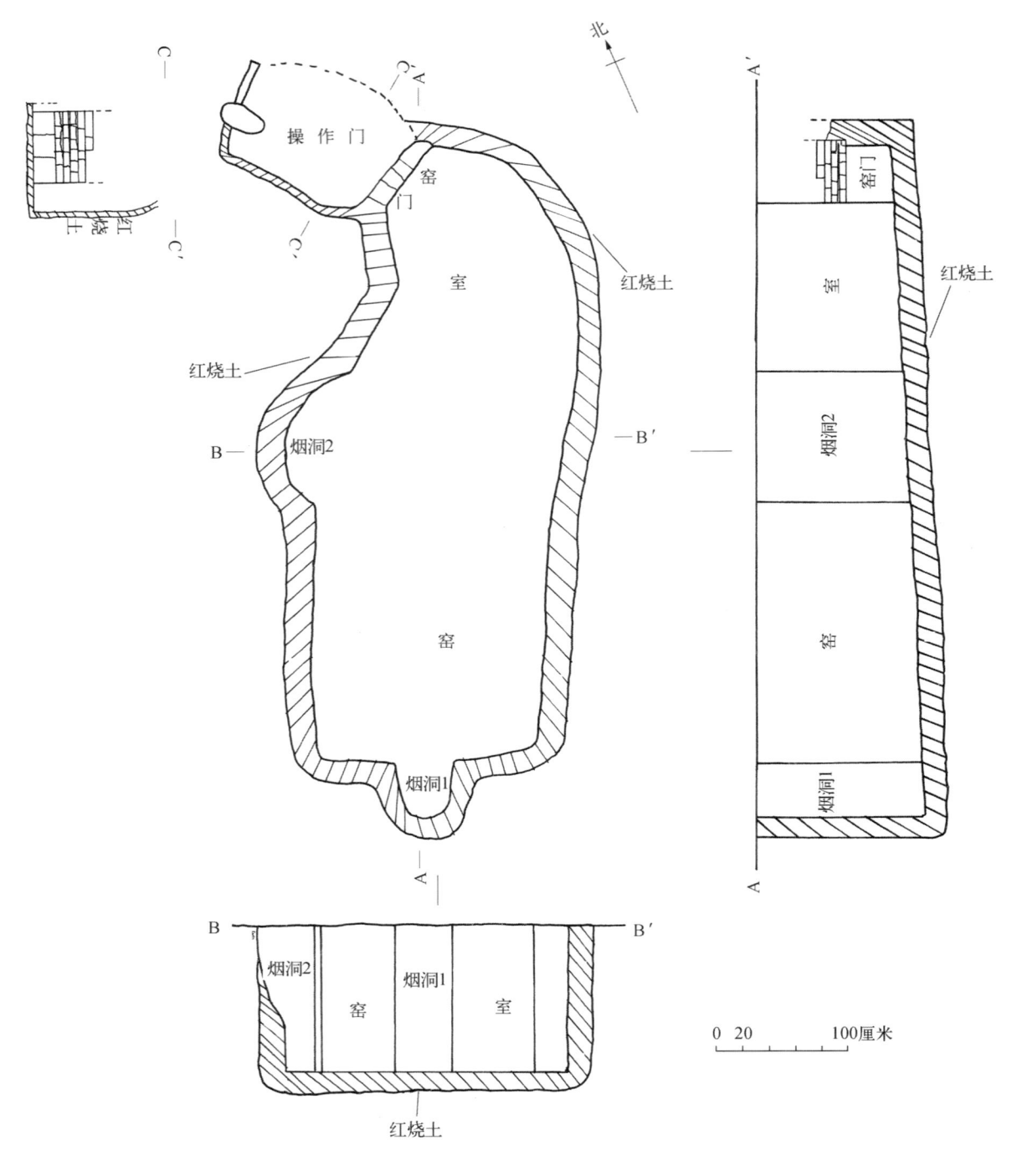

图一三四　Y3平、剖面图

窑室：呈不规则状，仅残留底部。南北长4.75、东西宽1.18~1.80、残高1.05~1.25米。底部为红烧土硬面，呈北高南低状。周壁外围红烧土厚约0.20米，残存部分青色烧土壁。

烟洞：共有烟洞两个（彩版五四，2）。

烟洞1：位于窑室的南部，平面近似半圆形。进深0.48、口宽0.46、残高1.25米。由室底直通窑口，烟洞内填红烧土，含残砖块、木炭灰和石块等。

烟洞2：位于窑室西壁的中部，平面近似半圆形，上部被破坏。南北宽1.02、进深0.3米。洞内填土与窑室相同，底部含较多木炭灰。

窑门：位于窑室的西北侧。门宽0.56、残高0.46米。下部用石块砌成，高0.17米，上部用青砖平砌而成，用砖多为残砖块，砖宽0.15、厚0.05米。

操作间：位于窑门的西侧，平面近似长方形，北部被破坏。东西长1.25、南北残宽1、残高0.94米。西边用石块砌成，并用大石块加固，南壁上部向内微收成拱形。壁上及底部有红烧土面。内填黄褐色土，底部含较多的木炭灰。

窑室上部填黄褐色土，内含石块，土质较硬，下部含有红烧土和少量青砖残块。青砖为0.37×0.18×0.06米的勾纹砖和0.40×0.18×0.05米的素面砖。窑室底部残留有较多的木炭块和柴灰。

在B地块以南的D地块，曾发现5座明清时期的窑址[1]。通过对上述窑址的发掘，为更好地了解该地区汉、辽金不同时期窑址的形制、结构、特点提供了线索，为进一步了解该地区不同时期烧窑的建造以及烧制技术提供了珍贵的实物资料。

---

[1] 北京市文物研究所2012年12月发掘资料，蒙张智勇先生告知，特此致谢。

后 记

本书中收录的考古发掘项目，除门头沟区潭柘寺镇中心区B地块外，其他都是我在2007~2008年度完成的。那段岁月，我像个"救火队员"一样奔波在京郊大地上。开车，不停地开车，成为我工作的主旋律。

每项发掘之于它所配合的建设工程，都有一定的普遍意义；每项披露的学术信息之于它所缘起的考古发掘，都有一定的特殊意义。因此，我为它们付出的精力，并没有随着它们不是那种惊天动地的大发现而减弱。钱穆先生说的"文学当论好坏，不当论死活"，大概是同一个意思。

这些考古发掘报告除了介绍学术信息外，对我个人而言，另一层含义是：从中回望到了六七年前自己为配合北京市基建的地下文物保护工作所付出的血、汗、泪。

怎能忘，新少年宫工地发掘时，朔风如刀般的严寒，满面尘灰烟火色的沧桑；

怎能忘，中关村电子城发掘时，城管让我交待"问题"的嚣张；

怎能忘，博兴七路发掘时，滚滚汗水与飞扬泥土混合的泥浆；

怎能忘，京沪高铁发掘时，凌晨下到4米深的古墓，险些无法出来的现场；

怎能忘，新世纪商业中心发掘时，明知有雨不可为而为之的迷茫；

……

俱往矣！

若干年后，当有人问起我："老头！你在你生命中最宝贵的时光干了什么？你在北京考古最艰苦的时候、任务最繁重的时候干了什么事情？"这本书是我的回答。

感谢发掘期间，韩鸿业、刘风亮、周宇、张中华等同志及各发掘地点所在区县文委的前期协调工作。感谢上海古籍出版社高克勤社长的大力支持，贾利民先生为编审此书付出的辛勤劳动。

本书由郭京宁执笔。

郭京宁

二〇一四年五月

京沪高铁北京段考古发掘报告

彩版一

第一工区勘探现场

京沪高铁北京段考古发掘报告

彩版二

第二工区勘探现场

京沪高铁北京段考古发掘报告

彩版三

第三工区勘探现场

京沪高铁北京段考古发掘报告

彩版四

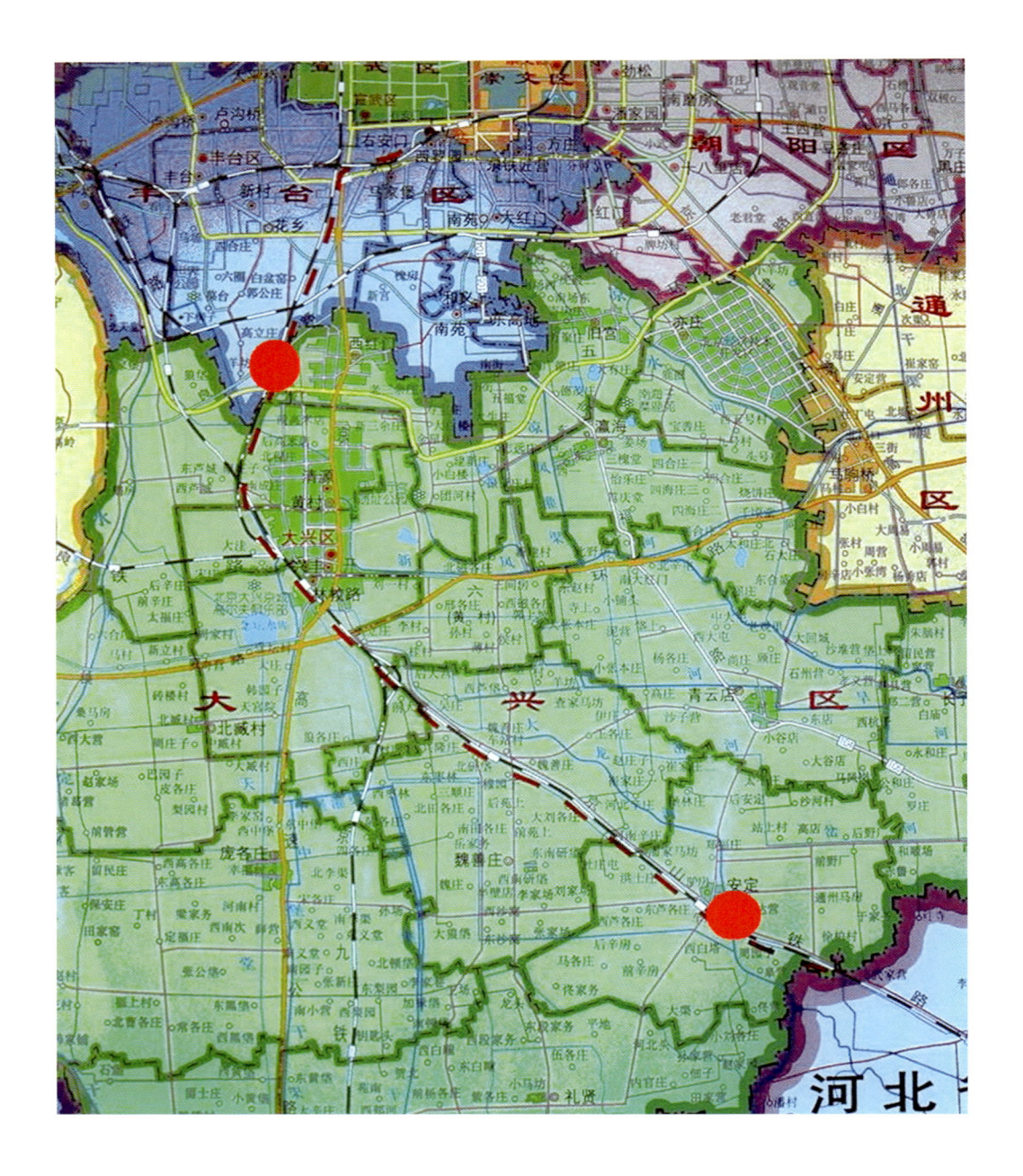

京沪高铁北京段发掘地点示意图

京沪高铁北京段考古发掘报告

彩版五

1.（东向西）

2.（西向东）

Y1

京沪高铁北京段考古发掘报告

彩版六

1. 火膛

2. 窑室

Y1局部

京沪高铁北京段考古发掘报告

彩版七

1. 墓顶外部

2. 墓门内部

M1局部（一）

彩版八

1. 墓室内壁

2. 墓顶内壁

M1局部（二）

1. 墓壁斗栱

2. 桌椅

M1仿木结构砖雕（一）

彩版一○

1. 窗户

2. 棺床及出土器物

M1仿木结构砖雕（二）

京沪高铁北京段考古发掘报告

彩版一一

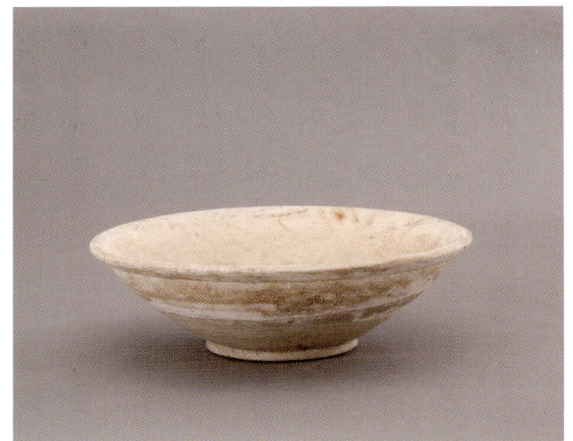

1. M1：1

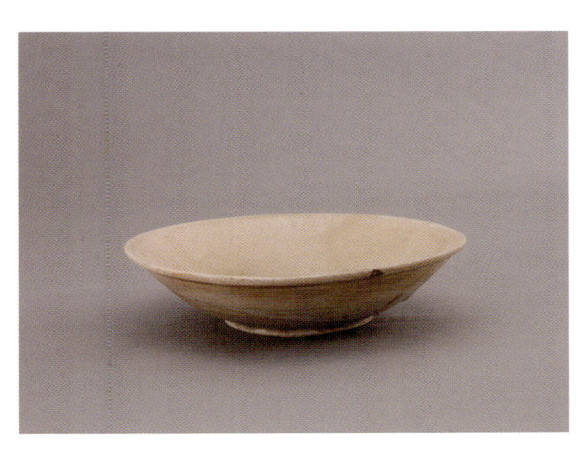

2. M1：5

3. M1：6

4. M1：2

5. M1：4

6. M1：3

M1随葬器物

京沪高铁北京段考古发掘报告

彩版一二

1. 发掘现场

2. 墓室

M2发掘现场及墓室

彩版一三

1. 东南角斗栱

2. 西南角斗栱

M2墓壁仿木结构砖雕斗栱

彩版一四

1. 桌椅

2. 窗户

M2仿木结构砖雕（一）

1. 斗栱式房屋模型

2. 花边板瓦

M2仿木结构砖雕（二）

彩版一六

1. 棺床

2. 棺床壶门

M2棺床及局部

京沪高铁北京段考古发掘报告

彩版一七

1. 墓门内部

2. 墓门之上的窗户及斗栱

M2墓门及局部

京沪高铁北京段考古发掘报告

彩版一八

1. M2∶1

2. M2∶2

3. M2∶3

4. M2∶4

M2 随葬器物

北京市新少年宫考古发掘报告

彩版一九

1. 发掘前现场

2. 发掘现场

北京市新少年宫发掘前、发掘时现场

彩版二〇

局部墓葬分布（一）

北京市新少年宫考古发掘报告

彩版二一

局部墓葬分布（二）

北京市新少年宫考古发掘报告

彩版二二

1. M1

2. M2

3. M3

4. M4

汉代墓葬（一）

北京市新少年宫考古发掘报告

彩版二三

1. M5

2. M5墓室

汉代墓葬（二）

北京市新少年宫考古发掘报告

彩版二四

1. M6

2. M7

3. M8

4. M16

明代墓葬（一）

北京市新少年宫考古发掘报告

彩版二五

1. M17

2. M19

3. M18

明代墓葬（二）

北京市新少年宫考古发掘报告

彩版二六

1. M20

2. M21

3. M51

4. M52

明代墓葬（三）

1. M53

2. M55

明代墓葬（四）

北京市新少年宫考古发掘报告

彩版二八

1. M9

2. M10

3. M12

清代墓葬（一）

北京市新少年宫考古发掘报告

1. M13

2. M24

3. M31

4. M34

清代墓葬（二）

北京市新少年宫考古发掘报告

彩版三〇

1. M35

2. M36

3. M42

4. M43

清代墓葬（三）

北京市新少年宫考古发掘报告

彩版三一

1. M6∶1
2. M6∶2 
3. M7∶1 
4. M15∶1 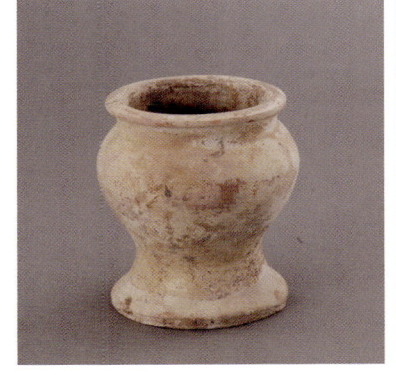
5. M19∶2 
6. M19∶3 

明代墓葬随葬器物（一）

北京市新少年宫考古发掘报告

彩版三二

1. M46：2

2. M47：1

3. M49：1

4. M51：1

5. M52：2

6. M55：3

明代墓葬随葬器物（二）

北京市新少年宫考古发掘报告

彩版三三

1. M9∶2

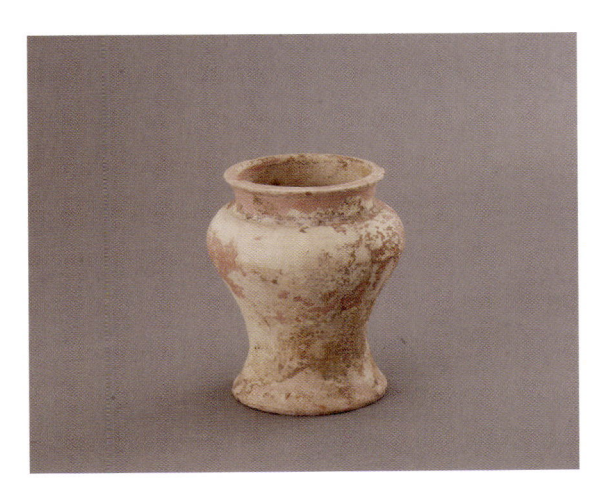

2. M12∶2

3. M26∶1

4. M27∶1

5. M31∶1

6. M35∶3

清代墓葬随葬器物（一）

北京市新少年宫考古发掘报告

彩版三四

1. M35∶4

2. M36∶1

3. M41∶1

4. M43∶4

清代墓葬随葬器物（二）

朝阳区中关村电子城西区F1望京综合酒店工程考古发掘报告

彩版三五

1. 发掘现场

2. M1

F1望京综合酒店工程发掘现场、M1

彩版三六

1. M3

2. M2

M2、M3

朝阳区中关村电子城西区F1望京综合酒店工程考古发掘报告

彩版三七

1. M4

2. M5

M4、M5

朝阳区中关村电子城西区F1望京综合酒店工程考古发掘报告

彩版三八

1. M6

2. M8

M6、M8

朝阳区中关村电子城西区F1望京综合酒店工程考古发掘报告

彩版三九

1. M9

2. M10

M9、M10

朝阳区中关村电子城西区F1望京综合酒店工程考古发掘报告

彩版四〇

1. M11

2. M12

M11、M12

朝阳区中关村电子城西区F1望京综合酒店工程考古发掘报告

彩版四一

1. 银簪M1：1

2. 银耳环M1：2

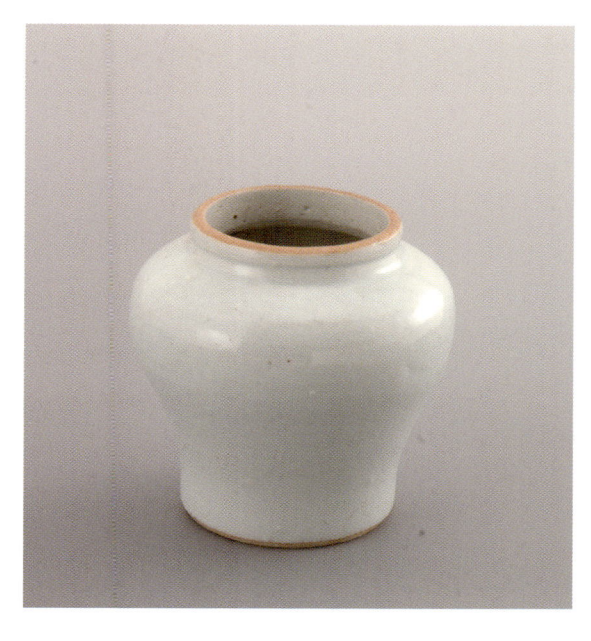

3. 瓷罐M5：5

4. 瓷罐M5：7

5. 金耳环M5：2-1（正面）

6. 金耳环M5：2-1（侧面）

墓葬随葬器物（一）

朝阳区中关村电子城西区F1望京综合酒店工程考古发掘报告

彩版四二

1. 银簪 M5：3-1
2. 银簪 M5：3-2 
3. 银簪 M5：3-3 
4. 银簪 M5：3-4 
5. 银簪 M5：3-5 
6. 银簪 M5：3-6 

墓葬随葬器物（二）

朝阳区中关村电子城西区F1望京综合酒店工程考古发掘报告

彩版四三

1. 银簪M5：3-7

2. 银簪M5：3-8

3. 银簪M5：3-9

4. 铜饰件M5：6

6. 铜簪M6：5-1

5. 鼻烟壶M6：1

墓葬随葬器物（三）

朝阳区中关村电子城西区F1望京综合酒店工程考古发掘报告

彩版四四

1. 铜簪 M6：5-2

2. 铜簪 M6：5-3

3. 银扁方 M6：4

4. 铜耳环 M6：3

5. 银扁方 M9：1-1

6. 银簪 M9：1-2

墓葬随葬器物（四）

朝阳区中关村电子城西区F1望京综合酒店工程考古发掘报告

彩版四五

1. 瓷瓶 M11 : 1

2. 料珠 M12 : 2

3. 陶罐 M10 : 1

墓葬随葬器物（五）

大兴区亦庄博兴七路（凉水河一街——泰河路）综合市政工程考古发掘报告

彩版四六

1. M1

2. M1出土器物

博兴七路M1及随葬器物

1. M2   2. M3

M2、M3

彩版四八

1. M1∶3

2. M1∶4

3. M2∶2

4. M2∶3

5. M3∶1

6. M4∶2

墓葬随葬器物

朝阳区新世纪商业中心明代驸马公主合葬墓考古发掘报告

彩版四九

1.（南向北）

2.（东向西）

新世纪商业中心M1发掘现场

朝阳区新世纪商业中心明代驸马公主合葬墓考古发掘报告

彩版五〇

1. 墓志1盖

2. 夯土1

墓志盖、夯土1

朝阳区新世纪商业中心明代驸马公主合葬墓考古发掘报告

彩版五一

1. 夯土2

2. 探沟夯土层堆积

夯土2、夯土层堆积

门头沟区潭柘寺镇中心区B地块土地一级开发项目考古发掘报告

彩版五二

1. Y1全景

2. Y1烟室

门头沟区潭柘寺B地块 Y1全景及烟室

1. Y2全景

2. Y2烟室

Y2全景及烟室

门头沟区潭柘寺镇中心区B地块土地一级开发项目考古发掘报告

彩版五四

1. Y3窑室

2. Y3烟洞

Y3 窑室及烟洞

图版一

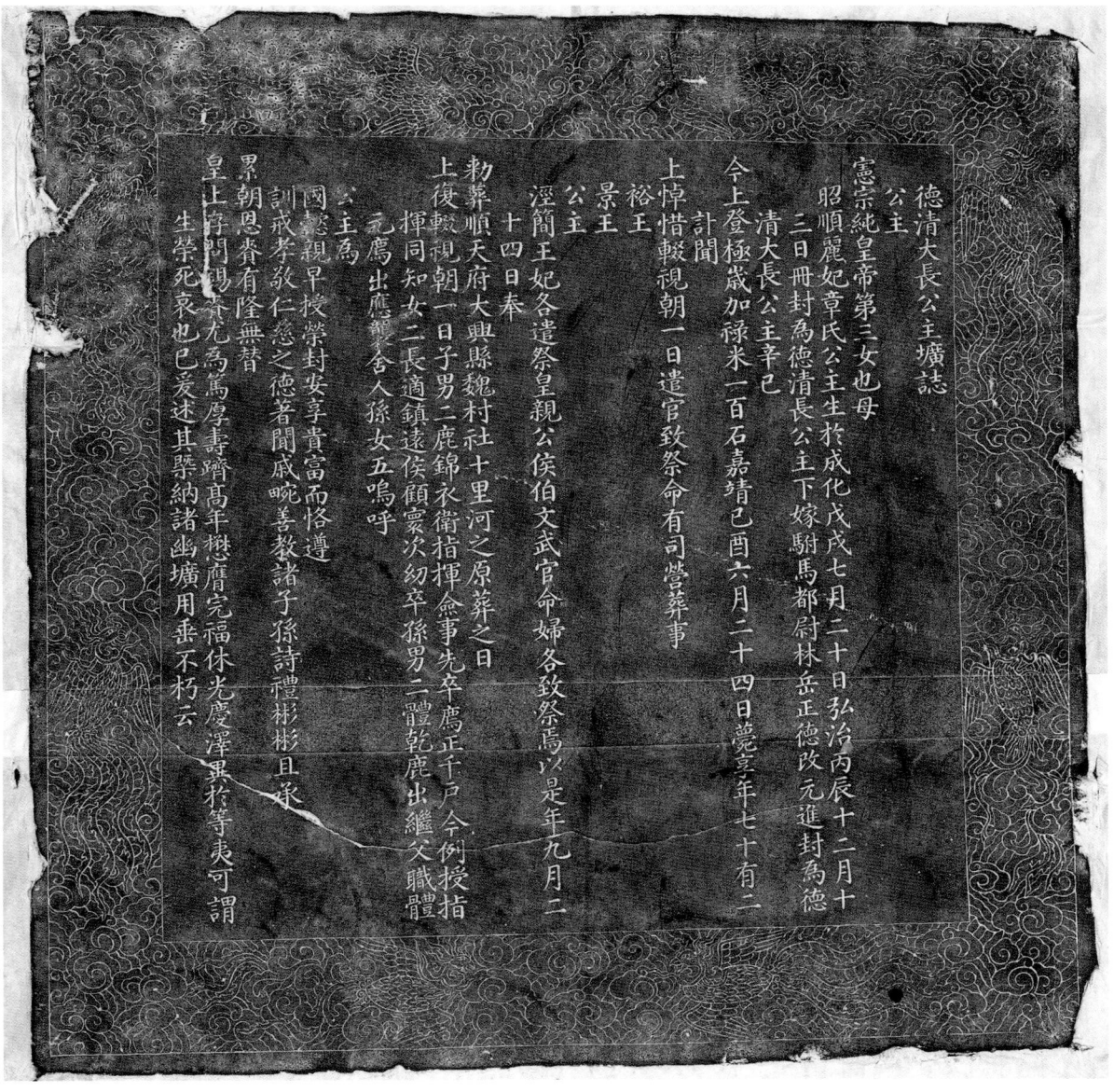

即德清大長公主壙誌

德清公主墓志拓片

德清大長公主壙誌

公主
憲宗純皇帝第三女也母
昭順麗妃章氏公主生於成化戊戌七月二十日弘治丙辰十二月十
二日冊封為德清長公主下嫁駙馬都尉林岳正德改元進封為德
清大長公主辛巳
今上登極歲加祿米一百石嘉靖己酉六月二十四日薨享年七十有二
上悼惜輟視朝一日遣官致祭命有司營葬事
計聞
裕王
景王
公主
涇簡王妃各遣祭皇親公侯伯文武官命婦各致祭焉以是年九月二
十四日奉
勅葬順天府大興縣魏村社十里河之原葬之日
上復輟視朝一日子男二鹿錦衣衛指揮僉事先卒為正千戶今例授指
揮同知女二長適鎮遠侯顧霆次幼卒孫男二體乾鹿出繼父職體
元鹿出應龔舍人孫女五嗚呼
公主為
國懿親早授榮封安享貴富而悒遭
訓戒孝敬仁慈之德著聞咸善教諸子詩禮彬彬且承
皇朝恩眷有隆無替
果上存問錫賚尤為厚壽躋高年樹樂完福休光慶澤異於等夷可謂
生榮死哀也已爰述其榮納諸幽壙用垂不朽云

图版二

明故驸马都尉柏冈林公墓志铭

德清公主驸马墓志拓片